权威·前沿·原创

皮书系列为
"十二五""十三五"国家重点图书出版规划项目

本书获河南省社会科学院哲学社会科学创新工程试点经费资助

河南蓝皮书

BLUE BOOK OF HENAN

河南农业农村发展报告（2019）

ANNUAL REPORT ON AGRICULTURE AND RURAL AREAS
DEVELOPMENT OF HENAN (2019)

高质量推进乡村产业振兴

主　编／周　立
副主编／陈明星

社会科学文献出版社
SOCIAL SCIENCES ACADEMIC PRESS（CHINA）

图书在版编目（CIP）数据

河南农业农村发展报告. 2019：高质量推进乡村产业振兴/周立主编. -- 北京：社会科学文献出版社，2019.5
（河南蓝皮书）
ISBN 978 - 7 - 5201 - 4729 - 3

Ⅰ.①河…　Ⅱ.①周…　Ⅲ.①农业经济 - 研究报告 - 河南 - 2019　Ⅳ.①F327.61

中国版本图书馆 CIP 数据核字（2019）第 080490 号

河南蓝皮书

河南农业农村发展报告（2019）
——高质量推进乡村产业振兴

主　　编/周　立
副 主 编/陈明星

出 版 人/谢寿光
责任编辑/王玉霞　李　淼
文稿编辑/李　昊

出　　版/社会科学文献出版社·城市和绿色发展分社（010）59367143
　　　　　　地址：北京市北三环中路甲 29 号院华龙大厦　邮编：100029
　　　　　　网址：www.ssap.com.cn
发　　行/市场营销中心（010）59367081　59367083
印　　装/三河市东方印刷有限公司

规　　格/开 本：787mm×1092mm　1/16
　　　　　　印 张：17.75　字 数：231 千字
版　　次/2019 年 5 月第 1 版　2019 年 5 月第 1 次印刷
书　　号/ISBN 978 - 7 - 5201 - 4729 - 3
定　　价/98.00 元

河南蓝皮书编委会

主　　任　谷建全

副 主 任　周　立　王承哲　李同新

委　　员　（按姓氏笔画排序）

万银峰　王建国　王承哲　王玲杰　王景全
牛苏林　毛　兵　任晓莉　闫德亮　李太淼
李立新　李同新　谷建全　完世伟　张林海
张富禄　张新斌　陈明星　周　立　郭　艳
曹　明

主要编撰者简介

周　立　男，河南南阳人，河南省社会科学院党委副书记、研究员，河南省科技文化研究会常务理事，中国生态经济学会理事，华北水利水电大学硕士研究生导师。长期从事决策咨询研究和社科研究工作，主要研究领域为农村经济、区域经济和科技创新等。先后获得河南省科技进步奖、河南省发展研究奖（河南省实用社会科学研究成果奖）、中国发展研究奖等省部级以上科研奖励20多项，其中省级一等奖5项；先后发表论著100多篇（部），完成包括河南省社会科学规划项目、河南省软科学计划项目、河南省政府决策研究招标课题和河南省政府责任目标课题等重大研究项目150多项；承担完成省委省政府领导交办的重大调研课题30多项，有多项研究成果提交省委省政府后得到省领导的批示并被省委省政府决策时采纳，产生了良好的经济与社会效益。

陈明星　男，河南信阳人，河南省社会科学院农村发展研究所副所长、研究员，河南省政府特殊津贴专家，河南省学术技术带头人，河南省宣传文化系统"四个一批"人才。主要研究方向为农业经济与农村发展，近年来先后发表论文80多篇，独著和合著学术著作5部，获省部级奖10多项，主持国家社科基金项目2项、省级课题6项，研究成果进入决策或被省领导肯定批示10多项。

摘　要

本书由河南省社会科学院主持编撰，以"高质量推进乡村产业振兴"为主题，深入系统地分析了2018年河南农业农村发展的形势、特点，对2019年进行了展望，实证测度了河南农业农村现代化水平，全方位、多角度地研究和探讨了河南高质量乡村产业振兴的主要思路和对策。

本书的总报告之一对2018~2019年河南农业农村发展形势进行了分析与展望。报告认为，2018年，河南农业农村发展呈现总体平稳、稳中有进、稳中提质的良好态势，主要农产品产量稳定增长，农业结构优化升级加快，农民收入持续增长，农村改革全面深化。但同时也面临着提质增效亟待加快、历史欠账亟待弥补、发展系统性亟待增强等突出问题。2019年，尽管面临经济下行压力加大、外部环境发生深刻变化的复杂形势，但有利条件也在逐步累积，全省农业农村发展整体将呈现稳中有进、不断提升优化的态势，农产品生产将总体保持稳定，农业结构将持续优化，农民收入将持续增长，城乡融合将进一步加速。

本书的总报告之二对河南农业农村现代化水平进行了测度与评价。报告认为，研究测评河南省农业农村现代化发展情况，对于河南有针对性地推进农业农村现代化具有重要价值。报告通过构建农业农村现代化评价指标体系，对河南省18个省辖市的农业农村现代化程度进行了综合测度和评价，并据此提出，要加强政策设计的精准性，聚焦薄弱环节，突出重点，坚定不移推进实施。

本书的分报告主要从业态发展、主体培育、要素保障、脱贫攻坚等方面进行专题研究，力求全面反映河南农业农村发展尤其乡村产业发展在这五个方面的现实基础、面临问题、发展优势和战略机遇等，对 2019 年乃至未来更长一段时间推进乡村产业振兴进行展望，并提出具有针对性的思路和对策建议。

业态发展篇试图对河南乡村产业振兴中的农村产业融合发展、特色农业发展、畜牧业发展、乡村服务业发展、农村电子商务等方面进行分析和展望，从不同角度和领域探讨推动乡村产业振兴的思路和对策。

主体培育篇试图对小农户与现代农业有机衔接、农村返乡创业、农民增收、传统村落保护与开发利用等问题进行分析和展望，探讨培育乡村产业振兴主体的重点、着力点、思路和对策。

要素保障篇试图对金融支持、土地保障、绿色发展等问题进行分析和展望，探讨完善乡村产业振兴要素保障的重点、路径与对策。

脱贫攻坚篇试图对打赢打好脱贫攻坚战的路径、扶贫扶志扶智结合、移民搬迁等问题进行分析和展望，探讨推动脱贫攻坚尤其是产业扶贫与乡村产业振兴有机结合的思路和对策。

关键词： 河南　农业　农村　农民　乡村振兴

目　录

Ｉ　总报告

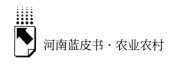
Ⅱ 业态发展篇

Ⅲ 主体培育篇

Ⅳ 要素保障篇

Ⅴ 脱贫攻坚篇

皮书数据库阅读**使用指南**

总 报 告

General Reports

B.1

推进乡村产业振兴 建设现代农业强省

——2018~2019年河南农业农村发展形势分析与展望

河南省社会科学院课题组 *

摘 要： 2018年，河南农业农村发展呈现总体平稳、稳中有进、稳中提质的良好态势，主要农产品产量稳定增长，农业结构优化升级加快，农民收入持续增长，农村改革全面深化。但同时也面临着提质增效亟待加快、历史欠账亟待弥补、发展系统性亟待增强等突出问题。2019年，尽管面临经济下行压力加大、外部环境发生

---

* 课题组组长：周立，河南省社会科学院党委副书记、研究员。课题组成员：陈明星，河南省社会科学院研究员；侯红昌，河南省社会科学院副研究员；生秀东，河南省社会科学院研究员；乔宇锋，河南省社会科学院博士；李国英，河南省社会科学院副研究员；安晓明，河南省社会科学院副研究员；刘依杭，河南省社会科学院助理研究员；许韶立，河南省社会科学院研究员；苗洁，河南省社会科学院副研究员。执笔：陈明星、侯红昌。

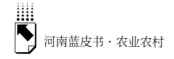

深刻变化的复杂形势，但有利条件也在逐步累积，全省
农业农村发展整体将呈现稳中有进、不断提升优化的态
势，农产品生产将总体保持稳定，农业结构将持续优化，
农民收入将持续增长，城乡融合将进一步加速。

关键词： 河南 农业 农村 产业振兴

2018 年，河南农业农村发展总体平稳、稳中有进、稳中提质，
呈现向好发展态势。粮食产量再创历史新高，主要农产品产量稳定增
长，"四优四化"持续推进，农村改革全面深化，城乡一体化步伐加
快，为深入实施乡村振兴战略、建设现代农业强省奠定了坚实基础。

一　2018年河南农业农村发展形势分析

发轫于农村的改革开放，为中原大地带来了辉煌巨变。在新的历
史起点上，2018 年，河南制定出台乡村振兴战略实施意见、战略规
划和专项行动计划，围绕农业强、农村美、农民富的主题，调结构、
提质量、强动力、促增收，全省农业农村发展呈现稳中有进、稳中向
好的良好态势。

（一）粮食产量再创历史新高，农业发展基础不断夯实

2018 年，全省粮食总产量 1329.78 亿斤，占全国粮食总产量的
9.67%，比上年增产 24.93 亿斤，增长 1.9%，再创历史新高，连续
6 年稳定在 1200 亿斤以上，实现在高起点、高基数上的新突破。粮
食增产主要得益于单产的持续提高和秋粮的增产，2017～2018 年全
省粮食播种面积均维持在 1.64 亿亩，但全省粮食亩产首次突破 400

公斤，达到406.4公斤，比上年增加7.95公斤，增长2%。其中，夏粮总产量722.74亿斤，占全国夏粮总产量的26.1%，比上年减产20.46亿斤，下降2.8%；秋粮总产量607.04亿斤，比上年增产45.39亿斤，增长8.1%（见图1）。

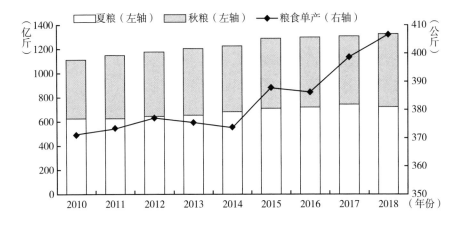

图1 2010~2018年河南粮食产量变动情况

资料来源：《河南统计年鉴》《2018年河南省国民经济和社会发展统计公报》。

2018年，全省猪牛羊禽肉总产量662.68万吨，增长1%，增速下降2.4个百分点；其中，猪肉产量479.04万吨，增长2.6%。禽蛋产量413.61万吨，下降2.2%。生猪出栏6402万头，增长2.9%；生猪存栏4337万头，同比下降1.2%（见表1）。

表1 河南主要畜产品产量情况

年份	猪牛羊禽肉		猪肉		禽蛋		生猪出栏		生猪存栏	
	产量（万吨）	增速（%）	产量（万吨）	增速（%）	产量（万吨）	增速（%）	数量（万头）	增速（%）	数量（万头）	增速（%）
2017	655.90	3.4	466.9	3.6	422.80	0.1	6220	3.6	4390	2.5
2018	662.68	1	479.04	2.6	413.61	-2.2	6402	2.9	4337	-1.2

资料来源：《河南统计年鉴》《2018年河南省国民经济和社会发展统计公报》。

近年来，河南持续推进"藏粮于地、藏粮于技"战略，大力夯实农业发展基础。截至 2018 年 7 月，全省累计建成高标准粮田 6015 万亩。为促进粮食提质升级，实现"优质优价"，2018 年全省投入粮食产后服务体系建设专项资金 2.55 亿元，支持 273 个产后服务中心建设，为种粮农民提供"代清理、代干燥、代储存、代加工、代销售"服务。此外，农业科技优势持续巩固提升。2018 年度国家科技进步奖评选中，河南农业领域获奖率达 40%，远高于全国 18.16% 的平均获奖率，"郑麦 7698"项目和地方鸡保护利用项目均获国家科技进步奖二等奖。其中，"郑麦 7698"项目作为农业领域 22 个获奖项目中唯一由省级科研院所主持完成的成果，引领了全国优质强筋小麦品种产量水平迈上亩产 700 公斤的台阶，为提高大宗面制食品质量提供了新的品种类型。农业机械化方面，鹿邑县等 13 个县（市）成为2018 年全国第三批率先基本实现主要农作物生产全程机械化示范县（市、区），从而使全省获此称号的县（市）数达到 24 个，位居全国第三。

（二）农业结构优化升级加快，农村发展活力明显提升

2018 年，全省"四优四化"持续推进，在稳定小麦种植面积基础上，重点发展市场需求旺盛的优质强筋、弱筋小麦，夏收优质专用小麦订单率 88% 以上，单价高于市场价格 10% 左右；发挥全国第一花生种植大省的优势，重点打造沿黄、豫南、豫西南花生生产基地，稳步提升优质花生种植面积，优质花生面积发展到 2200 万亩，全省花生种植面积 30 万亩以上的县达 14 个；全省百头以上规模奶牛场比重达到 85%，高出全国 26 个百分点，奶牛平均单产达到 7.4 吨，高出全国平均水平 0.4 吨，国内知名龙头企业和本土乳品企业快速发展，全省乳品加工能力达 300 万吨，奶类产量和乳品加工量分别居全国第四位、第三位。全省各类新型农业经营主体发展到 28 万家，

各类新型职业农民超过53万人。农产品加工业已成为全省经济的重要板块，全省规模以上农产品加工企业7250家，营业收入、利润总额、上缴税金分别占规模以上工业的21.9%、28.1%、36%，营业收入居全国第二位，成为全省第一大支柱产业。全省第一产业固定资产投资增长16.9%，第一产业增加值为4289.38亿元，占全省GDP的比例继2017年首次降至10%之后继续下降，并低于9%，降至8.9%（见图2）。

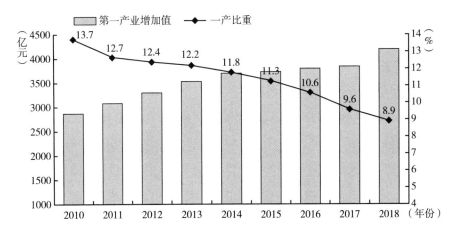

图2　2010～2018年河南第一产业增加值及占比情况

资料来源：《河南统计年鉴》《2018年河南省国民经济和社会发展统计公报》。

（三）新业态新模式加速培育，农业发展动能持续增强

随着"四优四化"的全力推进，农业转型升级加快，农村产业融合发展加速。一是农村电子商务发展迅速，镇平县和光山县均入围由阿里研究院评出的2018年电商创业最活跃贫困县十强名单，其中镇平县位居第一，孵化的淘宝直播基地吸引200多家企业入驻，和田玉直播年销售额已达5亿元；光山县网店数截至2018年11月已突破2万家，辐射相关从业人员5万多人。二是特色产业加快发展，依托

资源禀赋和产业基础，涌现西峡猕猴桃、柘城辣椒、正阳花生、方城黄金梨、鄢陵花卉、泌阳夏南牛、原阳稻米、灵宝苹果等一大批特色农产品，并借助电子商务等现代载体，实现从卖产品到卖品牌的蝶变。温县建立5个怀山药标准化示范园区，连片面积达1万亩；济源市种植高山蔬菜2万余亩，蔬菜种植已成为山区脱贫致富的支柱产业；南召县辛夷、西峡县山茱萸种植面积分别达21万亩、23万亩，产量分别占全国总产量的40%、50%。三是发展模式不断创新，休闲农业、设施农业、农光互补、田园综合体、共享农业、"农业＋新零售"等模式不断涌现，产城融合、农业内部融合、产业链延伸、农业功能拓展、新技术渗透、多业态复合等农村产业融合模式不断创新。如在发展生态循环畜牧业上，平顶山市在全国首创"百亩千头生态方"种养结合循环发展模式，探索推广了"农牧结合、就近利用""林牧结合、自然利用""协议消纳、异地利用""无害处理、集中利用""加工制肥、分散利用""就地还田、直接利用"等畜禽养殖废弃物无害化处理与资源化利用模式，不仅实现生态循环，而且使亩均效益提高10倍左右。

（四）脱贫攻坚持续推进，农民获得感显著增强

2018年4月和8月，在经过一系列贫困县退出程序后，舞阳、新蔡、新县、沈丘先后成功实现脱贫摘帽，意味着全省2017年度脱贫攻坚目标任务圆满完成。至此，加上此前脱贫摘帽的兰考、滑县，全省的贫困县总量降至47个。2018年拟退出的19个国定贫困县和14个省定贫困县、2365个贫困村及121.7万贫困人口脱贫工作进展顺利，贫困地区农民人均可支配收入增速高于全省平均水平1.6个百分点左右。先后出台《河南省打赢脱贫攻坚战三年行动计划》《河南省农业产业扶贫三年行动计划》《河南省"三品一标"扶贫专项行动方案》等，实施贫困地区产业提升工程，结合"四优四化"发展优

势特色产业，在 53 个贫困县共安排中央和省级项目 37 类 706 个，投入财政资金 12.3 亿元，发展优质专用小麦 410 万亩、优质花生 1187 万亩、优质林果 231.6 万亩、设施蔬菜 273 万亩、稻渔综合种养 40.73 万亩、中药材产量 76 万吨，覆盖带动贫困人口 130 万人以上。开展 10 大类高效种养业专家团宣讲活动，培训基层农技人员 2.7 万人次，服务贫困农民 104.8 万人次。在 3398 个贫困村建设益农信息社，覆盖全省 91.3% 的贫困村，解决了贫困农民信息服务"最后一公里"问题。全省贫困县打造培育出农业品牌 164 个，占省级农业品牌数量的 41%，其中农产品区域公用品牌 16 个、农业企业品牌 37 个、农产品品牌 111 个。2018 年全省农民人均可支配收入增长 8.7%，高于城镇居民可支配收入增长率 0.6 个百分点，与 8.8% 的全国平均水平基本持平。

（五）城乡融合步伐加快，基础设施和公共服务不断完善

一是农村基础设施进一步完善。2018 年，河南共完成农村公路新改建 5900 公里，全省农村公路总里程达到 23.1 万公里，位列全国第四，兰考等 6 个县（区）被命名为"四好农村路全国示范县"，入选数量全国第一；共完成 13 个贫困县、1235 个深度贫困村的电网改造升级，完成兰考等 40 个县的 1300 个行政村电网改造升级，全省贫困县电量同比增长 14.7%，较全省电量平均增速高出 6.4 个百分点；共落实农村饮水安全巩固提升项目资金 31.56 亿元，完成 1146 个村的饮水安全巩固提升任务，受益总人口达 152 万人。二是公共服务设施进一步健全。2018 年，全省改造农村户用无害化卫生厕所 200 万户，新（改）建乡镇公厕 5307 座；77.5% 以上的行政村生活垃圾得到有效治理，67 个县（市、区）通过省级达标验收；已配套畜禽粪污处理利用设施的规模养殖场 14092 家，占全省畜禽规模养殖场的 88%，全省畜禽粪污综合利用率达到 75%。三是社会保障进一步加

强。2018 年，全省城乡居民基础养老金最低标准进一步提高，由此前每人每月 80 元提高至 98 元；农村低保对象月人均财政补助水平由不低于 142 元提高为不低于 154 元，特困人员年供养标准从 4095 元提高到 4485 元。基本医保、大病保险、困难群众大病补充医疗保险基本实现贫困人口全覆盖，患者住院实际报销比例由 2016 年的 52.3% 提高到 2018 年 11 月的 88.6%。四是城乡融合加快，2018 年全省城镇化率达到 51.7%，提高 1.54 个百分点（见图 3）；新增农村劳动力转移就业 56.18 万人，返乡下乡创业新增 23 万人、带动就业 223 万人。五是乡村治理进一步完善，顺利完成 4.6 万个行政村"两委"换届选举，集中整顿软弱涣散基层党组织 4732 个，扫黑除恶专项斗争全方位推进，农村社会文明程度不断提升，县级以上文明乡镇占 70.8%，90% 以上的行政村建立"一约四会"。

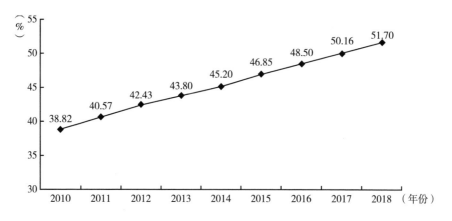

图 3 2010～2018 年河南城镇化率变动情况

资料来源：《河南统计年鉴》《2018 年河南省国民经济和社会发展统计公报》。

（六）农村改革全面深化，农业开放发展持续提速

2018 年，河南稳步推进农村集体产权制度改革，全面铺开农村

集体资产清产核资工作，全省共 4146 个行政村完成了家底排查，为实施"确权—赋能—活权"、盘活农村集体资产奠定了基础。全面推进农业水价综合改革试点工作，出台精准补贴和节水奖励意见，修订农业灌溉用水定额，出台农业水权交易办法，健全农业水价综合改革制度。农业对外开放进一步加快，2018 年前 11 个月，全省农产品出口值达 137.8 亿元，同比增长 22.3%，其中得益于蘑菇罐头等高附加值农产品的研发和海外市场的深耕，"小蘑菇"表现抢眼，干食用菌类出口值达到 74.3 亿元，同比增长 43%。目前，全省蘑菇罐头已远销越南、韩国等 33 个国家和地区，仅 2018 年上半年出口总值就近 8 亿元，超过 2017 年全年的出口值。

二　2019年河南农业农村发展形势展望

2019 年是决胜全面建成小康社会第一个百年奋斗目标的关键之年，尽管各种传统和非传统挑战叠加凸显，但有利条件也在逐步累积，全省农业农村发展仍将赢得较大的提升空间，整体将呈现稳中有进、不断提升优化态势。

（一）主要问题

1. 农业提质增效亟待加快

尽管全省农产品产量高、占比大，但优质产品少，农业大而不强、结构不优，品牌优势不突出，高效种养业存在"四专"（专种、专收、专储、专用）水平较低、基础设施滞后、保障能力较弱等问题。同时，种养业结构与市场需求不匹配，农业价值链发掘不足，集约化、规模化、组织化程度不高，农产品加工体量大但精深加工少，农民专业合作社数量多但发展不平衡、不规范，部分农业龙头企业经营困难增多，新产业新业态发展尚处于起步阶段，产业融合度低，市

场竞争力、抵御市场风险能力不强，在发展农产品冷链物流、提升产业集聚水平、增强辐射带动能力等方面还有相当大的提升空间。

2. 农业农村欠账亟待弥补

经过近年来的发展尤其是脱贫攻坚的努力，全省贫困村的村容村貌、基础设施、产业发展等方面普遍得到根本性提升，但一般村落发展缓慢，农村集体经济薄弱，基层组织带头人队伍亟须壮大，农村环境和生态问题依然比较突出，农村面源污染、白色污染严重，城乡公共服务和基础设施水平差距依然较大。因此，在农村基础设施和公共服务设施整体上还面临提档升级与弥补欠账的双重任务，普遍存在投入不足、人才制约、建设用地缺乏等难题，如何在落实农业农村优先发展原则中弥补农业农村发展的历史欠账，是当前和今后一个时期的重要任务。

3. 乡村发展系统性亟待提升

当前全省乡村振兴开局良好，进展顺利，但在乡村发展中需要进一步增强系统性。例如，在农村人居环境上，一些地方存在脏乱差现象，表面上体现的是人居环境的问题，实则是社会转型过程中乡村治理重构、乡风文明建设不足的问题，亟待针对农村人口老龄化、村庄"空心化"等新形势下城乡格局变动的规律和趋势，强化精准思维与系统思维，突出规划引领、分类施策、系统推进，立足中心村、特色文化村、"空心村"等的不同形态和功能，科学规划、统筹布局，在基础设施、公共服务、文化传承、乡村治理、绿色发展等方面系统治理，真正实现乡村"五大振兴"。

（二）有利因素

1. 坚持农业农村优先发展将提供新的历史机遇

中央农村工作会议指出，解决"三农"问题始终是全党工作的重中之重，并确定了"三农"工作的总基调。特别是习近平总书记

2018 年 3 月 8 日在全国"两会"期间参加河南代表团审议时，科学概括和高度凝练了十九大以来关于乡村振兴战略的系列重要表述，从全局工作出发对落实好乡村振兴战略的再强调、再部署，为推进乡村全面振兴提供了根本遵循。2018～2019 年是河南打赢脱贫攻坚战和实施乡村振兴战略的重要历史交汇期，面对当前国内外环境的新变化，按照坚持农业农村优先发展的"四个优先"原则，通过"抓重点、补短板、强基础"，落实"三农"硬任务，稳住"三农"发展基本盘，有利于推动河南乡村振兴战略深入实施。

2. 全面建成小康社会硬任务的落实将进一步累积有利因素

打赢脱贫攻坚战、保障国家粮食安全、抓好农村人居环境整治、实现农民收入翻番等，这些在 2020 年必须完成的全面建成小康社会的硬任务，给河南 2019 年的"三农"工作带来新的发展有利因素，有助于河南在脱贫攻坚的重点和难点上集中力量，提高质量，巩固成效；有助于河南主要农产品向优势区域集中，确保粮食安全；有助于河南农村环境改善的进一步深入提升，特别是在农村垃圾、污水治理，村容村貌提升和农村人居环境的整治等方面带来有利影响。

3. 农业供给侧结构性改革的深入落实将进一步培育发展新动能

2019 年是全面落实"巩固、增强、提升、畅通"方针、深化农业供给侧结构性改革的重要一年。深化农业供给侧结构性改革，可以增强农村微观主体活力，促进农村一二三产业融合，疏通城乡要素双向流动机制；激发市场活力和改革发展动力，从根本上破解过去体制不顺、机制不活等顽疾，推动城乡要素平等交换和公共资源均衡配置，真正让农村资源要素活起来、让广大农民积极性和创造性迸发出来，从而有助于全面激发激活河南实施乡村振兴战略的新动能。

（三）态势展望

展望 2019 年，河南农业农村将呈现以下发展态势。

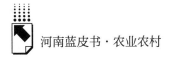

1. 农业综合生产能力将稳步提升

按照习近平总书记打好粮食生产这张王牌的嘱托，河南深入实施"藏粮于地、藏粮于技"战略，严守耕地红线，加快推进粮食生产核心区建设，大力完善农业基础设施。特别是随着高标准农田建设的持续推进，7580万亩粮食生产功能区和1000万亩重要农产品生产保护区的划定，粮食的生产功能区和生产保护区会细化落实到具体地块，2019年全省粮食综合生产能力将进一步稳定提升，为保障国家粮食安全做出新的贡献。

2. 农村产业结构将持续优化

随着农业供给侧结构性改革的深化，河南将进一步坚持农业由增产导向转向提质导向，"四优四化"将持续推进，十大优势特色农业发展基地建设将初见成效。全年优质专用小麦、优质花生、优质林果将分别达到1300万亩、2300万亩、1300万亩以上，优质草畜将新增肉牛22万头、奶牛5.5万头，粮油深加工和主食产业化将进一步发展，农村产业结构持续优化。

3. 城乡融合将持续深入推进

实施乡村振兴战略，坚持乡村振兴和新型城镇化两手抓，把城市和乡村作为一个整体进行规划和发展，按照多规合一的要求，统筹谋划全省城乡产业发展、基础服务的设施建设，能源开发与环境保护等主要布局，构建与资源环境承载能力相匹配、生产生活生态相协调的农业农村空间发展格局，有助于形成河南的田园乡村与现代城镇各具特色的空间形态，推动2019年全省城乡融合发展向更深层次推进。

4. 精准脱贫攻坚战将取得决定性进展

2019年是对打好打赢、决战决胜脱贫攻坚战具有决定性意义的关键一年，河南省将进一步聚焦深度贫困县村、特殊贫困群体、重点贫困县区，重点解决14个国定贫困县、1221个贫困村、104.3万贫困人口的脱贫攻坚，同时，着力提高脱贫质量，巩固脱贫成果，减少和防止贫困人口返贫，统筹贫困地区和非贫困地区发展，解决好贫困"边缘户"帮扶问题，促进脱贫攻坚与乡村振兴的统筹衔接。

三　推进乡村产业振兴、建设现代农业强省的建议

河南是农业大省、农村人口大省，实施乡村振兴战略，是新时代必须坚定扛起的重大历史责任，也是破解"三农"困局、推动高质量发展的重大历史机遇。面对农业农村发展的战略机遇和严峻挑战，需要抢抓机遇、乘势而上，加强规划引领，突出提质导向，推动农业农村优先发展、创新发展、绿色发展，高起点、高质量实施乡村振兴战略，扎实推进现代农业强省建设。

（一）推动城乡发展一体化布局

坚持把城市和乡村作为一个整体，统筹谋划城乡产业发展、基础设施、公共服务、资源能源、生态环境保护等主要布局，形成田园乡村与现代城镇各具特色的空间形态。一是强化中心城市对农村发展的辐射带动作用。加快完善郑州国家中心城市功能，做大做强洛阳副中心城市，培育壮大安阳、南阳、商丘等区域中心城市，构建以中原城市群为主体的大中小城市和小城镇协调发展的城镇格局，使其成为吸引农村人口转移的载体。提升小城镇连接城乡的纽带作用，增强其对周边乡村的辐射带动作用。引导其融入周边城市，走专业配套、差别发展道路。二是融合化布局乡村发展空间。发挥各地比较优势，划定粮食生产功能区和重要农产品生产保护区。创建特色农产品优势区，促进主要农产品向优势区域集中。将乡村生产逐步融入区域性产业链和生产网络，引导服务业向县城和乡镇的产业集聚区、生产园区集中。三是差异化推进乡村建设。综合考虑全省村庄的多样性、差异性，顺应村庄发展演变规律和趋势，鼓励各

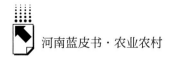

地探索各具特色的发展路径，按照分类指导、梯次推进的原则建设美好村庄。

（二）打好打赢精准脱贫攻坚战

一是集中攻坚重点难点。聚焦卢氏县、嵩县、淅川县、台前县4个深度贫困县和1235个深度贫困村，整合创新扶持政策，推进"千企帮千村"精准扶贫行动。聚焦贫困老年人、重度残疾人、重病患者等特殊贫困群体，建立以社会保险、社会救助和社会福利制度为主体的综合性保障体系。为完全丧失劳动能力和无法依靠产业就业帮扶脱贫的贫困人口提供兜底保障。二是全面提高脱贫质量。深入实施打赢脱贫攻坚战，做好产业扶贫、就业创业扶贫、金融扶贫等硬任务，开展健康扶贫、教育扶贫、危房改造、扶贫扶志等行动，实施交通扶贫、水利扶贫、电网升级和环境整治等工程。强化产业扶贫，强调引进龙头企业带动实现就业扶贫，从根本上解决贫困人口的长远生计和发展问题。推广金融扶贫卢氏模式和兰考县普惠金融经验，完善精准扶贫金融领域的信用建设和监管。三是巩固脱贫攻坚成果。制定已脱贫县巩固提升的长效机制和具体措施，增强贫困地区"造血"功能和发展后劲，保持扶贫政策的连续性和稳定性。建立正向激励机制，将帮扶政策措施与群众参与相挂钩，采用劳务补贴、奖励性补贴等措施，培育提高贫困群众自身的基本能力。注重扶贫与扶志、扶智相结合，破除"等靠要"思想。

（三）统筹推进农村土地制度改革

一是统筹推进全省农村土地制度改革。深入落实耕地保护和占补平衡政策，完善土地利用管理政策体系。进一步完善农村土地征收制度，严控征收范围，规范征收程序，创新征收安置途径，确保被征地农民的利益受到保护。扎实推进农村集体建设用地和宅基地使用权确权登记颁证，探索宅基地所有权、资格权、使用权的"三权分置"。二是完善农村新增用地保障机制。对农业生产过程中所需各类生产设施和附属设施用地，以及由于农业规模经营必须兴建的配套设施，在不占用永久基本农田的前提下，纳入设施农用地管理，实行县级备案。完善农村非农产业发展用地政策，乡（镇）土地利用总体规划可以预留少量规划建设用地指标，用于零星分散的单独选址农业设施、乡村旅游设施等建设。鼓励有条件的农村利用"四荒地"、农村闲置房屋校舍、空闲地等发展特色产业。三是盘活农村存量建设用地。探索宅基地有偿退出机制，有序推动"空心村"复垦。用好用活增减挂钩政策，完善"宅基地复垦券"制度。在符合土地利用总体规划前提下，允许调整优化村庄用地布局，有效利用农村零星分散的存量建设用地。

（四）不断加大资金投入力度

建立健全乡村振兴和"三农"资金的持续投入保障机制。一是完善财政支农投入稳定增长机制，坚持把农业农村作为财政支出的优先保障领域，明确和强化各级政府"三农"投入责任，确保支农投入力度不断增强、总量持续增加，进一步提高土地出让收入对农业农村投入比例。建立涉农资金统筹整合长效机制，加大对调整农业产业结构、农村人居环境、基本公共服务等重点领域和薄弱环节的投入倾斜力度。建立健全支农资金常态化监管机制，发挥审计力量，定期开展监督检查，严厉查处违法违规违纪问题。二是提升金融服务"三农"的能力和效率。推动农村金融机构回归本源，提升县域金融机构"三农"服务能力，引导村镇银行向基层延伸机构和服务。鼓励国有大型商业银行积极发展普惠金融业务，拓展"三农"服务业务。大力发展供应链金融和农村承包土地的经营权、农民住房财产权、农村集体经营性建设用地使用权、林权等四权抵押贷款业务。

开展种植养殖业财政补贴的农业保险试点工作，开展土地信托，扩大"保险＋期货"试点范围。三是积极吸引社会资本投入农村。规范利用 PPP 模式，健全价格和收费机制，创新农业农村公益性服务供给。采取股权投资引导基金、事后补助、以奖代补、贷款贴息、保费补偿、风险补偿等方式，撬动金融和社会资本更多投向农业农村。

（五）建设绿色生态宜居乡村

按照"绿水青山就是金山银山"的发展理念，建设良好的绿色生态环境，让生态宜居环境成为乡村振兴的支撑。一是要持续改善全省农村人居环境。要把农村垃圾、污水治理和村容村貌提升为主攻方向，加大整治农村人居环境的力度。重点抓好农村垃圾、厕所、污水治理。按照"五有"标准，强力推进农村生活垃圾治理工作。探索具有农村特色、符合农村实际的生活垃圾分类模式，规划建设静脉产业园，满足城乡垃圾处理的需要。推进"厕所革命"，按照"统一规划、统一建设、统一运行、统一管理"的原则，推进农村生活污水处理工作。二是要推动农村基础设施提档升级。持续完善农村交通运输网络。全面推进"四好农村路"建设，推动现有农村道路拓宽提质，推动通村组硬化路建设。建立完善的县域农村客运网络，推行农村客运公交化运营，确保群众出行需求。扎实推进河长制、湖长制，以南水北调配水科学化、黄河引水最大化和水资源配置均衡化为重点，加快河湖水系连通、蓄引调提工程建设。开展农村河塘清淤整治行动，完善农田灌排体系，农村生态清洁小流域建设。三是优化农村能源供给结构体系。实施农村电网改造升级工程，支持供气、供热管网向农村延伸覆盖。鼓励各地因地制宜开展风能、地热能开发利用，提高农村清洁能源自给率。按照"宜气则气、宜电则电"原则，推动实施"双替代"工程。

（六）不断加强基层党组织建设

一是强化基层党组织领导核心地位。以提升组织力为重点，巩固提升农村基层党组织领导核心地位，坚持和健全农村重大事项、重要问题、重要工作由党组织讨论决定机制。深入实施支部建设工程，推动全省农村党支部标准化、规范化建设，加大在农村社区、农民合作社、农业企业、农业社会化服务组织等领域建立党的基础组织。二是加强农村基层党组织干部队伍建设。实施农村党组织带头人优化提升行动，坚持"三有三带"（有理想信念和奉献精神，能带对路子；有经济头脑和致富本领，能带好发展；有良好品行和公道之心，能带正风气）标准，吸引致富带头人、外出务工经商人员、复员退伍军人、高校优秀毕业生等到村任职。实施村干部"素质提升"工程，加大对村党组织书记和村民委员会主任的轮训力度，切实提升村干部的素质能力。健全从优秀村党组织书记中选拔乡镇领导和干部队伍的长效机制。三是加强基层党员队伍建设。推动实施基层党员素质提升工程，加强对农村党员的教育培训，引导广大农村党员用习近平新时代中国特色社会主义思想武装头脑。落实"三会一课"制度，推进"两学一做"教育常态化、制度化，把农村党员培养成推动发展、带动致富、服务群众、引领文明的先锋模范。

参考文献

陈锡文：《从农村改革四十年看乡村振兴战略的提出》，《上海农村经济》2018 年第 8 期。

韩长赋：《实施乡村振兴战略 推动农业农村优先发展》，《人民日报》2018 年 8 月 27 日。

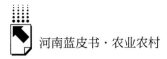

韩俊：《谱写新时代农业农村现代化新篇章》，《人民日报》2018 年 11 月 5 日。

李国祥：《加快推进农业由增产导向转向提质导向》，《经济日报》2018 年 1 月 4 日。

叶兴庆：《改革创新乡村振兴财政支持投入机制》，《农村工作通讯》2018 年第 11 期。

B.2
河南省各省辖市农业农村现代化
发展水平测度与评价

河南省社会科学院课题组*

摘　要： 研究测评河南省乡村振兴基础情况，对于河南有针对
性地实施乡村振兴战略具有重要价值。本研究主要依
据统计年鉴的数据，对河南省18个省辖市的乡村振兴
基础进行了综合测度和评价，并据此提出，要加强政
策设计的精准性，聚焦薄弱环节、突出重点，坚定不
移推进实施乡村振兴战略。

关键词： 河南　乡村振兴　农业　农村　现代化水平

党的十九大报告提出，实施乡村振兴战略、加快推进农村现代
化，是新时代做好"三农"工作的重要任务。农村现代化是一项长
期的历史任务。建立以人民为中心、以质量效益为核心的科学合理的
农村现代化发展水平评价体系，是引导各地抓重点、强弱项、补短板
的重要遵循，是扎实推进农村现代化的重要保障。

---

* 课题组组长：周立，河南省社会科学院党委副书记、研究员。课题组成员：生秀东，河南省
社会科学院研究员；乔宇锋，河南省社会科学院博士；陈明星，河南省社会科学院研究员；
侯红昌，河南省社会科学院副研究员；许韶立，河南省社会科学院研究员；李国英，河南省
社会科学院副研究员；安晓明，河南省社会科学院副研究员；刘依杭，河南省社会科学院助
理研究员；苗洁，河南省社会科学院副研究员。执笔：乔宇锋、刘依杭、生秀东。

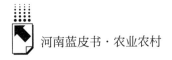

一 河南各地市农业农村现代化发展水平评价指标体系构建

（一）农村现代化发展评价指标体系的构成原则

农业农村现代化发展是一项极为复杂的系统工程，涉及农业农村发展的方方面面，从经济、政治到社会生活方式的现代化转变，从农业生产的现代化发展、农村一二三产业融合到城乡融合一体发展等。如何建立起一套科学、合理、操作简便适用的评价体系，作为反映、评价全省农业农村现代化进展、明晰阶段性重点任务的依据，对推进农业农村现代化发展具有重要的理论意义和实践意义。根据省情、农情和农业农村相关统计资料的特点，在建立农业农村现代化发展评价指标体系时，需要遵循如下基本原则。

1. 科学性原则

农业农村现代化发展评价的科学性原则，体现在指标体系的设计符合农业农村发展的动态性质和特点，指标体系的设计要系统、全面、相互协调，要求指标定义和解释规范化、标准化，与农业农村的实际情况相适应。例如反映农业生产现代化的指标，既要反映农业生产的投入产出效率（劳动生产率），反映河南作为国家粮食生产核心区的特殊省情（粮食总产和单产），更要反映正处于转型升级时期经济结构的迅速演变（农村服务业水平、产业化水平等）。评价过程和方法要始终保证严密性和准确性，否则可能会导致认识上的偏差。

2. 完整性原则

农业农村现代化发展评价的完整性原则，是根据评价的目的，按照系统论思想，围绕核心指标构建完整、可行的指标体系。核心指标要反映农业农村现代化发展的本质要求，从河南农业农村特色出发，指标体系要选择能较全面地反映农业农村发展水平的影响因素，不仅需要经济发展指标，还要有农村环境、可持续发展和城乡融合方面的指标，使农业农村现代化发展评价指标体系能全面、有效地描述和反映农业农村现代化进程。

3. 可比性原则

农业农村现代化发展评价体系的可比性原则，要求在选择指标时充分重视指标口径、内容和计算方法在纵向与横向上的可比性，以便在不同地区、不同时期之间分析比较农业农村现代化发展的进程。由于不同地区农业农村结构不同，经济社会发展阶段不同，选取的指标不能过于具体，应使之具有相对可比性。

4. 可操作性原则

农业农村现代化发展评价体系要求在保证指标体系科学、系统、完整的同时，充分注意主客观条件的限制，突出其可操作性，各项指标要易于评价，易于数据化。指标个数应适量，指标过少，难以反映乡村社会经济政治的综合特征；指标过多，又不易突出影响农业农村发展进步关键因素的作用。评价体系应与当前农业农村相关统计资料的现实相适应，指标的数据要易于收集，计算方法简单明了，对那些难以获得数据的指标尽量不设而找与其相似的指标替代。在坚持指标评价体系科学、合理的前提下，从操作简便适用入手，尽可能选取官方统计的相关数据指标。

（二）农业农村现代化发展评价指标体系的构成

课题组在借鉴现有的文献资料的基础上，结合河南实际，根据农业农村现代化水平评价原则，从统计数据的可获得性角度，选择农业投入与设施装备水平、农业产出效率与产业化经营水平、可持续发展水平、城乡融合水平、农村社会发展与保障水平作为农业农村现代化评价的 5 个一级指标。选择农村居民人均纯收入、单位面积粮食产量、有效灌溉率等29个二级指标（见表1）。在二级指标中，农村居民家庭恩格尔系数、城乡收入比等5个指标是负向指标，即指标值越小越好，其他二级指标均为正向指标，即指标值越大越好。

表1 农业农村现代化指标体系及权重

主体指标及权重	分指标及权重	分指标解释
农业投入与设施装备水平（16.27%）	单位耕地面积总动力（1.83%）	农业机械总动力/耕地面积
	有效灌溉率（2.07%）	有效灌溉面积/耕地面积
	单位耕地面积用电量（8.82%）	农村用电量/耕地面积
	农林水事务占一般公共预算支出比重（1.71%）	
	单位耕地面积化肥使用量（1.84%）	化肥施用量折纯量/耕地面积
农业产出效率与产业化经营水平（25.48%）	农林牧渔业劳动生产率（3.08%）	农林牧渔业生产总值/农业从业人数
	单位面积粮食产量（2.02%）	粮食总产量/粮食作物播种面积
	畜牧业产值比重（3.28%）	畜牧业产值/农林牧渔业生产总值
	土地生产率（2.95%）	农林牧渔业生产总值/耕地面积
	第一产业增加值比重（3.02%）	第一产业增加值/地区生产总值
	农林牧渔服务业产值比重（3.02%）	农林牧渔服务业产值/地区生产总值
	人均乳肉米面等加工食品产量（8.11%）	乳肉米面等加工食品总产量/常住人口
可持续发展水平（14.61%）	劳均耕地占有量（2.29%）	耕地面积/农业从业人数
	当年人均造林面积（6.51%）	当年造林面积/常住人口
	单位耕地面积农药使用量（4.74%）	农药使用量/耕地面积
	单位耕地面积农膜使用量（1.07%）	农用塑料薄膜使用量/耕地面积
城乡融合水平（13.69%）	城镇化率（4.58%）	
	城乡社区事务支出占公共预算支出比重（7.77%）	城乡社区事务支出/公共预算总支出
	城乡收入比（1.34%）	城镇居民可支配收入/农村居民纯收入

主体指标及权重	分指标及权重	分指标解释
农村社会发展与保障水平（29.96%）	农村居民人均纯收入（3.86%）	
	广播电视覆盖率（2.35%）	（广播覆盖率＋电视覆盖率）/2
	人均拥有住房面积（3.66%）	
	卫生厕所普及率（1.31%）	
	万人拥有村级农民体育健身场所数（5.76%）	村级农民体育健身场所数/农村常住人口
	万户拥有户用沼气池数（3.18%）	户用沼气池数/农村居民户数
	教育及文化娱乐支出比重（2.21%）	教育及文化娱乐支出/生活消费总支出
	万人拥有乡村医生和卫生员数（2.71%）	乡村医生和卫生员数/农村常住人口
	农村最低生活保障人数比例（2.84%）	农村最低生活保障人数/农村常住人口
	农村居民家庭恩格尔系数（2.08%）	农村居民家庭食品支出/消费支出

1. 农业投入与设施装备水平指标

农业现代化生产要素投入的多寡是农业现代化进程和水平的重要标志，这里包括单位耕地面积总动力、有效灌溉率、单位耕地面积用电量、农林水事务占一般公共预算支出比重、单位耕地面积化肥使用量5个二级指标。

2. 农业产出效率与产业化经营水平指标

农业产出效率与产业化经营水平反映农业农村现代化进程中农业综合产出能力，是衡量农业农村现代化水平的一个基础依据，这里包括农林牧渔业劳动生产率、单位面积粮食产量、畜牧业产值比重、土地生产率、第一产业增加值比重、农林牧渔服务业产值比重、人均乳肉米面等加工食品产量7个二级指标。

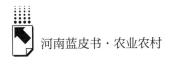

3. 可持续发展水平指标

农业农村现代化内在地要求必须能够实现可持续发展，以农业资源环境承载力等为主要内容的农业可持续发展能力，是农业农村现代化的重要支撑和体现。这里包括劳均耕地占有量、当年人均造林面积、单位耕地面积农药使用量、单位耕地面积农膜使用量 4 个二级指标。

4. 城乡融合水平水平指标

城乡融合是实现农业农村现代化的根本途径，因此农村人口转移程度、城乡收入差距是度量农业农村现代化进程的重要指标。这里包括城镇化率、城乡社区事务支出占公共预算支出比重、城乡收入比 3 个二级指标。

5. 农村社会发展与保障水平指标

农业农村现代化的进程必然引起农村社会生活水平的变化，因此农村社会发展与保障水平是农业农村现代化进程的综合反映，其中农民家庭生活水平较好地反映了农业现代化建设的成效。这里包括农村居民人均纯收入、广播电视覆盖率、人居拥有住房面积、卫生厕所普及率、万人拥有村级农民体育健身场所数、万户拥有户用沼气池数、教育及文化娱乐支出比重、万人拥有乡村医生和卫生员数、农村最低生活保障人数比例、农村居民家庭恩格尔系数 10 个二级指标。

二 河南各地市农业农村现代化发展水平测度及评价

目前学界对农业现代化水平进行评价的方法主要有主观赋权法和客观赋权法两种方法。主观赋权法包括专家赋权法、层次分析法等方法，这些方法主观性较强，主要依赖专家的经验确定各个指标的权重。客观赋权法有熵权法等方法，依据农业现代化水平主要影响因素所传递的信息量大小确定指标权重，减少了评价过程中人为因素对评价结果的影响，能够客观地反映各评价指标对农业现代化水平的贡献程度。因此课题组采用熵权法分析评价河南省各地市的农业现代化水平。

（一）数据来源和处理方法

本评价数据均来源于《河南统计年鉴（2018）》。在测度中，首先对原始数据进行标准化处理，然后确定客观权数，并计算评价对象在各二级指标上的得分，最后可得到农业投入与设施装备水平指数、农业产出效率与产业化经营水平指数、可持续发展水平指数、城乡融合水平指数、农村社会发展与保障水平指数以及区域农业农村现代化综合水平指数。

1. 数据标准化处理

对 n 个评价对象和 m 个指标的数据矩阵 $X = \{x_{ij}\}_{n \times m}$，正向指标和逆向指标的处理方式分别为：$x_{ij}' = x_{ij}/x_{j,max}$，$x_{ij}' = 1/x_{ij}$。式中 x_{ij}' 为处理后的数据，定义标准化矩阵：$Y = \{y_{ij}\}_{n \times m}$，其中 $y_{ij} = x'_{ij}/\sum x'_{ij}$，$0 \leq y_{ij} \leq 1$。

2. 计算第 j 项指标的熵值 I_j

$I_j = -k \sum y_{ij} \ln y_{ij}$，式中 $k = 1/\ln n$。

3. 客观权数的确定

第 j 项指标的差异系数 $r_j = 1 - I_j$，第 j 项指标的客观权数 $w_j = r_j/\sum r_j$。

4. 计算被评对象得分

第 i 个对象的总得分 $f_i = \sum w_j y_{ij}$。

（二）评价结果

利用上述计算方法对数据进行处理，得到各个一级指标和二级指标权重（见表1），在此基础上，得出全省18个省辖市农业投入与设施装备水平、农业产出效率与产业化经营水平、可持续发展水平、城乡融合水平、农村社会发展与保障水平5个一级指标的排序结果和评价得分（见表2），并最终得出18个省辖市农业农村现代化水平综合评价的排序结果和综合评价得分（见表3）。

表2　各地市在主体指标上的得分

地市	农业投入与设施装备水平		农业产出效率与产业化经营水平		可持续发展水平		城乡融合水平		农村社会发展与保障水平	
	得分	排名	得分	排名	得分	排名	得分	排名	得分	排名
郑　州	68.91	2	12.75	18	31.00	11	99.93	1	72.73	1
开　封	35.69	7	56.26	2	31.19	10	18.94	12	50.84	8
洛　阳	40.24	6	22.34	17	38.15	9	31.01	8	51.42	7
平顶山	29.63	15	24.58	15	56.18	6	22.37	11	34.06	15
安　阳	48.07	4	24.77	14	28.67	14	23.27	10	55.59	5
鹤　壁	35.30	8	75.71	1	66.87	3	43.34	3	53.32	6
新　乡	81.52	1	29.46	11	56.75	5	26.57	9	56.43	3
焦　作	49.90	3	49.24	3	30.25	12	44.33	2	48.70	11
濮　阳	35.21	9	44.30	4	22.53	15	7.85	18	35.94	14
许　昌	32.47	11	24.39	16	28.84	13	31.99	7	61.80	2
漯　河	32.36	12	38.63	6	20.79	16	33.92	5	49.49	10
三门峡	21.73	18	26.26	12	73.40	2	32.47	6	43.46	12
南　阳	27.40	16	25.95	13	60.84	4	12.17	14	27.36	17
商　丘	30.97	13	33.35	10	19.88	17	8.82	16	49.68	9
信　阳	30.45	14	39.99	5	56.11	7	13.91	13	26.91	18
周　口	25.24	17	36.25	8	15.90	18	8.43	17	30.01	16
驻马店	32.57	10	38.12	7	50.43	8	9.07	15	40.35	13
济　源	40.34	5	35.25	9	83.64	1	41.10	4	56.00	4

表3　各地市综合得分

地市	得分	排名	地市	得分	排名
鹤壁市	52.83	1	许昌市	37.10	10
郑州市	50.53	2	洛阳市	35.00	11
焦作市	44.32	3	商丘市	34.35	12
新乡市	43.96	4	三门峡市	34.29	13
济源市	43.06	5	平顶山市	32.59	14
开封市	42.41	6	信阳市	31.99	15
安阳市	40.81	7	驻马店市	31.45	16
漯河市	40.55	8	周口市	30.87	17
濮阳市	37.15	9	南阳市	27.77	18

（三）评价结果分析

由表1可以看出，各一级指标中，农村社会发展与保障水平权重最大，农业产出效率与产业化经营水平和农业投入与设施装备水平权重次之，城乡融合水平权重最小。在各个二级指标中，单位耕地面积用电量权重最大，人均乳肉米面等加工食品产量权重次之，单位耕地面积农膜使用量权重最小。

就一级指标而言，由表2可以看出，在农业投入与设施装备水平方面，新乡、郑州、焦作得分较高，表明其在农业现代要素投入与财政支农方面相对较好，排名靠后的则为南阳、周口、三门峡等市；在农业产出效率与产业化经营水平方面，鹤壁、开封、焦作得分较高，表明其在农产品单产、农业劳动生产率等方面的产出水平较高，排名靠后的则为许昌、洛阳、郑州等市；在可持续发展水平方面，济源、三门峡、鹤壁得分较高，表明其在农业资源的有效利用和环境等指标上发展水平较高，排名靠后的则为漯河、商丘、周口等市；在城乡融合水平水平方面，郑州、焦作、鹤壁得分较高，表明其在农村人口城镇化指标上发展水平较高，排名靠后的则为商丘、周口、濮阳等市；在农村社会发展与保障水平方面，郑州、许昌、新乡得分较高，表明其在农民收入、文化生活设施等方面发展水平较高，排名靠后的则为周口、南阳、信阳等市。

就农业农村现代化综合指数而言，由表3可以看出，全省各省辖市之间农业现代化水平存在一定差异。鹤壁市农业农村现代化水平最高，排名第一；南阳市农业农村现代化水平最低。从具体的综合得分数值来看，如果以43、35作为划分点，全省区域农业农村现代化水平大致可以划分为三个类别：综合发展指数大于43的称为Ⅰ类地区，依次为鹤壁、郑州、焦作、新乡、济源5个地市；综合发展指数为35~43的称为Ⅱ类地区，依次为开封、安阳、漯河、濮阳、许昌、洛阳6个地市；综合发展指数小于35的称为Ⅲ类地区，依次为商丘、三门峡、平顶山、信阳、驻马店、周口、南阳7个地市。

Ⅰ类地区农业现代化综合水平最高，鹤壁农业农村现代化发展程度较为突出，在农业产出效率与产业化经营水平方面全省最高，在可持续发展水平方面全省排名第三；郑州作为省会城市，有三个一级指标的排名都位居全省前列，在城乡融合水平和农村社会发展与保障水平方面均全省排名第一，农业投入与设施装备水平方面全省排名第二；焦作、新乡和济源分别有三个一级指标的排名都比较靠前，焦作在农业投入与设施装备水平、农业产出效率与产业化经营水平、城乡融合水平方面都位居前三。新乡在农业投入与设施装备水平方面列全省第一，农村社会发展与保障水平列全省第三位；济源在可持续发展水平方面列全省第一位。

Ⅱ类地区农业现代化综合水平相对较高，开封虽然在其他四个方面都位于全省中游水平，但在农业产出效率与产业化经营水平方面位列全省第二位；安阳、漯河在五个指标上都位于全省中上游水平，但有个别指标靠后，漯河在可持续发展水平方面比较落后；濮阳、许昌、洛阳在五个指标上都位于全省中游水平，有个别指标排名靠后，洛阳在农业产出效率与产业化经营水平方面较为落后。

Ⅲ类地区农业农村现代化综合水平相对较低，周口、南阳、信阳在农村社会发展与保障水平方面全省排名较低；平顶山、驻马店、商丘在五个指标上都居于全省中下游水平；三门峡、南阳在农业投入与设施装备水平方面全省排名较低。

另外，需要说明的是，本报告是河南省社科院将农业农村现代化理论应用于评价河南农业农村现代化进程的一次尝试，农业农村现代化综合发展指数是河南省 18 个省辖市之间的相对发展指数，并非代表农业现代化实现程度的绝对指数。通过相对发展指数综合反映各地区在农业农村现代化相关环节和领域的优势或差距，以期为各地市加快实现农业农村现代化提供具有针对性的参考。

三　推进河南农业农村现代化发展水平的对策建议

当前，河南正处于加快实施乡村振兴战略的关键时期，根据上述对全省区域农业农村现代化发展水平测度和评价的结果，我们认为应有针对性地重点施策，省级层面要加强政策设计的差别化和精准性，市县层面要因地制宜强化对接和落实。

（一）加大农业基础设施建设力度，强化农业农村现代化的基础支撑

一是持续加大农田水利等基础设施建设。推进重大水利灌溉工程建设，加快推进抗旱应急水源工程、山洪灾害防治工程建设，全面提升农村防汛抗旱减灾能力。以改善农田水利条件为重点，大规模推进农田水利建设，积极推广先进适用节水灌溉技术，提升灌溉效率，提

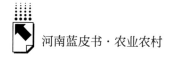

高土地生产率和防灾减灾能力。

二是加快高标准粮田建设。紧紧围绕河南粮食核心区建设规划，加快实施高标准粮田"百千万"建设工程，力争提前完成建设任务，深入贯彻落实《河南省高标准粮田保护条例》，健全管护激励机制，做好高标准粮田管护工作，为确保高标准粮田持续长久利用和发挥效益，将高标准粮田划为永久基本农田实行特殊保护。

三是持续开展耕地质量保护与提升行动，通过深耕深松、秸秆还田、测土配方施肥等措施，保护提升耕地地力。依托农机专业合作社，完善机械化深松整地补助政策，为广大小农户提供深耕深松服务；加大农作物秸秆还田作业补助力度，推广农作物秸秆机械化还田耕作模式，鼓励整村、整乡开展农作物秸秆还田。加大测土配方施肥政策支持力度，推进测土配方施肥等精准施肥技术，要抓好典型示范，带动大面积减肥增效措施落实。

（二）加快农业科技进步和农村信息化进程

实现乡村产业兴旺，必须加快科技进步，推动乡村产业发展由主要依靠物质要素投入转向主要依靠科技进步。强农业，必须先强种业，抓好优质农产品的品种培育和推广，提高良种覆盖率。建立以育繁推一体化种业企业为主体、产学研紧密结合、技术创新有力的新机制。抓好作物栽培植保、资源高效利用等技术的集成、配套和升级。积极推广标准化种养、健康养殖、病虫害防控、测土配方施肥等技术。推进先进适用技术精准入户，提高农民科学种田水平。按照标准化、专业化、规模化、集约化、生态化和产业化的要求，提升农业技术装备水平。深度融合信息化和农业现代化，加快农村信息化进程。把精准农业、智能农业作为主攻方向和切入点，通过信息化提升现代农业和改造传统农业。健全农业信息服务体系，积极开展"互联网＋"现代农业农村行动，建设农村科技服务云平台，推进农村电子商务发展，加强信息资源大数据建设，努力使乡村信息服务覆盖最大化、应用平民化、效果最优化。

（三）推进农地有序流转，加快培育实现农业现代化的主力军

积极创新土地经营制度，扎实做好农户承包地块的确权颁证工作，建立健全土地流转市场，降低土地转让费用。首先，扎实做好承包地块的确权工作，通过土地确权颁证，加强土地承包权的物权法保护，稳定农民土地出租预期，激励农民流转土地。其次，完善农地流转的市场机制，降低农地流转交易成本。地方政府要依托现有职能部门，大力发展土地流转中介服务组织，在县、乡、村三级建立专门的土地流转咨询服务中心，健全三级服务平台，将土地流转服务平台建设费用和管理经费纳入政府财政预算。大力推广土地托管、代种代耕和建立"土地银行"等规模经营的经验，鼓励发展多种形式的规模经营。最后，实施家庭农场支持政策。加大对新型农业经营主体的扶持力度，农业新增补贴主要向家庭农场、专业大户和农民专业合作社倾斜，良种补贴等四项直接补贴的增量主要用来扶持从事规模化、专业化种粮的家庭农场。在农田水利建设、设施农业、农机购置等方面向家庭农场和专业大户倾斜。地方财政还应设立土地流转专项基金，从土地流转租金上补贴家庭农场和土地转出期限较长的出租农户，引导鼓励土地向家庭农场流转。同时实行以奖代补，对达到一定规模的家庭农场实行奖励政策。

（四）重点发展面向小农户的农业生产性服务业

河南的基本省情、农情是，大多数小农户仍然是"自家的地自家种"，不愿意放弃土地经营权。其实，小规模农户相对于家庭农场和专业大户来说，仍然有小农户的优势，大多数老龄化农业劳动力从

事粮食生产的经济成本是零。而新型农业经营主体的土地成本、劳动力成本相比则较高。目前存在的农业生产环节"外包"市场，是农业分工深化的表现，实现了小农户劳动力成本低的优势与农业服务组织先进技术装备优势的有机结合。因此稳定粮食产能，需要重点发展面向小农户的农业生产性服务业。

当前河南省探索以农业社会化服务带动小农户进行农业规模化经营的模式，形成了两种类型：第一是土地半托管模式，农机专业合作社和供销社等社会化服务主体将粮食生产全过程中有服务需求的环节，划分为一系列服务项目，如深耕、日常管理、秸秆还田、播种、收割、烘干、储存、加工等，并制成"服务菜单"，农户按照田间生产的实际需要，选择其中一些服务项目，双方签订服务合同，服务结束后农户负责验收并结清费用。第二是全托管模式，常年在外务工的农户与农业社会化服务组织签订托管合同，将土地委托给服务组织管理，实行从种到收的全程服务。全托管模式的优势在于可以打破户与户之间的田地边界，实现土地集中连片，减少农机耕作费用，还可以根据实际需要整理土地，有利于推进农业规模化、机械化、集约化经营，实现乡村产业振兴。

（五）积极完善合作机制，提高农民进入市场的组织化程度

积极发展专业合作、股份合作等多种形式的农民合作社，鼓励专业大户和龙头企业领办合作社；鼓励发展以家庭农场和专业大户为主体的农民专业合作社，使其成为建设现代农业的重要组织形式。大力发展农业产业化经营，鼓励家庭农场以专业合作社等形式与龙头企业合作，实行"龙头企业+以专业农户和家庭农场为主体的农民专业合作社"的联结方式。积极支持社会力量兴办多元化、多层次、多形式的社会化服务组织，坚持主体多元化、服务专业化、运行市场化的方向，改善农民生产经营的外部环境。

（六）创新农业金融服务，满足农业现代化的融资需求

农村金融是现代农村经济的核心。首先，有序开放农村金融市场，激发农村金融活力。支持发展各类农村金融服务主体。在充分发挥市场机制在农业金融资源配置中的决定性作用的同时，还要发挥政府调控作用，引导政策性金融、合作性金融、商业性金融及其他新型金融机构多元协同发展，互为补充，通过制定差异化的政策措施，提高农村金融机构服务农业的积极性。其次，农业金融服务强调营利性的同时要注重社会公平，金融服务向农业企业、种养大户倾斜的同时，也要兼顾低收入农户的信贷需求。再次，创新金融产品和服务方式，结合农村土地确权、流转工作的推进，强化政策支持，创新抵押担保方式，为新型农业经营主体提供相应的信贷服务和资金支持。最后，推进农业保险工作，加大农业保险产品供给，扩大农业保险覆盖面，提高农业保险保障程度。

参考文献

卢方元、王茹：《中原经济区农业现代化水平的综合评价》，《地域研究与开发》2013 年第 8 期。

辛岭、蒋和平：《我国农业现代化发展水平评价指标体系的构建和测算》，《农业现代化研究》2010 年第 11 期。

孟俊杰、孙建军：《基于熵权法的河南省现代农业发展水平测度研究》，《农业科技管理》2012 年第 4 期。

吴海峰：《乡村产业兴旺的基本特征与实现路径研究》，《中州学刊》2018 年第 12 期。

吴海峰、苗洁：《新型农业现代化发展研究》，《中州学刊》2013 年第 1 期。

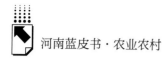

张晓山：《创新农民经济组织发展现代农业》，《新视野》2007 年第 6 期。

农业部课题组：《现代农业发展战略研究》，中国农业出版社，2008。

生秀东：《河南省稳定粮食产能问题研究》，《中共郑州市委党校学报》2018 年第 6 期。

附表

河南省各省辖市农业现代化发展水平测度原始数据（1）

省辖市	单位耕地面积总动力（万千瓦/公顷）	有效灌溉率（%）	单位耕地面积用电量（千瓦时/千公顷）	农林牧渔业劳动生产率（元/人）	单位面积粮食产量（千克/公顷）	畜牧业产值比重（%）	第一产业增加值比重（%）	劳均耕地占有量（亩/人）
郑州	1.39	64	1186.02	28745.84	4768.85	28	2	5.16
开封	1.39	85	255.51	45326.31	5814.62	32	15	5.28
洛阳	1.21	36	554.10	26550.42	4449.61	29	6	4.20
平顶山	1.24	66	404.86	19998.85	4920.04	43	9	3.09
安阳	1.36	75	740.08	27453.83	6354.64	22	9	4.73
鹤壁	1.88	78	203.77	40887.49	7049.57	59	7	6.45
新乡	1.60	77	1372.75	30314.16	6490.81	34	9	5.67
焦作	1.24	93	731.55	32817.95	7329.57	26	6	3.88
濮阳	1.28	84	303.10	27239.11	6774.10	32	10	3.94
许昌	1.09	74	321.52	22227.05	6465.94	35	6	4.20
漯河	1.31	77	328.27	25049.22	6666.75	42	10	3.61
三门峡	0.67	32	221.56	33084.19	3984.26	20	8	4.19
南阳	1.34	47	218.50	27119.20	5384.02	34	16	4.73
商丘	1.19	87	376.13	29765.85	6659.00	27	17	4.77
信阳	0.75	62	212.08	35082.83	6765.79	24	21	5.54
周口	1.10	67	188.02	26951.77	6497.73	28	19	4.14
驻马店	1.41	64	219.06	31579.27	6113.28	39	19	6.02
济源	1.58	55	424.32	21812.74	5315.92	46	3	4.62

续表

省辖市	农林牧渔服务业产值比重（%）	土地生产率（元/公顷）	农村居民人均纯收入（元）	城镇化率（%）	教育及文化娱乐支出比重（%）	万人拥有乡村医生和卫生员数（人）	村级农民体育健身场所（万个）
郑 州	2	8353.93	19974	72.2	9.46	18.24	1.19
开 封	7	12864.77	12126	47.4	11.85	22.63	0.84
洛 阳	8	9491.47	12511	56.0	9.13	19.70	1.37
平顶山	5	9710.48	12222	52.4	7.51	22.60	1.04
安 阳	5	8714.53	13697	50.2	8.43	27.07	1.90
鹤 壁	6	9511.27	15326	58.8	9.17	27.47	1.50
新 乡	4	8017.18	13769	52.0	10.44	25.52	0.35
焦 作	11	12686.25	16218	58.0	8.69	20.89	0.98
濮 阳	12	10366.56	11652	43.7	11.55	31.80	0.85
许 昌	6	7942.95	15591	51.1	9.88	25.01	2.18
漯 河	3	10411.59	14141	50.9	8.14	22.89	2.31
三门峡	1	11849.03	13084	54.7	11.42	17.45	1.56
南 阳	3	8601.83	12718	44.7	5.80	21.99	0.49
商 丘	4	9363.28	10517	41.7	10.37	20.87	0.71
信 阳	4	9496.92	11663	46.1	9.80	25.27	0.66
周 口	7	9775.81	10170	41.2	6.32	24.78	0.99
驻马店	6	7875.11	10869	41.5	10.13	21.54	0.15
济 源	2	7080.07	16939	61.1	7.14	22.41	1.76

资料来源：《河南统计年鉴（2018）》。

河南省各省辖市农业现代化发展水平测度原始数据（2）

省辖市	广播电视覆盖率（%）	户用沼气池（万个）	卫生厕所普及率（%）	人均乳肉米面等加工食品产量（吨）	当年人均造林面积（千公顷）	人均拥有住房面积（平方米/人）	农林水事务占一般公共预算支出比重（%）
郑　州	99.65	16.31	88.23	157.70	0.82	61.57	0.04
开　封	100.00	12.08	63.50	923.20	1.16	50.73	0.12
洛　阳	97.75	27.92	82.42	205.38	2.35	48.29	0.11
平顶山	98.35	17.31	81.16	224.02	6.45	38.25	0.12
安　阳	99.85	12.39	71.31	390.52	2.17	48.55	0.11
鹤　壁	100.00	6.03	81.14	2881.31	4.71	44.69	0.09
新　乡	99.87	34.36	91.10	468.49	4.56	46.75	0.17
焦　作	99.43	12.78	90.06	852.64	2.41	46.40	0.08
濮　阳	97.09	11.71	47.96	690.21	1.07	39.03	0.16
许　昌	100.00	13.67	85.39	390.15	0.79	48.43	0.10
漯　河	100.00	16.92	78.51	850.83	0.58	47.48	0.11
三门峡	97.64	10.94	76.21	706.58	8.96	44.35	0.13
南　阳	96.74	35.00	79.83	201.33	6.64	39.64	0.15
商　丘	100.00	42.64	82.06	359.77	0.79	51.06	0.14
信　阳	96.47	16.82	77.30	511.44	4.31	43.73	0.18
周　口	99.04	29.91	61.31	269.77	0.41	41.80	0.15
驻马店	99.16	22.81	77.55	440.39	2.32	40.49	0.16
济　源	99.17	3.20	90.13	1949.72	9.47	53.90	0.09

续表

省辖市	城乡社区事务支出占公共预算支出比重（%）	单位耕地面积化肥使用量（吨/千公顷）	单位耕地面积农药使用量（千克/公顷）	单位耕地面积农膜使用量（吨/千公顷）	农村居民家庭恩格尔系数（%）	城乡收入比	农村最低生活保障人数比例（人/每万人）
郑 州	39	659.54	11.01	22.05	22	1.80	198.14
开 封	7	759.13	13.49	26.04	24	2.22	635.89
洛 阳	16	544.60	10.37	11.91	22	2.66	452.72
平顶山	10	1172.97	12.62	11.03	32	2.42	456.31
安 阳	9	1097.89	14.39	43.71	26	2.22	568.22
鹤 壁	11	670.74	10.61	10.00	29	1.86	421.85
新 乡	8	1164.41	19.26	6.93	30	2.11	374.98
焦 作	12	1002.00	20.74	11.76	28	1.80	566.96
濮 阳	6	980.71	12.85	27.87	31	2.47	580.53
许 昌	9	746.32	10.49	9.84	30	1.89	289.61
漯 河	13	927.87	12.75	16.32	30	2.04	995.36
三门峡	10	550.04	17.09	19.46	23	2.11	670.61
南 阳	6	804.77	15.51	26.93	34	2.29	748.70
商 丘	10	1290.60	26.78	17.60	33	2.62	643.09
信 阳	5	609.48	12.06	16.77	36	2.23	908.79
周 口	7	950.70	20.64	23.32	36	2.39	769.05
驻马店	8	789.94	6.98	13.74	22	2.42	660.83
济 源	8	529.48	11.70	15.66	25	1.81	518.11

资料来源：《河南统计年鉴（2018）》。

业态发展篇

Format Development

B.3
河南省农村一二三产业融合发展研究

生秀东*

摘　要：　农村一二三产业融合发展是河南农村加快构建现代农
业产业体系、经营体系、生产体系，加快转变农业发
展方式、加快推进农业农村现代化、实现乡村产业振
兴的必然要求。加快推进农村产业融合，需要培育完
善融合载体，充分发挥支撑引领作用，着力完善利益
联结机制，分享发展成果，加快农业结构调整，创新
产业融合的体制机制。

关键词：　农村　产业融合　河南

* 生秀东，河南省社会科学院农村发展研究所研究员。

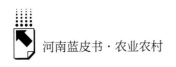

一　新时代河南农村一二三产业融合发展的
必要性和紧迫性

党的十九大报告提出，实施乡村振兴战略，促进农村一二三产业融合发展。近年来中央一号文件也多次强调，要构建农村一二三产业融合发展体系，创新农村一二三产业融合发展的体制机制。促进农村一二三产业融合发展，是推动农业转型升级的迫切需要，也是培育农村新产业、新业态、新模式的有效途径，是实施乡村振兴战略、加快推进农业农村现代化、促进农民持续较快增收的重要举措。推进农村一二三产业融合发展，就是以利益联结为纽带，让农民分享二三产业增值收益，以产业联动、要素集聚、技术渗透等方式，构建现代农业产业体系、生产体系、经营体系，以资本、技术以及农业资源等要素跨产业集约化配置，实现延长产业链、提升价值链，以培育农村新产业、新业态，加快产业兴旺和城乡融合，为乡村振兴提供有力支撑。当前，全省经济已由追求数量增长阶段转向追求质量发展阶段，对农业农村经济发展方式提出了更高要求，迫切需要培育新型农业经营主体和服务主体，构建现代农业产业体系、生产体系和经营体系，适应市场需求、提升农业竞争力。促进农村一二三产业融合发展，有助于调整农村农业产业结构，提高农业供给体系顺应市场需求的变化，推进农村经济发展的高质量。

（一）农村一二三产业融合发展是转变农业发展方式的重要途径

随着工业化与城镇化深入推进，农村劳动力向城镇和工业大量转移，河南农村劳动力就业结构、农村人口构成和农业生产经营格局正在发生重大变化，农业劳动力数量不断减少、素质结构性下降等问题日益突出。目前河南省农业生产的现状是：农村家庭承包地一般由缺乏就业能力的老人、妇女耕种。青壮年劳动力大多已经外出打工，外出打工收入占家庭收入的60%以上。概括地说，"70后"农民不愿意种地，"80后"农民不会种地，"90后"农民连农村都不愿意待下去。随着非农收入比重增加，农业经营的重要性逐渐降低，农业经营主体的兼业化、低质化现象日趋严重，依靠低素质劳动力支撑现代农业发展的空间在缩小，农业生产后继无人的问题凸显，迫切需要转变农业发展方式，实现多种形式的农业规模经营，发展优质高效农业，使农业劳动者的收入实现较大增长，提高农民生产积极性，解决农业生产后继无人的问题。促进农村一二三产业融合发展，加快构建现代农业产业体系、经营体系、生产体系，加快形成农业农村发展新动能，能够为现代农业提供动力支撑

（二）农村一二三产业融合发展是建设现代农业强省的现实需要

当前河南省农业资源和环境约束加剧，依靠资源和劳动投入推动增长的模式难以为继，迫切要求农业生产方式由传统小生产加快向社会化大生产转变。小规模兼业经营，由于经营规模狭小和劳动力素质低下，现代农业生产要素的投入尤其是规模性要素的投入，会受到边际成本急剧上升的制约，因此，小规模兼业经营缺乏机械化、专业化、集约化和科技化的内生动力，当前农业生产经营的副业化、粗放化趋势十分明显，而且在一定程度上"不可避免"，与农业现代化进程背道而驰。因此，农村一二三产业融合发展，有助于发挥产业融合发展带来的协同效应，带动更多资源要素进入农业农村，可以加快优化资源配置和提高农业产出效益。

（三）农村一二三产业融合发展是农业供给侧改革的必然要求

只有促进农村一二三产业融合发展，才能不断破解农业发展面临

的矛盾和难题，提升农业产业的质量、效益和竞争力。解决农业供给侧存在的生产成本高、效益低，缺乏市场竞争力的问题。但是，小规模农户分散经营，难以有效对接和融入包含产前、产中、产后各个环节的农业产业链，小农户在进入市场时，交易成本高、经营风险大，难以有效组织起来与工商资本相抗衡，保护自己利益的力量微薄。

因此，分散的农民只有组织起来才能融入现代农业产业体系，发展优质高效农业。农村一二三产业融合发展有利于培育新型农业经营主体。而专业合作社、龙头企业等则是先进生产要素的有效载体，并能为分散的农户提供技术指导和支持。农民合作经济组织作为现代农业经营体系的一个重要组成部分，它的发展是现代农业生产力发展的客观要求。农民专业合作社在信息、资金、技术、销售等方面具有优势，能为农民提供产、供、销各种服务，特别是它是农民自己的组织，对增加农民收入具有重要作用。龙头企业具有引导生产、开拓市场、加工增值、提供社会化服务的综合功能，带动农户能力强。因此农村一二三产业融合发展，必须扶持壮大龙头企业、农民专业合作社，充分发挥新型农业经营主体对小农户从事农业生产的引导作用，带动农业的专业化和适度规模化经营。当前在经济发展新常态下，要促进河南农业发展再上新台阶，农民收入快速增长的难度也越来越大，加快推进农村一二三产业融合发展的要求也越来越紧迫。

二 河南省农村一二三产业融合发展的形式

（一）第一产业带动型

平舆县立足于我国白芝麻原产地的品牌优势，创建国家农村产业融合示范园，全面深化农业供给侧改革，扎实推进蓝天芝麻小镇的各项创建工程。努力把"小芝麻"产业做大做强。在白芝麻特色种植上，与省农科院合作打造了 5000 亩绿色无公害白芝麻种植基地，辐射周边种植面积逾 2 万亩，平均亩产达到 100 公斤以上，亩均综合效益达 5000 元。在白芝麻特色加工上，依托西北农林科技大学食品工程学院，初步建立白芝麻食品研发基地，已经开发精制白芝麻叶、白芝麻香油、芝麻花茶、芝麻叶茶、芝麻休闲食品和芝麻木酚素等高科技产品，成功注册蓝作坊、蓝磨坊、七品芝麻、小芝味、乐芝道等商标。

（二）龙头企业带动型

汝州市以河南蒋姑山农林发展有限公司为主体，创建农村产业融合发展示范园。规划建设面积 4 万亩的特色种植产业融合示范区，大力发展元宝枫、油用牡丹、中药材种植等，探索"龙头企业＋科研院所＋农民合作社＋农户"的纵向产业融合模式，形成"种植—加工—营销"一体化产业链，形成区域优势主导产业。目前，园区已推出薰衣草系列、金丝皇菊系列等主打产品，建立了良好的销售渠道和市场品牌，形成了较好的经济效益。

郸城县国家农村产业融合发展示范园，坚持龙头带动，延伸产业链条。示范园现有市级以上农业产业化龙头企业 16 家，其中省级重点农业产业化龙头企业 2 家。开发包括甘薯淀粉、甘薯全粉、甘薯粉条、甘薯粉丝、甘薯方便凉粉、甘薯茎叶方便蔬菜、薯脯、薯干等一系列甘薯深加工产品，并着力于甘薯渣、甘薯蛋白、甘薯果胶等甘薯副产品的开发利用，深加工产品品种达 50 个，示范园自有和订单甘薯种植基地达到 10 万亩。安置新增就业 2100 人，增加农民收入 2.3 亿元。

（三）工商资本带动型

汝州市农村产业融合发展围绕休闲观光旅游业，打造"三位一体的产业深度融合模式"。一是规划建设沿蟒川河两岸休闲观光旅游带；二是大力开发汝瓷小镇、硕平花海、万里茶马古道、半扎古镇等旅游景点，形成一体化旅游线路，拓宽农业功能；三是引进中青旅等大型旅游企业对园区旅游业进行管理和运营，加快旅游业发展进程。园区已接待游客 200 万人次，创造了超过 1000 个农业就业岗位和 500 个以上的商业就业岗位。特别是硕平花海内享有知识产权的"网红桥"，已成为全国知名网红桥，吸引了大量游客来此游玩。

（四）农业服务企业带动型

南阳市土地托管工作初步形成了两种托管类型和两种运行模式。两种托管类型：一是半托管，也叫"菜单式"托管，土地托管服务主体将农业生产中的秸秆还田、深耕疏松、种肥同播、病虫害防治、机收、烘干、储存、加工、销售等服务项目制成"服务菜单"，农户根据实际需要选取一个或多个服务项目，"点菜下单"、签订服务协议；二是全托管，也叫"保姆式"托管，土地托管服务主体与农户签订土地托管服务协议，打破户与户之间的界限，实现土地成方连片，实行统一耕地、统一配肥、统一播种、统一管理、统一收获、统一收购的"六统一"全过程、全环节的托管服务。两种运行模式：一是唐河、社旗等地的新型规模经营主体自主型。由龙头企业、专业合作社等新型经营主体依靠自身的技术、农机等优势，直接与农户洽谈，提供托管服务，以协议的形式约定某一环节或全程跟踪服务。二是以方城县为典型的供销社牵头带动型。由县供销社作为牵头单位，发挥供销社的主办引领作用，整合各种植合作社、农机合作社等专业社，成立农作物种植专业合作联合社和农机专业合作联合社，联合社负责农资货源组织供应、农机调配，专业社负责做好耕、种、管、收系列服务，村两委负责组织农户和质量监督，有近50 个专业社加入专业合作联合社，整合农业机械 380 台（套），形成以企业为龙头、联合社为依托、专业社为主体、村"两委"为纽带的托管服务体系。

三 当前河南省农村一二三产业融合
发展中存在的问题

（一）农业新型经营主体"三多三少"问题突出

河南虽实现了从"中国粮仓"到"中国厨房"的转变，但和发达国家及国内先进省份相比，目前河南农业产业化龙头企业仍然存在不少问题，突出反映在"三多三少"的问题上。

从企业生产规模上看，中小型龙头企业数量多，但大型或超大型的农业龙头企业很少，辐射带动能力不强。除双汇、三全、华英等企业之外，全省大部分农业龙头企业规模偏小，抗风险能力差，企业的生产经营不稳定，与农业大省的地位不相称。作为对比，山东省已建立起各类农业生产基地近 8000 万亩，占全省耕地面积的 2/3 以上；全省 1/2 以上的农产品、2/3 以上的畜产品基本实现了产业化经营，而河南还远远达不到。如何培育规模大、带动力强的农业龙头企业是河南农业产业化发展的重中之重。

从产品结构上看，农产品初级加工企业多，农产品精深加工龙头企业较少。龙头企业生产的产品，大多以原材料、粗加工品为主，产品加工深度不够，附加值低。产品种类主要是粮食制品和肉制品，河南小麦加工量虽然占全省小麦总产量的 2/3，但主要还是以面粉加工为主，产品品种少，产业链条短，科技含量高、高附加值的"高、新、精、尖"产品不多，致使产品销售的市场不大，竞争力比较弱。

从农产品品牌和市场影响力上看，生产普通产品的企业多，生产名优产品的企业少，市场竞争力不强。食品产业不同于其他产业的独特之处是，品牌和市场声誉的重要性远远大于生产上的规模，因此龙头企业之间的竞争主要以品牌竞争为主，而不是简单的价格或生产成本的竞争。例如河南三全公司在资金短缺的情况下，宁可减少固定资产投资，也要在产品广告上大量投入资金，企业和产品的知名度不断提高，市场占有率持续提高，始终稳居行业首位。但大多数龙头企业还没有建立起品牌声誉，市场销售不畅。例如河南省油料总产量居全国第一位，但是豫中和豫北的一些食用油生产企业，由于缺少知名品牌，加工的食用油卖给山东一家名牌企业，后者直接贴牌销售，这就导致河南食用油的知名度与油料大省的地位极不相称。

（二）小农户的组织化程度低，龙头企业和农户的利益联结机制不完善

在农业产业化经营过程中，农户和龙头企业在市场上的地位是不对等的。龙头企业由于自身强大的实力，在与小农户的合作交易中占据有利地位；而多数农户生产规模小，在与企业的交易中处于不利地位。当农户与企业签订契约进行合作，遇到合同利益纠纷时，农户由于组织化程度低，往往难以保障自身的权益。另一方面，现代化的龙头企业与许多分散落后的小农合作，从签约、指导服务到事后的监督，需要花费的成本较高，同样面临合同风险，也不利于龙头企业提高效率和市场竞争力。

（三）农产品质量安全问题

在资源环境约束趋紧的背景下，农业发展方式粗放的问题日益凸显。目前河南人多资源少的矛盾日益突出，耕地数量减少质量下降、投入品过量使用、农业面源污染问题加重，农产品质量安全风险增多问题突出。目前，我国化肥每亩使用量约为 24 公斤，河南每亩化肥

使用量高于全国平均水平,而且化肥利用率偏低,农业生产经营的"高投入"也带来了"高污染",农业面源污染、耕地质量下降、地下水超采等问题日益凸显,影响到农业可持续发展。粗放型农业生产到绿色农业生产的转变亟须加快。

四　推进河农村一二三产业融合发展的对策建议

推进河南省农村一二三产业融合发展,就是以利益联结为纽带,让农民分享二三产业增值收益,以产业联动、要素集聚、技术渗透等方式,构建现代农业产业体系、生产体系、经营体系,以资本、技术以及农业资源等要素跨产业集约化配置,延长产业链、提升价值链,以培育农村新产业、新业态,加快产业兴旺和城乡融合,为乡村振兴提供有力支撑。

(一)培育完善融合主体,充分发挥支撑引领作用

加快培育新主体。主要是培育新型农业经营主体和新型农业服务主体,积极引导发展多种形式的适度规模经营。一方面,通过完善财税、信贷保险等政策,加快培育家庭农场、专业大户、农民合作社、农业产业化龙头企业等新型农业经营主体,发挥他们在现代农业中的主力军作用。另一方面,支持供销社、合作社等多种类型的新型农业服务主体对农村小规模兼业农户开展代耕代种、联耕联种、土地托管等专业化、规模化服务,实施农业社会化服务支撑工程。形成土地流转、土地托管(半托管)、土地入股等多种规模经营模式,让农民更多地参与和分享。

坚持培育新型农业经营主体和新型农业服务主体并重,两者不可偏废。原因在于,小规模兼业农户与家庭农场等新型经营主体存在的适应条件不同,互有优劣。例如,新型经营主体的明显劣势是土地租

金过高，目前已经进入千元时代，小规模兼业农户的优势是劳动力成本极低，几乎为零。这与城市化等情况有关。长期以来，城乡户籍制度以及与其捆绑在一起的社会福利制度和政策，形成了农业人口只能在城镇就业而难以在城镇定居的"半城镇化"格局，许多农民工在城市谋生，其家庭成员仍然在农村居住生活。因此在传统农区，绝大多数农民家庭都存在着一个明显的结构性特征：家庭中年轻子女进城务工，年老父母在家务农。

1. 新型农业服务主体重点要培育多元社会化服务组织

稳定乡镇农业公共服务机构，大力培育合作服务组织、服务型农业企业和社会服务组织等经营性服务机构，重点发展全要素、全过程、全产业链的现代农业集团化服务企业。强化政策扶持。适应推进农业规模经营的发展要求，加快完善针对土地托管经营主体的融资、用地、水电等方面的优惠政策。支持社会资本进入农业生产主要环节，在农业基础设施建设领域探索应用 PPP 模式，解决农业基础设施建设资金不足和后期经营管理等问题。扩大农机购置补贴比例和范围，扶持培植农机大户，鼓励有实力的集体和个人创办农机合作社和专业农机服务公司。落实粮食综合直补中 20% 补贴种粮大户，完善政策，把粮食直补政策逐步向实施地力保护补贴过渡，因地制宜实施休耕轮作，藏粮于地。在保护耕地、合理利用土地的前提下，引导规模经营主体利用荒山荒坡、滩涂等未利用地和低效闲置土地建设配套设施。

2. 新型农业经营主体重点培育龙头企业、合作组织、家庭农场

一是实施"巨龙"工程，建设"巨型"农业龙头企业，争取再造几个"双汇"。要设立专门机构，制订并实施"巨龙"项目培育计划，优化整合各种资源，集中全省各行业、各地区的力量，重点支持"巨龙"建设，以最优惠的政策措施、最大的支持力度，推进现有大型农业龙头企业进一步兼并联合、上市融资、组建巨型企业集团。充

分发挥巨型龙头企业的市场规模效应、集聚效应、辐射带动功能和对全省经济的巨大拉动作用，提高河南省农业龙头企业集群在国内和国际市场的竞争力。

二是强化农民合作社和家庭农场基础作用。大力开展示范社建设行动。加强规范化管理，帮助合作社建立健全组织机构和内部管理制度，开展标准化生产，促进合作社规范化建设全面展开。鼓励农民专业合作社组建联合社，提高生产经营和市场开拓能力，实施品牌化经营。进一步加大扶持力度。要鼓励和支持农民专业合作社参与国家现代农业示范区建设项目，合作社为项目实施主体，可以承担农业产业化、扶贫开发、农业科技入户工程等项目。培育家庭农场。首先要建立并完善土地流转的市场机制。土地市场是推进农地流转和规模化经营的重要条件。其次要培育具有企业家素质的现代职业农民。具有现代科技文化知识和创新进取精神的现代职业农民是家庭农场成功的关键要素。发展家庭农场固然需要建设农田基础设施和提高科技装备水平，但归根结底还必须依靠职业农民。目前志愿从事农业生产的青壮年农民日渐稀少，农业生产后继无人，因此，必须尽快培养一批掌握科技文化知识和生产经营技能的新型职业农民，造就传统农业向现代农业跨越的职业农民队伍。组织实施农业新型科技与管理的推广培训工程，把青年农民培养成现代职业农民，广泛运用广播电视等远程教育手段，扩大农业教育的覆盖面。鼓励各类农业院校和培训机构开展订单培训，推广实用技术，提升经营管理能力，力争培养出一批有文化、懂技术、会经营的专业人才，为现代农业和家庭农场发展提供强大的人力支持。

（二）创新产业融合体制机制，加快农村一二三产业融合发展

一是实施都市生态农业发展工程，积极发展绿色农业、高效农业、休闲农业、体验农业等新型业态，推动都市生态农业生产、生

活、生态多功能一体化协调发展。重点支持在郑州、洛阳等在城市周边，城乡一体化示范区，产业集聚区周围等重点区域，规划布局一批都市生态农业园区，培育知名品牌，挖掘乡土文化，打造精品线路。

二是加快构建农村现代商品市场体系。推进"互联网＋农业"发展，深入贯彻落实"河南省'互联网＋'行动实施方案"，完善农村电子商务综合服务网络，实施农村淘宝千乡万村项目。完善农村商贸物流配送体系，加快农村商贸流通基础设施建设，提高农产品竞争力。

三是围绕做强农产品加工业，打造一批全链条、全循环、高质量、高效益的现代农业产业集群，培育一批农产品加工企业集团和一批叫响国内外的河南农业品牌。积极构建集良种繁育、规模生产、精深加工、物流销售和循环利用于一体的现代农业产业体系。健全风险防范机制。充分发挥政府监管职能，稳定土地流转关系，推广实物计租货币结算、租金动态调整等计价方式。增强新型农业经营主体契约意识，鼓励制定适合农村特点的信用评级方法体系。

（三）实施品牌带动战略

在农产品市场上，产品同质化严重，功能相似，消费者越来越依靠品牌来评判农产品质量和安全程度。在市场的激烈竞争中，品牌成为产品质量的保证，品牌的知名度、美誉度是衡量企业竞争力的重要指标。当前要强化品牌意识，大力实施品牌带动战略，各级政府在扶持龙头企业的基金中要建立专门的品牌宣传子项目，加大财政投入和补贴力度，着重在品牌宣传方面，对龙头企业进行支持。引导企业加大品牌的宣传和推介力度，增加河南农产品的知名度、美誉度和市场占有率，加快打造一批农产品优势品牌。实现品牌化生产、品牌化经营，带动农业产业化加快发展。

（四）着力完善利益联结机制，分享发展成果

积极支持小农户以农民专业合作社等组织形式与龙头企业等新型农业经营主体开展合作。大力发展"龙头企业＋合作社＋小农户""龙头企业＋基地＋家庭农场"等多种经营模式。建立中介组织（或合作社），可以有效地降低龙头企业联结农户的组织成本和运作费用，维护企业和农户双方的合法权益。因为中介组织能对分散农户的违约违规行为进行约束和监督，因而信誉较高；它也有对龙头企业进行监督（因为交易量大）的作用，有利于改变农户的不利地位，提高市场谈判能力，增加农民收入。因此，依靠中介组织，可以使龙头企业与农户的不稳定合同转变为稳定合同，促进农业产业化稳定发展。

参考文献

韩长赋：《毫不动摇地加快转变农业发展方式》，《求是》2010年第10期。

张红宇、李伟毅：《新型农业经营主体：现状与发展》，《中国农民合作社》2014年第10期。

杜志雄、王新志：《中国农业基本经营制度变革的理论思考》，《理论探讨》2013年第4期。

《农业部关于进一步调整优化农业结构的指导意见》，《农民日报》2015年2月12日。

陈润儿：《加快农业结构调整提高产品供给效率》，《河南日报》2016年9月22日。

刘新民：《河南省农业供给侧结构性改革若干思考》，《农村农业农民》（B版），2016年第11期。

胡泊：《培育新型农业经营主体的现实困扰与对策措施》，《中州学刊》

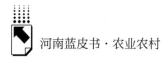

2015 年第 3 期。

张中亮：《河南省新型农业经营主体发展情况调研报告》，《当代农村财经》2014 年第 7 期。

《国家农村产业融合发展示范园经验做法——汝州市示范园》，http：//www. ndrc. gov. cn/fzgggz/ncjj/zhdt/201902/t20190226_ 928930. html。

《国家农村产业融合发展示范园经验做法——平舆县示范园》，http：//www. ndrc. gov. cn/fzgggz/ncjj/zhdt/201902/t20190226_ 928922. html。

《国家农村产业融合发展示范园经验做法——郸城县示范园》，http：//www. ndrc. gov. cn/fzgggz/ncjj/zhdt/201902/t20190226_ 928908. html。

余欣荣：《大力促进农村一二三产业融合发展》，《求是》2018 年第 4 期。

B.4
河南特色农业提质增效
有机统一的对策思考

聂 斌 陈明星*

摘 要： 因地制宜发展特色农业，是合理配置农业资源要素，
加快乡村产业振兴的必然选择，是推进农业供给侧结
构性改革的重要方向，也是高质量打赢打好脱贫攻坚
战的根本举措。作为特色农业资源丰富的农业大省，
河南当前正处于推动农业由增产导向转向提质导向的
新阶段，全省特色农业要进一步做大做强，必须推动
特色农业转型升级，实现提质与增效的有机统一，为
实施乡村振兴战略奠定坚实的发展基础。

关键词： 河南 特色农业 乡村振兴

一 强化对特色农业提质与增效关系的再审视

提质是增效的基础和关键，但提质并不必然意味着增效，要以实
施乡村振兴战略为契机，深化农业供给侧结构性改革，促进特色农业
提质与增效的有机统一。

---

* 聂斌，博士，河南省农业农村厅发展计划处副处长；陈明星，河南省社科院农村发展研究所
副所长、研究员。

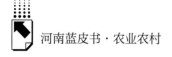

（一）提升发展质量是特色农业实现增效的基础和关键

特色农业增效需要建立在夯实特色农业质量的基础之上，低层次特色农业不仅与日益提升的市场需求水平不相一致，更不利于特色农业效益的提升。当前全省特色农业在区域布局和产业集群建设上初具成效，各地特色农业资源比较优势得以较好发挥，特色农产品市场规模显著增加。但在规模扩张的同时，只有质量提升的同步跟进，才能实现特色农业效益的充分发挥。因此，河南特色农业发展需要在规模稳步增加的同时，避免低水平、同质化的竞争，更加注重发展质量提升，加快提档升级。

（二）综合效益和竞争力是特色农业高质量可持续发展的关键

单纯的质量提升并不必然带来效益的增加，只有以市场需求为导向，实现优质优价，才能最终带来特色农业综合效益和竞争力的提升，从而推动特色农业的可持续发展。就河南来说，丰富的特色农业资源优势转化为特色农业产业优势，只是特色农业发展的第一步，通过建立高效畅通的贸易流通体系、强化产销对接服务，进一步实现特色农业经济优势和竞争优势，全省特色农业才能持续健康发展。

（三）要积极寻求特色农业提质与增效的有机统一

深入推进农业供给侧结构性改革，必须充分重视特色农业提质与增效的有机统一。农业供给侧结构性改革的主攻方向是提高农业供给质量，农业发展要由数量增长为主转向数量和质量效益并重。特色农业发展也是如此，要打牢特色农业的质量基础，把提升发展质量作为增加特色农业效益的主要途径，而特色农业质量的提升，又必须以增效为导向，高度重视高质量特色农业的经济效益优势和竞争优势的培育。在推进农业供给侧结构性改革过程中必须坚持质量兴农，走质量效益型发展之路，促进特色农业产业的可持续发展。

二 河南省特色农业发展的进展和成效

2018 年，全省深入推进供给侧结构性改革，不断打牢夯实十大优势特色农业产业（优质小麦、优质花生、优质草畜、优质林果、优质蔬菜、优质花卉、优质茶叶、优质食用菌、优质中药材、优质水产品）基础，农业经济结构不断优化，以高效种养业和绿色食品业为代表的农业新动能较快成长，有力推动了农业整体质量效益持续改善和全省农业经济平稳发展。

（一）特色农业发展进一步提速

2018 年，全省"四优四化"持续推进，在稳定小麦种植面积的基础上，重点发展市场需求旺盛的优质强筋、弱筋小麦，夏收优质专用小麦订单率达到 88% 以上，单价高于市场价格 10% 左右；依托全国第一花生种植大省的优势，重点打造沿黄、豫南、豫西南花生生产基地，稳步提升优质花生种植面积，优质花生面积发展到 2200 万亩，全省花生种植面积 30 万亩以上的县达 14 个；全省百头以上规模奶牛场比重达到 85%，高出全国 26 个百分点，奶牛平均单产达到 7.4 吨，高出全国平均水平 0.4 吨，国内知名龙头企业和本土乳品企业快速发展，全省乳品加工能力达 300 万吨，奶类产量和乳品加工量分别居全国第四位、第三位。

（二）特色农业质量效益持续优化

2016 ~ 2018 年，全省农林牧渔业总产值分别为：7405 亿元、7563 亿元、7756 亿元，同比分别增长 2.1% 和 2.6%；以"四优"为代表的十大优势特色农业产业总产值分别为 3836 亿元、3978 亿元、4343 亿元，同比分别增长 3.7% 和 9.2%，增速均明显高于同期农林牧渔业总产值增速。十大优势特色农业产业 2018 年产值占全省农林牧渔业总产值的 56%，较 2016 年和 2017 年分别提高了 4.2 个和 3.4 个百分点，已成为全省农业发展的主要板块，反映出结构调整的显著成效（见表 1）。十大优势特色农业产业中，对产值增长贡献的前三位分别是中药材、食用菌和水果，贡献因素主要的价格上涨，如 2018 年中药材价格较 2017 年上涨 1.4 倍，其他产业产值变化不大。十大产业之外，种植业的水稻、玉米、油料、豆类、薯类、烟草、棉、麻，养殖业的生猪、家禽、蜂产业，林业的木本油料、园艺作物、含油果、成材林等相关产业产值占到农林牧渔业总产值的 44%，说明全省绿色优质农产品供给比重上升，特色农业生产结构整体持续向好。

表 1 2018 年河南省十大优势特色农业产业产值与比重

品种	产值（亿元）	比重（%）
优势特色农业产业	4343	56.0
小麦	789	10.2
花生	259	3.3
草畜	469	6.0
牛的饲养	237	3.1
羊的饲养	163	2.1
奶产品	69	0.9
林果	466	6.0
食用坚果	41	0.5
园林水果	425	5.5
蔬菜	1378	17.8
花卉	19	0.2
茶叶	197	2.5
食用菌	353	4.6
中草药材	290	3.7
水产	123	1.6

资料来源：《河南省主要进步农业数据统计统计月报（2019 年 2 月）》。

（三）特色农业产业分化集聚步伐加快

截至 2018 年底，河南省培育农业产业化集群 542 个，其中省级 254 家，分布于全省农业领域 11 个产业的 50 多个子产业，基本覆盖全省优势农产品产业和区域性特色产业，实现年销售收入 1.1 万亿元，其中销售收入超百亿元的集群有 8 个，分别为：万邦物流（920 亿元）、双汇生猪（529 亿元）、郑州四季水产（380 亿元）、许昌众品（244 亿元）、三全速冻（170 亿元）、郑州信基调味品（150 亿元）、牧原生猪（144.7 亿元）、伊赛肉牛（121.2 亿元）。50 亿元到 100 亿元的集群 16 个，分别为：焦作蒙牛乳业（86.76 亿元）、新野纺织（85.5 亿元）、思念速冻（78 亿元）、万富油脂（70 亿元）、驻马店天方制药（66 亿元）、中鹤面业（60 亿元）、福森药业（58.6 亿元）、济源双汇（56 亿元）、华英禽业（56 亿元）、永达禽业（55 亿元）、固始豫申粮油（53.8 亿元）、华兴玉米（53 亿元）、科尔沁（50.03 亿元）、好想你枣业（50 亿元）、郑州毛庄绿园（50 亿元）、泌阳恒都（50 亿元）。以畜牧业为例，肉牛加工初步形成了南阳科尔沁、驻马店恒都、焦作伊赛等 10 个肉牛产业化集群，年屠宰加工能力达 92 万头；乳制品业形成了郑州花花牛、商丘科迪、洛阳生生、河南三剑客、正阳君乐宝、新蔡瑞亚等 10 个乳制品加工集群，带动全省奶业发展，2018 年乳制品产量 351 万吨，稳定在全国第二名的位置。

三　河南省特色农业发展面临的突出问题

2016 年以来，全省以"四优四化"为主要抓手，农业供给侧结构性改革取得了显著成效，特色农业日益成为农民增收的重要渠道，但从整体上看，特色农业发展仍然面临产业规模偏小、基础设施配套

不足、产业链条偏短、融合度偏低、品牌培育力度亟待加强等突出问题，必须高度重视并切实采取有效措施。

（一）产业规模偏小制约市场竞争力提升

一些特色农产品产业规模偏小，既难以满足消费升级下消费者对优质生态农产品的需求，也难以满足规模化加工的需求，还难以形成有效的市场议价能力。如食用菌方面，尽管已在国内外具有较大的影响力，但近年来全省食用菌总产量增速波动导致在全国的产量优势下滑，进而导致在工厂化、技术、质量、品种、品牌等方面与国内先进水平的综合差距呈现拉大态势。例如，作为优质林果培育的杜仲，因产品规模偏小，难以满足杜仲产业化的发展需求，杜仲加工企业都还处于初级加工阶段，企业体量、规模小，整体实力偏弱，研发能力不强，产品比较单一，生产规模不大，产品品牌知名度不高。

（二）基础设施配套难以满足产业发展需要

不仅在冷链物流等现代基础设施方面配套不足，而且在水、电、路等传统基础设施配套方面也存在较大制约，在生产标准化、绿色高效技术应用等方面更为欠缺。如优质林果多处于山区或丘陵地带，灌溉、道路、电力等硬件建设相对落后，防雹网、防鸟网、棚架丝和防风林等配套基础设施严重不足。绿色化、标准化程度亟待提高，在生产设施、栽培技术、质量控制等方面不到位的问题还较为突出。烘干设备、预冷设施、冷链贮运等设备缺乏的问题仍然比较突出，特别是冷链物流等基础设施配套的不完善，严重制约优质蔬菜、优质水产品、优质林果等优质特色农业的发展。

（三）产业链条偏短、融合度偏低

一是精深加工不足，如优质花生产业化水平偏低，花生收成后主要销往山东、福建等省加工，省内花生产业链短、附加值低；全省茶油加工企业布局及其加工能力设计还远远不足，绝大多数油茶加工企业的产品主要集中在食用油上，大多局限于常规精炼的水平，产品档次和科技含量不高，综合利用率和产出率不高，竞争力不强，特别在高等级保健茶油炼制、化妆品茶油开发、茶皂素提取等高端产品的研发上尚处于起步阶段，茶籽壳、茶粕利用也缺乏深度开发，资源浪费严重。二是缺龙头带动，如油用牡丹虽然产业涵盖面广、类型比较齐全，但由于缺龙头企业带动，导致产业链条短、企业规模小，市场运作经验不足。三是产业融合度不高，产业链各环节合理的利益分配机制还没有建立起来，如由于养加融合度不高，近四年来乳品加工企业利润年均增幅达30%，生鲜乳价格却持续低迷，中小奶牛场继续退出，现有规模奶牛场大多艰难维持。四是业态创新不足，如在优质中药材方面，河南省虽然中药材资源丰富，但基于中药材种植业的康养产业、特色小镇、田园综合体还处于起步阶段，与厚重的中原中医文化和巨大资源优势极不相称，而河北省以滦平为中心的中药材沟域经济和浙江省淳安县临岐镇为代表的中药小镇等，如今已成为践行"两山"理论的成功范例。

（四）有特色产品而缺优势品牌

目前，品牌是特色农业做大做强、提质增效的重要因素。由于缺少品牌，河南特色农业的效益和竞争力难以有效提升，优质难以有效实现优价，品牌培育力度亟待加强。如信阳茶叶有名茶、缺名牌，品牌处于多、小、弱的状态，缺乏在全国叫得响的大品牌、强品牌。河南省道地药材有120多种，但有生产技术规程的仅有25种，占全省农业类标准535个的4.67%。在全国中成药企业排行榜中，河南省仅有羚锐集团入围，列第42位。

四 促进河南特色农业提质增效有机 统一的对策建议

整体上看，河南省特色农业初期依靠资源禀赋条件和新型农业经营主体自发的利益冲动，逐渐形成了各地的优势产业和品牌。继而在地方政府的支持引导下，逐渐形成区域特色，如西峡县政府成立了正科级的菌办、桃办、药办，大抓特色农业，菌、果、药三大产业均成长为全省龙头；扶沟县成立了正科级的蔬菜局，蔬菜产业成为中原农业的一张名片；信阳市除了淮滨县以外均成立了茶办，信阳毛尖成为中国第二大茶叶品牌。在深入推进乡村振兴战略的背景下，需要进一步深化农业供给侧结构性改革，持续推进"四优四化"，以促进提质增效有机统一为主要目标，进一步巩固发展特色农产品产业。

（一）着力加强特色农业基础配套建设

特色农业具有明显的资源依赖性特征，河南省相当一部分特色农业资源丰富的区域位于豫西、豫南等山地丘陵地区，与集中连片特困地区高度重叠，这些地区的农业基础设施建设依然薄弱。因此，要着力加强特色农业基础设施建设，并且要向特色农业资源丰富的贫困地区重点倾斜，持续改善农田水利设施及配套建设、农业生产用电设施建设、土地整理和田间道路建设等，强化特色农业发展的基础生产条件支撑。加强特色农业技术研发和推广应用，在生物育种、机械化等方面持续完善特色农业发展基础。

（二）健全特色农产品物流网络设施建设

物流网络是连接农产品生产和消费的关键环节，相对来说，特色农产品价值相对较高，且具有独有的特色效益。"互联网＋"的迅速发展和农产品电子商务的兴起，为特色农产品更为便捷高效地对接消费者，从而最大限度地实现自身的特色效益提供了有利条件。要加强特色农产品优势区域的农业基础信息建设，改造升级特色农产品产地市场，开展电子商务示范，大力发展电子商务与实体流通相结合的物流体系，进一步做好营销网络组建和信息服务工作，支持打造特色农业网上营销平台；加快完善特色农产品物流配送体系，扶持特色农业集中区域的仓储设施、配送设施和冷链物流设施建设，持续改善特色农业资源丰富的贫困山区道路和交通运输条件。

（三）推动特色农业三产融合发展

延伸特色农业产业链价值链，拓展特色农业的多功能性，是特色农业增加收益的重要来源。要重视特色农业加工专用品种选育，支持农户和农民合作社改善特色农产品储藏、保鲜、烘干、清选分级、包装等设施装备条件，进一步提升特色农产品的初加工水平；鼓励农民合作社、特色农产品加工企业向前后端延伸，打造全产业链，建立紧密的利益联结机制，推动特色农产品向精深加工方向发展，让农户分享加工增值收益；立足特色农业产业资源优势，积极拓展特色农业多功能性，以"互联网＋"和分享经济理念发展休闲农业新业态，推动特色农产品生产、加工、销售与特色休闲农业深度融合。

（四）深入推进特色农业品牌化战略

特色农业品牌化是提高特色农产品增值收益和市场竞争力的重要手段，一是要依托特色农产品优势区和农产品区域公用品牌创建，精心培育和打造河南特色农产品品牌，发挥品牌的辐射作用和驱动作用，带动特色农业增效和小农户增收。二是充分运用各类展示推介平台和新闻媒体，大力宣传河南特色农产品品牌，扩大品牌影响力和美誉度。三是持续强化特色农产品的标准化和质量控制体系建设，加强特色农产品"三品一标"认证，为特色农产品品牌创建提供质量保障。

（五）积极引导工商资本下乡发展特色农业

工商资本有序进入特色农业领域有利于盘活特色农业资源，解决特色农业发展面临的资金、技术等方面的问题，提升特色农业的产业化水平和市场竞争力，对于贫困地区特色农业发展有积极的促进作用。应为工商资本进入特色农业领域提供政策支持，通过多种途径推介特色农业项目，强化招商引资工作，促进农业经营主体与工商资本建立合作互利共赢的利益联结机制，维护农民的主体地位和利益，同时做好相应的监管工作，确保工商资本合法合规下乡发展特色农业产业。

参考文献

陈东旭：《"标准化＋品牌化"驱动下的特色农业发展模式》，《贵州农业科学》2017 年第 8 期。

陈锡文：《从农村改革四十年看乡村振兴战略的提出》，《上海农村经济》2018 年第 8 期。

韩长赋：《实施乡村振兴战略 推动农业农村优先发展》，《人民日报》2018 年 8 月 27 日。

何安华：《中国特色农业发展 40 年：历程、特征与经验》，《当代农村财经》2018 年第 9 期。

潘超：《基于特色农业产业的区域品牌构建——以"丽水山耕"为

例》，《江苏农业科学》2018 年第 5 期。

万娜、李晓琴：《基于精准扶贫视角下中国特色农业发展的出路》，《湖北农业科学》2018 年第 12 期。

叶兴庆：《改革创新乡村振兴财政支持投入机制》，《农村工作通讯》2018 年第 11 期。

周志霞：《基于碳锁定的山东省特色农业集群创新模式与优化路径研究》，《宏观经济管理》2017 年第 11 期。

朱虹、殷志扬：《特色农业与乡村旅游协同发展路径探略》，《农业经济》2017 年第 11 期。

B.5
河南省畜牧产业现状及
高质量发展对策研究

张志刚*

摘　要：　2018年，全省畜牧业保持稳中有进的良好态势，畜牧业供给侧结构性改革加快，产业布局和生产方式调整加速，肉牛奶牛等优质草畜加快发展，畜产品供应充足，非洲猪瘟等重大动物疫情保持平稳。2019年，应把畜牧业发展与实施乡村振兴战略结合起来，把畜牧业结构调整与产业扶贫结合起来，把畜禽粪污资源化利用与污染防治攻坚结合起来，把畜牧业融合发展与绿色食品业发展结合起来，力求在产业转型升级、优质草畜发展、非洲猪瘟防控、畜牧业绿色发展上取得新突破。

关键词：　河南　畜牧业　绿色食品业

一　河南畜牧业发展现状

2018年，全省坚持稳中求进工作总基调，积极践行新发展理念，认真落实高效种养业、绿色食品业转型升级方案，加快畜牧业供给侧

---

* 张志刚，河南省畜牧局调研员。

结构性改革，着力调整产业布局和生产方式，加快发展肉牛奶牛等优质草畜，全省优质畜产品供应充足，非洲猪瘟等重大动物疫情保持平稳，没有发生重大畜产品质量安全事故，全省畜牧业发展、动物疫病防控、畜产品质量安全监管等各项工作都取得了阶段性成效，畜牧业保持了稳中有进的良好态势。

一是综合生产能力持续增强。2018 年，全省生猪生产持续发展，牛、羊生产稳中向好，奶业生产稳中有进，家禽生产稳中有增，养殖效益整体较好。全省肉、蛋产量分别达到 670 万吨、410 万吨，同比分别增长 2.2%、2.2%，奶产量保持稳定，保障了全省乃至全国优质畜产品的供应，畜牧业大省地位得到进一步巩固。

二是优质草畜发展势头良好。将优质草畜作为"四优四化"重点突出来抓，肉牛、奶牛稳步发展，产业结构进一步优化。肉牛、奶牛存栏分别达到 339.1 万头、34.3 万头。粮改饲试点县扩大到 56 个，面积达 108 万亩，在全国绩效考核中名列前茅。奶业发展成效显著，在国务院召开的全国奶业振兴工作推进会上，河南做了典型发言。

三是生态畜牧业建设步伐强劲。全省规模养殖场粪污处理设施配套率达到 88%，畜禽粪污综合利用率达到 75%，建成 20 个病死畜禽无害化处理项目，承担的民生实事全面完成，被评为优秀等次；全省创建生态畜牧业示范市 6 个、绿色示范县 18 个、有机肥场 272 个、种养结合养殖场 8824 个、改造升级粪污处理利用设施规模场 14092 个，"肥料化能源化"和"分散收集集中处理"等一批各具特色、亮点纷呈的粪污治理模式得到推广应用。

四是动物疫病防控扎实开展。全省采取 I 级应急响应的相关措施，逐级压实责任、完善防控体系，加强督导检查、严肃追责问责，坚持防控结合、严防非洲猪瘟疫情蔓延。同时，严格落实各项防控措施，动物疫病净化创建场、示范场分别达 14 家、72 家，居全国领先水平；已建无害化处理场 100 个、收集点 1990 个、冷库 480 座，配备车辆 286 台，设立临时动物防疫监督检查站 447 个，排查重点场所 1766 万个次，检测样品 85900 批次，建立车辆洗消中心 715 个，备案生猪运输车辆 7185 辆，极大降低了重大动物疫病发生和传播的风险。在国务院召开的非洲猪瘟防控工作会议上，河南做了典型发言。

五是质量监管水平不断提升。深入开展畜产品质量安全风险隐患排查、禽蛋产品质量安全集中治理、瘦肉精查处等 5 项质量安全专项整治等行动。全省共查办畜牧兽医案件 3423 起，移送公安机关 77 起，办案数量位居全国第一。农业农村部对河南 4 次畜产品质量安全例行监测合格率达到 97.8%，省级监测合格率保持在 98% 以上，畜产品质量安全形势持续稳定。通过标本兼治、综合施策，全省畜产品质量安全形势持续稳定向好。

六是畜牧产业扶贫成效明显。坚持以脱贫攻坚统领畜牧工作全局，深入开展"千企带万户"、技能培训、示范养殖、合作组织培育、舆论宣传等十项行动和畜牧产业精准扶贫系列推进活动，畜牧产业帮扶效果明显。全省参与产业扶贫的企业达 1016 家，带动贫困户 15.3 万户，带动贫困人口 38.5 万人，培训人员 8 万人次，各项指标均超额完成了目标任务。

二　河南畜牧产业发展中存在的问题

（一）畜牧产业大而不强

主要表现在畜禽结构不够合理，肉牛、奶牛等草食牲畜发展相对较慢，牛肉、羊肉产量仅占全省肉类产量的 9.3%；标准化规模养殖程度总体不高，散养和小规模场户还占一定比重，如生猪小散养殖户养殖量还占全省总量的 10% 左右；畜牧养殖加工龙头企业规模较小，全省年产值超百亿元的龙头企业不多，上千亿元的龙头企业仍是空白。畜牧业科技含量不高，全省母猪年均提供育肥猪 18 头、奶牛年均单产 7.7 吨，与发达国家平均水平相比还有一定差距。

（二）疫情防控任务艰巨

河南是畜牧业大省，生猪存栏量大，且多种养殖方式并存，中小型养殖场及散养户还占一定比重，目前全省存栏量在 500 头以下的散养户大约有 81 万家，这些养殖场户饲养管理水平差、生物安全防护水平低。当前我国非洲猪瘟疫源尚不清楚，加之河南地处中原，交通便利，物流发达，一方面缺少天然屏障，另一方面生猪调运频次高、数量多，这些因素都给疫情防控带来了较大困难。

（三）质量安全隐患较多

畜产品质量安全风险涉及畜禽养殖、饲料饲草、兽药疫苗、交易运输、屠宰加工等多个环节，监管对象点多、面广、量大，监管任务繁重。加之畜牧业生产经营单位质量安全意识不高、自控能力不强、企业主体责任履行不到位，畜产品质量安全形势依然严峻。

（四）资源环境约束趋紧

养殖用地难、粪污处理难依旧是制约畜牧业发展的重要瓶颈，企业融资难、融资贵、融资慢、融资周期短等因素也严重制约着畜牧企业的生存和发展。畜牧养殖重点项目落地难问题越来越突出；粪污处理设施投入大，运行成本高，旧场改造难度大，新场准入门槛高，养殖企业环保压力明显变大。

三　河南省畜牧业高质量发展思路与重点

面对全省畜牧业发展、防控与监管的新形势、新任务、新问题、新变化，全省畜牧业发展需要立足现实、准确对标、主动作为，以"优供给、强安全、保生态"为目标，以稳生猪、防疫病、减兽药、治粪污、调结构为重点，紧紧围绕农业出彩、农村出彩、改革出彩，贯彻落实"巩固、增强、提升、畅通"八字方针，把畜牧业发展与实施乡村振兴战略结合起来，把畜牧业结构调整与产业扶贫结合起来，把畜禽粪污资源化利用与污染防治攻坚结合起来，把畜牧业融合发展与绿色食品业发展结合起来，统筹谋划、协同推进，力求在产业转型升级、优质草畜发展、非洲猪瘟防控、畜牧业绿色发展上求得突破，确保非洲猪瘟等重大动物疫病不扩散蔓延、畜产品质量安全形势保持稳定、优质畜产品供给保障有力、粪污资源化利用等重点工作全面完成。

（一）守住三条底线，努力确保畜牧业生产稳定

1. 坚定不移做好非洲猪瘟等动物疫病防控，努力防止畜牧业生产出现大起大落

按照既要打歼灭战，又要打持久战的要求，毫不松懈地做好非洲猪瘟防控工作。一是严格疫情报告与处置。加强检测和评估，科学实施扑杀封锁措施，严格落实新发疫情扑杀、消毒、无害化处理等处置措施，严防扩散蔓延；进一步强化疫情溯源调查，及时发现和消除隐患；严格规范疫情报告制度，强化疫情举报核查，对用餐厨剩余物喂猪、不主动报告疫情、不配合疫情处置、私自处置偷卖病死猪造成疫情传播的，一律追究法律责任。完善应急预案，强化制度保障，开展培训演练，强化应急保障，落实值班制度，一旦发生疫情要按照"早、快、严、小"的原则果断处置，严防疫情蔓延。二是落实"五控一隔离"防控措施。按照控"猪"、控"肉"、控"泔"、控"宰"、控"检"、"隔离"的要求，进一步压实各方责任，落实调运监管、禁止使用餐厨剩余物喂猪等关键防控措施。实施屠宰环节及猪

血粉原料的非洲猪瘟检测，降低疫情传播风险。三是着力提升综合防控能力。指导养猪场户特别是规模化猪场和种猪场严格落实清洗消毒等防控措施，改善防疫条件，主动加强防疫管理；鼓励生猪养殖场户发展标准化规模养殖，提高生物安全管理水平。四是加强防控体系建设。进一步加强动物疫病防控和动物卫生监督体系建设，强化设施设备投入、队伍建设和运行保障，积极开展专业技术培训，不断提升发现和处置动物疫情能力，满足疫情防控工作需要。五是切实稳定生猪生产。加快出台生猪产业转型升级意见，促进生猪产业转型升级；鼓励养殖、屠宰龙头企业通过自建、联建、订单、协议等方式，建立稳定的生产、加工、销售利益连接机制；推进生猪养殖加工企业强强联合，组建产销一体化公司，推进以需定产、以销定产、产销平衡；强化生猪生产和市场价格动态监测，及时发布市场预警信息，科学引导广大养殖场户有序补栏。在做好非洲猪瘟防控工作的同时，坚持"预防为主"的方针，统筹抓好畜禽强制免疫、监测预警、检疫监督、应急管理等综合防控措施，积极推进动物疫病净化和无疫小区建设，着力抓好布病等重点人畜共患病防控，不断提高重大动物疫病防控能力和水平，有力保障现代畜牧业健康发展和公共卫生安全。

2. 狠抓畜产品质量安全监管，努力防止发生重大畜产品质量安全事故

坚持"产出来""管出来"并举，进一步强化畜产品质量安全监管，严防发生系统性、区域性风险和重大畜产品质量安全事件。一是强化宣传教育。积极开展放心农资下乡进场宣传周、食品安全宣传周、企业主体责任宣教月活动，持续推行"两书两制"，提升涉牧企业法律法规意识和主体责任意识。二是强化监测评估。加快实施亚行贷款质检体系建设项目，稳步推进市、县级和社会第三方畜产品质检机构考核工作。围绕突出的质量安全问题和潜在的风险因子，开展生猪、肉鸡、鸡蛋等主要畜禽产品化学性污染风险调查、风险评估和监督抽查。三是强化集中治理。持续推进"瘦肉精"、生鲜乳、兽用抗

菌药、生猪屠宰监管和畜牧业生产资料打假等专项治理行动，科学管控畜产品质量安全风险。组织开展生猪定点屠宰厂（场）资格审核清理和标准化示范创建工作，坚决关闭不符合条件的生猪屠宰企业，淘汰落后产能。四是强化检打联动。加强与公安、市场监管、民委等有关部门的沟通和衔接，严厉查处私屠滥宰、销售病死畜禽等各类畜产品生产经营违法违规行为，对危害性高、社会影响大的案件要会同有关部门采取挂牌督办、集中办案、联合查案等形式予以严办。五是强化机制创新。持续推进"双随机一公开"机制实施，严格事中事后监管。强化创新诚信管理机制，探索建立畜牧企业诚信信息管理系统（四色管理），对涉牧企业实行动态诚信管理评价。建立完善产地准出与市场准入衔接机制，依法履行从养殖到屠宰的全程监管职责，逐步实现畜产品质量安全来源可追溯、流向可追踪、责任可追究。

3. 积极做好涉牧企业安全生产，努力防止各类重特大安全事故发生

安全生产事关人民群众生命财产安全，事关社会和谐稳定，是一条不可逾越的红线。各地要牢固树立"管行业必须管安全"的意识，坚持工作关口前移、防范在先，切实把风险和隐患禁于未萌、止于未发。一是落实责任。督促指导各类涉牧企业落实安全生产主体责任，建立以企业法定代表人为安全生产总负责人、覆盖生产全过程、涵盖企业全体职工和所有岗位的安全生产责任体系，明确岗位安全生产职责，细化岗位安全生产操作程序。依法加强安全管理和岗位隐患排查治理，严防各类事故发生。二是加强排查。要牢固树立底线思维，坚持问题导向，对涉牧企业生产过程中的火、电、气以及化学药品等隐患进行排查，彻底消除事故隐患。坚决防止出现边扩建边生产、边维修边生产、长时间加班生产等冲动性生产甚至违法违规生产等现象。三是加强引导。普及安全生产法律法规知识，强化从业人员安全生产意识，树立安全理念，提高事故预防、应急处置等风险防范能力。

（二）狠抓四项重点，力争实现新的突破

1. 持续发展优质草畜，力争在推进奶业振兴方面实现新的突破

紧紧围绕全省全年新增优质肉牛 20 万头、优质奶牛 5 万头的发展目标，抓住当前生产形势好的机遇，大力发展优质草畜，扎实推进奶业振兴。一是抓工作谋划。各奶业主产市应结合当地实际，制订实施方案，明确目标任务和关键措施。要建立联席会议制度，加强对奶业振兴工作的组织领导，协调有关单位，合力推进奶业振兴。二是抓政策落实。认真做好奶牛肉牛项目筛选、因地制宜制订实施方案，强化项目监督指导，切实抓好项目落实。通过项目实施，积极培育养殖大县，着力打造一批优质肉牛育肥基地和奶源基地，夯实产业发展基础。三是抓招商引资。切实把握好大城市周边养殖板块外迁转移和全国大型乳品企业建设优质奶源基地的机会，积极协调养殖用地，努力创造良好投资环境，争取引进一批大型规模养殖场，示范引领全省优质草畜发展。四是抓项目建设。围绕优质草畜重大项目建设，强化技术指导、做好政策咨询、跟踪项目进度，及时帮助解决具体问题，加快项目建设，争取项目早建成、早投产、早见效。通过项目建设，育强育壮龙头企业，加快花花牛、伊赛上市步伐。在此基础上，抓好羊业产业化发展，重点推进肉羊规模养殖基地建设，增加精深加工能力，优化羊肉产品结构。积极推进西峡健羊、新太阳和河南羊妙妙山羊养殖加工一体化项目建设，因地制宜发展羊奶等特色乳制品。

2. 加快推进畜禽粪污资源化利用，力争在生态畜牧业方面实现新的突破

畜禽粪污资源化利用是重要的民生工程，要以建设美丽牧场、生态牧场为抓手，扎实推进畜禽粪污资源化利用工作，力争在畜牧业生态发展、绿色发展方面走在全国前列。一是实施好整县推进项目。加强国家畜禽粪污资源化利用整县推进项目的监督管理，严格按照批

复、细化方案，压实责任，明确节点，确保按时完成项目建设任务。对尚未实施整县推进项目的畜牧大县，要做好项目储备。借鉴畜牧大县治理经验，支持非畜牧大县畜禽粪污资源化利用模式创新，做好非畜牧大县整县推进项目方案设计，实现同步治理。二是强化基础设施建设。对新建养殖场，严格落实养殖废弃物处理利用设施与主体工程"三同时"制度，切实做到"不欠新账"。对现有养殖场要建立台账，推行"一场一策"，切实做到"多还老账"，确保大型规模养殖场粪污处理设施装备配套率到年底达到100%。对现有规模以下养殖小散户，采取"劝退清理一批、改造升级一批、合作发展一批"的办法，推动散养户"三进三退"。三是大力推广适用模式。对大型规模养殖企业，重点推广能源化、肥料化产业利用模式；对中型规模养殖场，重点推广种养配套、循环发展模式；对小型养殖场户，重点推广就地就近自我消纳模式；对养殖密集区，重点推广分散收集集中处理模式。在推广粪污资源化利用模式过程中，注重可持续性，在规划设计方面做到科学严谨、算账清楚；在模式运行方面，做到市场化、有盈利；在管理方面，做到自负盈亏、独立经营、可持续发展。四是抓好污染源普查。按照普查时间节点要求，确保按时保质完成畜禽养殖业污染源普查工作。严格按照直连直报系统要求，认真做好畜禽规模养殖场畜禽粪污数据信息和项目推进进度填报，为畜禽粪污资源化利用提供准确翔实的数据支撑。五是强化督查考核。组织专项考核，对完成目标任务排名前10位的县，加大奖励力度；对没有完成任务的县进行约谈并通报批评。力争到年底，全省规模养殖场粪污处理设施配套率达到92%以上。

3. 不断推进优质饲草料生产发展，力争在饲草料生产体系建设方面实现新的突破

粮经饲统筹发展，既是农业供给侧结构性改革的根本要求，又是发展优质草畜的物质基础。一是积极推进粮改饲。以奶牛肉牛养殖大

县、玉米种植集中市县以及黄河滩区为重点，继续扩大粮改饲试点范围。认真落实试点项目种植面积、种植地块、种植品种、收贮主体，发展订单生产，确保项目任务落实。充分利用农机补贴等政策支持，完善设施设备，提高优质饲草料种植、收贮能力，力争全省完成粮改饲面积280万亩、玉米秸秆饲料化利用1500万亩。二是扩大牧草种植利用。以振兴奶业苜蓿发展行动项目为抓手，扩大优质苜蓿连片种植面积，推进黄河滩区优质饲草产业带建设。开展构树鲜嫩枝叶收贮及饲料化利用技术研究与示范推广，积极稳妥推进杂交构树的种植利用。以养定种，因地制宜推广黑麦草、燕麦等优质饲草种植。三是开展非常规饲料开发。结合优质花生推广，在主产区开展花生秧饲料化收贮加工利用技术研究，总结典型经验加以推广。在500家规模草畜企业推广粗饲料精准化饲喂技术，提升粗饲料利用科技水平。四是培育秸草加工企业。探索建立优质饲草料机械收割、规模化加工和商品化销售模式，培育专业秸草收贮加工企业。引导和支持养殖企业根据养殖需要流转土地种植或与种植企业（合作社）签订协议种植优质饲草，推动草畜联动、循环发展。鼓励和引导有条件的大型企业种植有机饲草5万亩以上。科学利用天然草地资源，建设豫西、豫南草山草坡优质母畜繁育基地，提高草地资源综合利用效率。

4.积极融入脱贫攻坚大局，努力实现畜牧产业扶贫新的突破

积极开展"畜牧行业扶贫深化年"行动，聚焦实施龙头企业带动扶贫工程、优质草畜发展扶贫工程、特色养殖助力扶贫工程、养殖技能培训工程，持续强力推进畜牧产业扶贫工作，实现工作质量、扶贫效果、群众满意度"三提升"。一是实施龙头企业带动扶贫工程。以"千企带万户"活动为抓手，广泛动员畜牧龙头企业参与带贫帮扶。总结推广涉牧企业的可持续帮扶路径和有效帮扶模式，完善利益联结机制。设立带贫企业光荣榜，及时跟踪企业扶贫进展情况。力争全省参与产业扶贫的涉牧企业达1000家以上，带动不少于8万户贫

困户、25 万名贫困人口持续稳定增收。二是实施优质草畜发展扶贫工程。优质草畜项目扶持资金重点向贫困县倾斜，助推贫困地区脱贫攻坚目标的实现。利用扶持政策推进肉牛奶牛生产加工基地建设，鼓励规模企业带动贫困户持续稳定增收。扶持贫困户组建能繁母牛养殖合作社。实施"粮改饲"试点项目带贫。配合开展构树产业扶贫试点工作，力争全省构树示范种植面积达到 10 万亩。引导贫困户发展肉羊养殖脱贫。三是实施特色养殖助力扶贫工程。根据贫困地区资源禀赋、产业基础、环境容量等条件，引导贫困地区加快发展具有地域特色的黑猪、土鸡、肉兔、肉驴、奶山羊、养蜂等产业，积极推广林下绿色养殖、山区生态放养、水上特色饲养等养殖模式，强化特色产品开发，促进产业融合，创建特色品牌，打造特色养殖优势区，帮助贫困户通过参与特色养殖脱贫致富。四是实施养殖技能培训工程。组织省、市、县三级"千人"专家服务团对基层业务骨干、致富带头人和贫困养殖户进行不同层次的畜禽养殖技能培训和技术指导。深入开展畜牧产业扶贫服务承诺活动，实现对贫困养殖户技术帮扶常态化、全覆盖。鼓励和动员涉牧行业组织、龙头企业利用各自优势开展特色养殖技术培训和咨询服务活动。设立扶贫技术咨询"热线电话"，全天候接受群众咨询。

（三）提升四种能力，促进产业提档升级

1. 提升支撑能力，促进饲料兽药屠宰行业提档升级

在饲料行业，重点积极推广酶制剂、微生物制剂等技术，推广低氮、低磷和低矿物质饲料产品研发与应用；积极引导鼓励饲料企业打造产业联盟，实现产业融合、整合，联手发展，鼓励支持饲料企业拉长产业链条，增强抵御市场风险能力。在兽药行业，重点加强行业管理，从重处罚违法违规行为。持续开展兽用抗菌药整治，推进兽用抗菌药使用减量化行动试点。全力推进兽药追溯实施工作，力争兽药经

营企业全部实施追溯。在屠宰行业，重点按照要求严格屠宰企业设立标准，规范审批程序。限制审批新建（改扩建）设计年屠宰30万头以下生猪屠宰企业和以代宰为主的生猪屠宰企业，鼓励审批新建设计年屠宰100万头以上全产业链屠宰加工企业。引导企业建立新型屠宰流通体系，加速猪肉供应链由"调猪"向"调肉"转变，由热鲜肉向冷鲜肉转变。

2. 提升创新能力，促进现代畜禽种业提档升级

以传统育种手段与现代生物育种方法相结合，重点研究畜禽生物育种技术，坚持高产高效的育种方向，进一步完善畜禽良繁体系建设，助推畜禽种业高质量发展。一是认真谋划中原国家畜禽生物育种中心建设。研究编制完善中原国家畜禽生物育种中心建设方案，争取中原国家畜禽生物育种中心建设项目早日立项，早日实施。二是努力提高畜禽育种水平。积极实施畜禽遗传改良计划，扎实做好品种登记、性能测定、遗传评估等育种工作。在生猪上，加强遗传评估和基因组选择平台建设，推进区域联合育种；在奶牛上，实施优质奶牛核心群选育项目，组建10万头育种基础母牛群，进一步扩大奶牛品种登记数量；在羊上，新建河南省种羊遗传评估平台，引导省级种羊场使用育种软件，规范开展性能测定等育种工作。三是认真实施畜禽种业提升项目。加强省奶牛测定中心扩建项目、省种猪测定中心扩建项目、正阳县生猪育种创新基地建设项目监管。推进卢氏县国家级高效优质蜂业发展示范区、西峡县国家级蜜蜂良种场以及栾川、方城、桐柏、商城省级高效优质蜂业发展示范区等蜂业质量提升项目建设。四是积极创建国家畜禽核心育种场。积极引导种畜禽场升级改造，提高育种制种能力，争取创建3~5家国家畜禽核心育种场、种公猪站、扩繁基地。五是切实做好地方品种保护与开发利用。实施好畜禽遗传资源保护与开发利用项目，推进地方品种的保护与特色开发利用。积极做好豫西黑猪新发现资源的鉴定，加快推进皮南牛等新品种的审

定，完成夏南牛种公牛站建设和洛阳种公牛站搬迁工作。

3. 提升开放能力，促进畜牧业对外开放提档升级

大力实施"引进来、走出去"战略，充分利用两个市场两种资源，加快推进畜牧业强省建设。一是完善对外合作交流平台。重点办好中原畜牧业交易博览会和中外畜牧企业交流合作洽谈会，争取更多的国内外知名畜牧企业参会，提升展会影响力，将其打造成河南畜牧业对外开放的亮丽名片。要充分发挥行业协会、商会的桥梁纽带作用，适时组织畜牧企业赴"一带一路"沿线国家考察学习、参加国际展会，拓宽视野、寻求商机，不断提高对外合作能力和水平。二是加快推进对外合作重大项目建设。重点加快贵友集团、河南金凤、谊发牧业、华扬农牧、花花牛、银星牧业等合作项目建设。同时积极推进正大集团等知名企业重大项目建设，促进项目早日发挥示范引领作用。三是不断扩大对外贸易。鼓励华英、金凤等龙头企业依托我国自由贸易"朋友圈"的不断扩容，大力推进牧业机械出口，鼓励龙头企业开拓国际市场，培育打造一批具有国际影响力和品牌知名度的生产商、流通商和跨国畜牧企业集团，持续扩大畜产品对外贸易规模。

4. 提升服务能力，促进畜牧业信息化提档升级

把畜牧业信息化作为全局综合性工作稳步推进，努力实现畜牧兽医监管监测"一张表"、监管监测"一套数"、每一个经营单位全国联网"一个码"。一是全面推动电子政务工作。加快省、市两级政务平台建设，推动数据开放，资源共享。深入推进畜牧兽医行政审批服务在河南政务服务网"一网通办"工作。二是做好生产监测信息化。认真做好畜禽生产数据的监测工作，切实按照要求开展畜牧业统计监测系统、养殖场直联直报系统的维护和数据上传。三是扎实推进监管信息化。充分发挥畜禽屠宰管理系统、饲料与奶业监管服务、畜禽养殖监管服务系统等信息化系统的功能，做到从饲料、兽药等投入品生产、使用和养殖、出栏、运输、屠宰流通的全链条质量安全监控，进

一步加强畜产品质量安全信息化追溯体系建设。四是加快建立畜牧业大数据平台。不断完善、整合河南省畜牧业综合信息平台所涵盖的各类数据，狠抓数据规范上报，加快完善本辖区畜牧业基础数据库。建立同公安部门、应急管理部门等多家单位的数据交换机制，实现数据的流通与共用，构建科学合理的统一的畜牧兽医大数据平台。五是建立完善的指挥调度系统。各地要切实利用重大动物疫情指挥信息化系统，强化应急物资管理和指挥调度，满足重大动物防控工作的需要。六是加快培育物联网典型。选择大型龙头企业，开展畜牧业物联网技术集成应用示范。引导大型畜牧企业在物联网硬件和网络建设方面加大投入，培育一批畜牧业物联网技术典型企业。

参考文献

袁日进：《推进新时代江苏畜牧业高质量发展的路径选择》，《江苏农村经济》2018 年第 1 期。

陈颖：《开启畜牧业高质量发展新征程——访河南省政协委员，省农业厅党组成员、省畜牧局局长王承启》，《决策探索》2018 年第 2 期。

宋虎振：《牢记使命嘱托 推动农业高质量发展》，《农村工作通讯》2019 年第 6 期。

宋洪远：《推进农业高质量发展》，《中国发展观察》2018 第 23 期。

苗婧、毛胜勇、高莉莉：《"一带一路"背景下的中国畜牧业可持续发展》，《中国畜牧业》2019 年第 1 期。

B.6
河南农村服务业发展态势及对策

侯红昌*

摘　要：　农村服务业是现代服务业的重要组成部分，2018年的中央一号文件指出，要"坚持农业农村优先发展""壮大乡村产业"和"发展乡村新型服务业"。近年来，河南着力推动全省农村服务业发展，稳中有进、稳中提质，呈现良好发展态势，为推动实施乡村振兴战略打下坚实基础。但同时全省农村服务业仍面临总量偏小、结构失衡的问题，为此应加大分类指导力度，着力夯实产业项目，深入推进"放管服"改革，进一步激发全省农村服务业的发展活力。

关键词：　农村服务业　"放管服"改革　乡村振兴

　　2018年的中央一号文件提出，要"坚持农业农村优先发展""壮大乡村产业"和"发展乡村新型服务业"。农村服务业是指服务于农业再生产和农村经济社会发展，通过多种经济形式、多种经营方式、多层次多环节发展起来的一大产业，是现代服务业的重要组成部分。深入推动实施乡村振兴战略，提升农业发展质量，培育乡村发展新动能，离不开农村服务业的稳步发展和提升。近年来，河南农业农村发

---

*　侯红昌，河南省社会科学院农村发展研究所副研究员，研究方向为区域经济。

展总体平稳、稳中有进、稳中提质，呈现良好发展态势。稳步增长的农产品产量，为农村服务业的发展提供了坚实的基础，为河南推动实施乡村振兴战略打下了牢固根基。

一 河南农村服务业发展现状态势分析

河南作为农业大省，农业经济可持续发展对整个国民经济发展与社会的发展有着重要作用。农村服务业的高质量发展对农业经济的转型升级和可持续发展具有重要的作用，同时也是深入推动实施乡村振兴战略的重要组成部分。农村服务业作为农村产业的重要组成部分，其繁荣和发展对于实现农村产业兴旺、构建农村一二三产业融合发展、增加农村劳动力就业和农民增收、打好精准脱贫攻坚战，都将起到十分重要的作用。改革开放以来，随着计划经济向市场经济的转变，河南农村服务行业的资源配置方式也从政府管理转向政府引导、社会广泛参与模式转变。从总体状况看，河南农村服务业总体规模不断扩大，质量不断提高，在农村经济社会发展中发挥了积极作用，是实施乡村振兴发展战略的重要基础支撑。

（一）农林牧渔服务业增加值稳步增长

自2002年河南省开始统计农村服务业增加值以来，到2017年河南省农林牧渔服务业增加值由39.33亿元增加到171.26亿元，年均递增10.3%，即便扣除价格水平，依然保持在6.4%的高速增长水平（见表1）。

其中2006年以来，河南农林牧渔服务业增加值一直保持较高增速，并在2015年达到峰值为36.58%，其后，2016年有较大的回落，但仍保持在10%以上的高位，2017年名义增加到11.39%（见图1）。

表1　河南2002～2017年来农林牧渔服务业总产值和增加值及指数

年份	总产值（亿元）	指数	增加值（亿元）	指数
2002	117.5	—	39.33	—
2003	127	108.7	41	106.9
2004	140	105	45.22	105
2005	148.5	104	47.96	104
2006	145.7	102.7	46.91	102.3
2007	150	104.1	49.49	104.1
2008	165.38	105	54.39	104.7
2009	184.92	105.5	60.63	105.2
2010	200.96	105	65.68	104.8
2011	220.5	105.5	71.84	105.3
2012	237.23	106	77.05	105.9
2013	263.64	108.9	86.27	108.9
2014	294.46	109.5	101.66	109.6
2015	327.37	109.7	138.85	109.7
2016	361.68	109.7	153.75	109.7
2017	404.26	109.9	171.26	109.9

注：总产值和增加值为当年价格，指数按可比价格（上年为100）。
资料来源：根据历年《河南统计年鉴》整理。

（二）农业生产性服务基础条件稳步改善

从农村基础服务设施条件来看，河南的生产性农村服务业发展条件进一步提升。农业机械化方面，2017年全省农业机械总动力为10038.32万千瓦，比2016年提升1.8%，是2000年的1.74倍。其中，大中型拖拉机1973.88万千瓦、小型拖拉机3495.43万千瓦，分别为2000年的9.1倍和1.5倍；农用排灌动力机械2017年为

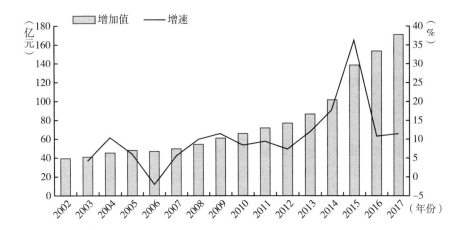

图1 2002～2017年河南农林牧渔服务业增加值及其名义增速

资料来源：根据历年《河南统计年鉴》整理。

1180.49万千瓦，是2000年的1.3倍；农产品初加工动力机械2017年为610.06万千瓦，是2000年的1.3倍。2017年全省农村用电量为328.82亿千瓦时，是2000年的2.6倍。农田水利灌溉面积2017年达到5389.79千公顷，是2000年的1.1倍，其中，节水灌溉面积为1893.27千公顷，占全部灌溉面积的33.7%，比2000年提升13.9个百分点。农业生产基础服务设施得到很大改善，有力地确保了全省农业生产的稳步增长态势。

（三）农产品流通商业服务体系逐步完善

目前，全省农产品流通商业服务体系基本建成和逐步完善，初步形成了以市、县（区）批发市场，镇、村集贸市场为载体的农产品流通商贸体系。2017年全省农村社会消费品零售额为3622.29亿元，比2016年的增加12.55%，是2000年的6.5倍（见表2），并仍处在增长速度的高位态势（见图2）。2017年全省农村社会消费品零售额占当年零售总额的比重18.42%，继续保持缓慢上升的势头，说明农村零售服务业的地位在经历前些年的下滑后，继续显示其作为支撑乡村振兴战略实施的重要支撑的地位。目前，全省农村的农药、种子、农机及其配件的等销售网点建设比较完善，而且服务于各类农机具修理的商业网点也较为健全，基本可以满足农业生产服务需求。

表2　2000～2017年河南城乡社会消费品零售总额及增速和农村占比

年份	社会消费品零售总额						
	全省 （亿元）	增速 （%）	城镇 （亿元）	增速 （%）	农村 （亿元）	增速 （%）	农村占比 （%）
2000	1869.8	10.56	1313.92	10.43	555.88	10.87	29.73
2001	2071.93	10.81	1458.11	10.97	613.82	10.42	29.63
2002	2292.75	10.66	1623.97	11.37	668.78	8.95	29.17
2003	2539.33	10.75	1809.43	11.42	729.9	9.14	28.74
2004	2938.26	15.71	2131.42	17.80	806.84	10.54	27.46
2005	3380.88	15.06	2479.08	16.31	901.8	11.77	26.67
2006	3932.55	16.32	2911.99	17.46	1020.56	13.17	25.95
2007	4690.32	19.27	3505.48	20.38	1184.84	16.10	25.26
2008	5815.44	23.99	4375.69	24.82	1439.75	21.51	24.76
2009	6746.38	16.01	5085.74	16.23	1660.64	15.34	24.62
2010	8004.15	18.64	6618.77	30.14	1385.38	-16.58	17.31
2011	9453.65	18.11	7821.77	18.18	1631.88	17.79	17.26
2012	10915.62	15.46	9021.73	15.60	1893.89	16.06	17.35
2013	12426.61	13.84	10236.77	13.47	2189.84	15.63	17.62
2014	14004.95	12.70	11503.06	12.32	2501.89	14.25	17.86
2015	15740.43	12.39	12886.63	12.00	2853.80	14.07	18.13
2016	17618.35	11.93	14399.86	11.70	3218.49	12.78	18.27
2017	19666.77	11.63	16044.48	11.40	3622.29	12.55	18.42

资料来源：根据历年《河南统计年鉴》整理。

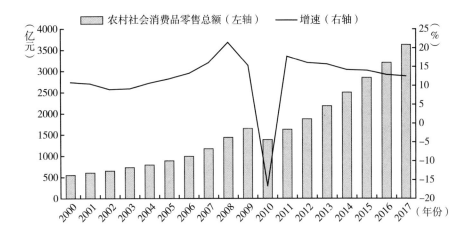

图 2　河南 2000～2017 来农村社会消费品零售总额及增速

资料来源：根据历年《河南统计年鉴》整理。

二　河南农村服务业发展中存在的问题及原因

近年来，虽然河南的农村服务业获得了较快发展，但年平均增速与全国相比较，以及农村服务业占农村各业增加值的比重与全国相比较，还有一定的差距。整体而言，河南省农村服务业的发展还低于全国平均水平，换言之，还有较大发展空间。此外，从全国范围来看，东部沿海发达地区的部分省份农村服务业已经初步进入信息化、数字化的发展阶段，相对而言，河南大部分地区的农村服务业仍处于以传统的商贸流通业和交通运输业为主导的发展时期。具体来言，河南农村服务业当前面临的问题如下。

（一）农村服务业总体规模偏小

长期以来，河南农村服务业的总体发展规模偏小，比重偏低。农林牧渔服务业增加值占第一产业增加值的比重一直在 2.5% 左右徘徊，2010年甚至低到2.1%，之后，该比重虽然有所上升，但最高仅为2017年的4.14%，与河南农业大省、粮食大省的地位极不相称。无论是与发达省份相比，还是与全国平均水平相比较，均有不小的差距。从农村服务业从业人员比重来看，2017年全省农村服务业从业人员为964.75万人，占河南全部农村从业人员的20%，不仅低于从事农业生产的51%，也低于从事农村二产的29%，较低的农村服务业从业人员数和比重，使河南农村服务业的总体发展规模持续保持低位总量和较低占比的水平。

（二）农村服务业内部结构失衡

由于长期缺乏总体发展规划，河南农村服务业基本处于自然发展状态，始终存在行业定位不准、发展档次不高、服务效率低下等结构性失衡的问题，其中最典型的失衡就是农村服务业内部产业结构的失衡。作为农业大省和农村人口大省，河南农村服务业历来注重农业生产资料的流通和销售等农业生产性服务业方面的发展，对农业技术服务业和农副产品的流通等商务服务业发展重视不够，发展水平与全省农业生产极不匹配。此外由于在农业保险、融资渠道等长期固有的问题方面受困，现有农业服务业的经营方式，仍以单家独户的经营方式为主，规模小且难以做大，竞争力得不到提升，档次较低，生机与活力不够。

（三）新兴农村服务业发展滞后

当前是深入推进乡村振兴战略的重要时期，其中产业兴旺是重点，这就需要一些新兴的农村服务业来为产业兴旺发展予以支持和辅助。特别是新兴的现代农村服务业是农业产业结构调整的重要组成部分，应得到大力发展。但现实是河南的农村服务业过分集中在传统的商业、饮食业和农资销售等方面，而对农村产业兴旺和经济发展大有促进作用的服务业，如物流、金融、保险、信息、文化等产业的服务业则严重供给不足。以农业信息为例，由于起步较晚，目前全省用于农业信息服务的硬件建设和软件开发资金投入严重不足，且市场的培育也成为问题，农村信息仍然较为落后。农村文化服务产业更是全省农村建设中的薄弱环节，农民缺乏文化活动、文化交流，特别容易造成矛盾冲突事件。

对于河南农村服务业存在的问题，其原因是多方面的，其中最为主要的原因包括以下几个方面。

一是受传统观念的制约，人们对农村服务业的认识不足。思想观念陈旧是制约河南农村服务业发展的重要原因。虽然我国很早就认识到"服务业不能创造社会价值，不能带来物质基础"是一种错误观念，并加以纠正，但在广大农村地区，"重工业，轻服务业"的思想仍有生存土壤。这种认识上的偏差，导致对农村服务业的投资严重不足。一些应作为产业经营的领域，过于强调其福利性、公益性功能，忽视其产业效益功能，致使农村服务业难以与其他产业实现协同共赢式发展。

二是受城乡发展水平差异的影响，农村服务业的需求受限。近年来，在国家和省内采取多种惠农措施的情况下，2018 年河南全省城乡居民家庭人均可支配收入的比率也还继续保持在 2.3∶1 的水平。较低的农村居民家庭人均收入水平制约了河南农村服务业需求市场的发展，在社会保障体系尚不健全的情况下，农村居民很难对更高需求的现代服务业产品产生有效的消费需求能力。此外，河南城镇化水平进展缓慢，2018 年城镇化率为 51.7%，低于全国平均水平。城市对周边农村的综合辐射功能未能更好地发挥，农村服务业发展缺乏良好的基础支撑条件。

三是受学历教育不足等因素的影响，农村服务业的人才缺乏。目前，河南农村的劳动力多为中老年人，由于历史的原因，大都受教育不足，文化程度较低，接受各类信息和技术服务的能力较弱，同时，对新的农业技术和农产品需求等反应滞后，主动学习的意愿不强，导致农村服务业的从业人员素质参差不齐、优劣难辨。进一步，农村服务业的高级人才更是普遍欠缺，虽然近几年有返乡下乡创业创新人才流入，但受限现有政策的支撑力度不足以及其他因素的制约，主要是农民工的返乡创业为主，真正的高级人才下乡创业创新所占比例还较低，还远远不能与农村服务业高质量发展和快速提档升级新形势新要求相匹配。

三 以农村服务业高质量发展助推河南农业高质量发展的政策建议

当前，随着乡村振兴战略的深入推进，农村服务业高质量发展已经成为助推河南农业农村优先发展的重要抓手和基础支撑。加快河南农村服务业向高质量发展转型，必须在规划引导、资金投入、生产设施、技术服务等方面不断加大力度，具体对策建议如下。

（一）加强农村服务业规划制定，实施分类指导方针

深入实施乡村振兴战略，助推河南农业优先发展，加快农村服务业发展已迫在眉睫。一是要尽快制定关于加快河南农村服务业高质量发展转型的相关政策。对河南农村服务业功能结构和建设规模要做统筹设计，分类制定农村服务业高质量发展的中长期规划，并做到目标明确，重点突出，特别是对于农村现代服务业的专项发展规划要做到有一定的超前性和前瞻性，注重推进实施农村现代服务业的优先发展和向高质量的转型。二是要营造全省农村服务业高质量发展的良好舆论氛围和政策环境。通过大力宣传农村现代服务业发展的必要性，动员全社会力量，包括返乡下乡人员，全力支持农村服务业的大发展。

农村现代服务业重点领域的牵头部门要充分发挥主导作用，以身作则，以实际行动展现支持河南农村服务业发展的良好政策服务环境。三是要分类指导全省农村服务业的高质量发展。在经济较发达的县（市），采用以政府政策为引导，按照市场化的运作模式，以企业为主体，推行农村服务业的产业化发展之路。在经济欠发达的县（市），采用以政府财政转移投入和补贴的方式给予各类投入扶持，并以农村服务行业的经济合作组织等为主要的发展模式。近期要以打赢打好脱贫攻坚战为主要目标，中期要以拓展服务领域和规模、提升行业标准为主要目标，远期要以全面实现全省城乡服务业一体化为主要目标。

（二）加大农村服务业资金投入，培育夯实产业项目

一是要持续加大在公共服务方面的政府投入力度。农村服务业除了包括生产性服务业与生活性服务业，还包括一些农村的基本公共服务，如医疗卫生、义务教育、社会保障、生态保护等民生类服务。地方政府应在本级财政力量允许的前提下，进一步加大对农村地区的基础性和公益性的服务项目的投入力度。同时，在一些涉农的公益性项目方面，建立健全以政府投入为引导、社会资金共同参与的投入机制。二是要持续加大对服务业基础设施的投资建设力度。充分发挥政府资金投入的导向作用，重点加大对流通服务业基础设施建设投资，投资重点要由物流的基础设施建设转向物流的服务设施建设，加大对科技、信息、人才、农副产品流通等的资金投入力度。三是要持续加大对农村服务业的产业项目资金投入。通过设立项目库的方式，优选一批前景好的农村现代服务业项目入库，给予政策和资金上的倾斜和支持。在农村服务业优先发展项目的资金来源上，除了加大财政的贴息和背书力度外，还应当适时推进全省的农村信用社改革，充分发挥农信社在资金汇集方面的独特优势，使其成为河南农村服务业的重要资金来源之一。

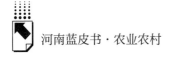

（三）加快发展农业生产性服务，提高综合生产能力

农业生产性服务业是围绕农业生产服务的，是粮食等农产品稳步增产的重要保障。一是要大力发展现代农资物流网络体系。引导供销社系统、农机服务站、邮政等农资流通企业和农资生产企业加强合作，实现优势互补。支持农产品物流配送中心建设和改造，完善配送、信息功能，提高农业生产性服务业资源的均匀分布率。依托现有农资连锁网络资源，加大与淘宝等电商的联系，构筑农产品收购、加工、销售和日用消费品下乡等双向流通渠道。二是要大力培育农业生产性服务龙头企业。按照扶优扶强的原则，将全省现有的一批规模大、实力强、信誉好的农业服务企业培育成区域性的行业龙头企业。鼓励其通过跨部门、跨区域的兼并、联合等手段实现资产和业务的整合与重组，进一步激发活力、增强实力。出台统一税制，减少反复抽检的专门鼓励政策，扶持农业生产性服务业龙头企业跨区域发展，通过新建和改造的形式，实现规模化和连锁化的经营发展。三是要大力完善农业生产性服务企业的多元服务功能。通过完善配套服务和设立引导政策，促使农资产品流通服务企业不断优化产品供给结构，同时，适当增加农业机械、饲料、种子及相关农业生产的技术管理服务供给。为农民提供科学施肥、规范用药等农业生产服务，以及农业生产机具的租赁和维护等产前、产中和产后的多样化农业生产功能服务，以进一步提高全省农业的综合生产能力。此外，还要放开农资服务的流通渠道，建立以市场为导向的农业生产性服务价格的形成机制，发挥市场在资源配置中的基础性作用。

（四）加快推进"放管服"改革深入，激发服务业发展活力

农业服务业的高质量转型发展，离不开自身活力的进一步激发和提升，为此应结合当前的"放管服"改革，大力推进河南农村服务

业的发展机制转变，以进一步激活农业服务业的市场主体、发展动力和市场空间。一是要加快深化推进"放管服"改革。通过培育市场、规范服务等手段，该放给市场的要放给市场，不断优化工作指导范畴。建立全省农业服务业标准化服务体系，加强对服务过程的监管力度，建立农村服务业信用记录体系，有效维护农村服务业市场供需双方的合法有效权益。二是要进一步降低对外开放门槛。深化农村各项事业改革，激发农业服务业高质量发展潜力。清理取消不必要的前置审批条件，降低农村和农业服务业市场准入门槛，形成真正的公平机制。允许外资和民间资本自由进入农村和农业服务业领域，加快推进耕地和宅基地等的改革力度，促进农村服务业要素市场的充分发育。三是要进一步推进农村集体资产改革步伐。加快推进集体经营性资产的股份合作制改革，推动农村集体资源变资产、农民变股东，为农村服务业的发展提供基础土壤。推行农业保护机制，维持并保留已经进城落户农民在原来农村的耕地承包权和宅基地使用权等权益。

参考文献

赵英霞、陈佳馨：《现代服务业与现代农业耦合发展路径研究》，《经济问题》2018年第5期，第75~81页。

诸纪录：《大力发展农业服务业，打造农业新增长极》，《新华日报》2018年4月25日。

景刚、乔瑞中：《黑龙江省现代农业和农业服务业融合发展研究》，《商业经济》2018年第4期，第10~12页。

李天娇、荆林波：《农业服务投入对农业生产效率的影响——基于10国面板数据的实证研究》，《商业经济研究》2018年第5期，第171~174页。

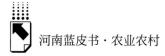

张若冰：《加快发展农业生产性服务业的对策研究》，《现代化农业》2017年第8期，第67~68页。

文长存：《农业现代服务业推进农业现代化的理论与实证研究》，硕士学位论文，长江大学，2014。

肖建中：《现代农业与服务业融合发展研究》，博士学位论文，华中农业大学，2012。

于凡：《吉林省农业服务业发展的研究》，博士学位论文，吉林农业大学，2012。

满海红、张强：《新时期下农业生产性服务业发展路径研究——基于沈阳农村数据》，《农业经济》2012年第8期，第57~59页。

B.7
新零售背景下河南农村电子
商务发展态势与展望

李国英*

摘　要：　2017～2018 年农村电商新业态、新模式不断涌现，以
阿里巴巴、京东、拼多多为代表的电商平台不断挖掘
新的消费场景，形成新的消费热点。尽管电商在一、
二线城市的发展已经进入了新零售时代，但是在广阔
的农村市场，电商的发展尚处于相对较为原始的阶段。
随着基于电商的基础设施的配套完善、农村用户消费
意识的逐步觉醒、电商巨头对于农村市场的反哺将会
让农村电商的发展进入一个全新的阶段。虽然目前看
来任重道远，但一旦形成规模效应，农村新零售优势
将爆发出巨大能量。同时，河南农村电商配套设施尚
未完备，电商优势尚未完全发挥，需要通过进一步健
全服务体系，构建完善的双向物流体系等措施进一步
促进其发展。

关键词：　新零售　农村电商　社交电商

2016 年以来，零售变迁，商超业态迭代，消费者代际特征及分

---

* 李国英，河南省社会科学院副研究员，研究领域为农业现代化、新金融。

级消费特征明显。在移动互联网、大数据、人工智能、物流等技术快速发展的背景下，传统零售业态与电商平台深度融合，新兴业态和新商业模式快速发展。各大电商巨头纷纷布局农村新零售，从线上线下竞争到线上线下融合，加速构建现代快捷便利的物流网络、运用大数据进行农产品消费分析，推动农业生产朝着标准化、绿色生态的方向迈进，农村电商进入全新发展阶段。虽然还存在着基于新零售的新型供应链组织还有待进一步完善，分散性经营的农产品缺乏集中和现代化的管理，对生产过程、质量管理等缺乏有效的监控，难以在市场中进行畅通的营销，在原有较为薄弱的电子商务基础下要进行农村新零售的建设意味着需要大量资金的持续投入等诸多问题，但不可否认的是农村新零售有着巨大的发展潜力。农村是新零售未来可以挖掘的富矿，不仅在于其有广阔的市场和消费力，更在于国家精准扶贫战略，促进传统农业供给侧改革的需求。

目前阿里农村淘宝、京东家电服务站、苏宁零售云平台等皆是零售巨头布局农村市场的战略举措。随着资本巨头涌入，竞争格局将逐步形成，农村电商将迎来 2.0 时代，巨头将对原有电商的上行下行和现有便利店、夫妻店、农村小店进行互联网加数字化的升级改造，从而实现物流和供应链的全面升级。

一 双线融合背后零售本质的回归是 新零售诞生的深层原因

前几年，传统实体零售由于租金成本、人工成本、物流成本明显高于网上零售，且面临同质化竞争、商业网点发展不均衡、结构性过剩等问题，在电商的挤压下，市场份额显著下降。从 2012 年起我国传统零售就开始呈现持续的严重萎缩状态，尤其是 2015 年至 2016年，"关店潮"一波胜似一波，席卷了整个连锁零售业。同时，电商发展也进入"瓶颈期",线上流量红利瓶颈逼近驱动互联网企业加速线下建设。经历过 2011～2016 年交易额年均 45% 的高速增长后,电商市场成熟度趋高,平台化、全品类的竞争让电商市场竞争加剧,电商发展也逐渐进入疲惫期,具体表现如下。(1)目前电商渗透率已达高位,新用户增量有限。根据 CNNIC 调查数据,截至 2018 年底,我国网民规模为 8.29 亿人,互联网普及率为 59.6%,网购用户规模达到 6.10 亿人,而用户增速却已降至 14.4% 左右,这就意味着传统上由互联网快速普及驱动的人口规模红利已经结束。(2)与此同时,以"90后"为代表的消费者逐渐成为消费主体,年轻一代的中产消费者更加注重商品品质、消费体验和个性化的消费需求。这一消费趋势也要求电商放弃以低价为中心的粗放式发展理念,转而以消费者为中心,提升产品品质,打造良好的消费体验,满足消费者更高的需求。通过扩展线下渠道,打通各个场景,通过全渠道服务提供完善的服务体验。

在此背景下,"新零售"(2016 年 10 月,"新零售"这个概念首次出现在阿里云栖大会上。苏宁和腾讯也提出了"智慧零售"的概念,京东提出了"无界零售"的概念,但是外界通常以"新零售"来形容这种新业态和新模式)一经提出即引发广泛关注,探究其出现的深层原因,背后实际上是零售回归本质的大趋势。新零售解决方案正通过线上线下短板互补、优势共担来追求消费者与商家的利益双赢,并将会以数字化为核心驱动力从两方面整合整个零售行业:一是电商发挥技术优势,入股布局线下,带动线下零售企业优化供应链,实现转型升级;二是线下发挥体验式优势,融合业态创新发展,依托电商线上平台注入科技元素扩大优势。从目前的发展来看,传统电商和实体零售各有优缺点:传统电商有价格低、效率高和智能化的优势,但一直受限于体验感,流量红利殆尽,消费升级迫在眉睫;而实体零售所拥有的线下场景天然具有体验感的优势,在传统电商的冲击下在高端消费领域仍保有较大的市场份额,但运营的高成本、低效率限制了其进一步的发展，并且自身缺乏向全渠道数字化转型的能力，加上网络渠道的高度垄断化，实体零售向线上进军步履维艰，所以传统电商和实体零售商要想获得长足发展，就不能再故步自封，需要实现相互渗透及长短互补。

二　数据的广泛认知和应用将为乡村商业迭代带来机遇

受制于商业流通的客观条件，传统电商时代城乡消费互联网发展的步伐未能同步，而步入产业互联网时代，无差别的数据理念理解和应用则有可能推动城乡同步进入发展快车道。互联网基础设施的覆盖由城市快速推及乡村，而由科技动能升级为数据动能后，城乡发展也得以站在同一起跑线上。"新零售"的核心不在于所谓的线上线下融合，也不在于人工智能或现代物流，而真正在于数据。有了数据，才能实现对消费者的识别、洞察与服务，才可以重构零售活动中的关键要素——人、货、场，进而才能生长出与以往不同的零售新生态。

一是供给侧的数字化有望颠覆传统供应链模式，完善数字经济布局。过去的商业模式，是由企业到消费者，即企业生产什么决定了消费者可购买什么，但未来有可能通过供应链改造，通过大数据将消费者的需求传递给企业，实现消费者的逆向定制。这一过程对于企业的业务模式和流程，都将带来颠覆式的改变。只有把供给侧的各个层级逐步数字化以后，整个产业链才能完全被打通，整个数字经济才完整，因此新零售要在农村打开市场，供给侧改革势在必行。

二是云计算帮助打破各个网点间的数据孤岛。云、网、端构建起的"互联网＋"下的新社会基础设施，为农村新零售准备了必要的条件。云计算帮助零售商打破各个网点之间的数据孤岛，实现线上、线下数据统一汇集，当线上线下数据被有效打通后，通过大数据分析可以获取当前的消费热点、消费趋势,全面了解消费者的消费需求。获取这些信息后,生产者可以按需生产,零售商可以精准营销。总而言之,新零售在大数据和云计算等新兴技术的支持下,商品流通的效率将大幅提升、商品流通的成本也会不断降低。

三是物联网是新零售产业闭环最后的关键点。所谓物联网,即所有的物品都会链接到互联网,通过联网,供应者可以实时查询、远程监控,并且透过智能管理的方式进行多项操作,具有"感知、可靠传递及智能处理"的三大特征。物联网可以借助传感器融合、人脸识别、语音识别等技术在实体店为消费者提供智能导购服务,还可以收集消费者的消费行为数据,最后将线下采集的数据和线上数据结合起来作为零售大数据。

2019年将是零售界数字化转型的关键时期,新零售浪潮席卷大半个市场,新的科技和应用正在重塑着整个零售行业。区别与以往任何一次零售变革,新零售将通过数据与商业逻辑的深度结合,真正实现消费方式逆向牵引生产变革。而在农产品流通领域,新技术与数字化的推动进入了全渠道时代,SaaS应用以及互联网技术能够显著提升农业产业链的整体效率,即使供应侧农贸市场处于分散的状态,移动互联网仍然能够更好地收集订单,推动订单采购的规则化,实现农业产业企业化运营。在流通领域,以零售云为代表的新兴零售业态在工业品下行和农产品上行方面独具优势,成为"互联网+"赋能乡镇实体经济的典型案例,对引领开启农村地区消费升级起到积极的推进作用。

三 农村电商发展的机遇与挑战

(一)乡村振兴战略为农村电商发展带来机遇

受制于制度安排的不完善,中国城乡经济在发展的过程中呈现出明显的"二元"结构特征。其不仅表现在城乡居民收入的非均衡增长，也表现在城乡居民在诸如公共医疗、教育、养老等方面的巨大差异，从而造成了全面小康社会建设进程中的城乡分化。在此背景下，我们认为，随着全面小康社会建设的推进，城乡一体化、城乡统筹发展等战略将是未来政府施政的主体思路，而作为实现该目标短板的农村地区将获得更多的政策支持。特别是在国家正着力推进的"精准扶贫""互联网＋"等战略下，农村地区或将迎来发展的机遇期，城乡要素流动加速，更多的新经济业态将在农村出现。最终，随着农民收入的提高，农村消费市场有望扩大，农村电商的发展成为乡村振兴战略的一个重要抓手，如何在乡村振兴战略中寻求新机遇就成为"农村电商"发展的关键点。

（二）农村电商模式向多元化发展

以"熟人经济"为基础，结合互联网思维的模式，是农村新零售的基础模式。不同于电商在城市的 B2B、B2C 等商业发展模式，在农村市场以拼多多为代表的多个大型电商平台借助社交平台，积极抢占新兴市场，形成了社交拼团、内容导购、分销裂变、社交团购等多种商业模式，不断满足多元化消费需求。社交电商从早期的微商模式不断创新，从 2018 年起，随着流量逻辑、支付系统以及技术驱动的改变，以微商、网红直播、朋友圈等为代表的社交电商、小程序、短视频等电子商务新业态、新动能取得快速发展。拼多多等社交电商平台借助社交平台中的低成本流量快速扩张；快手、抖音等直播电商平台依靠消费与娱乐带来的流量黏性不断探索新的流量—电商导流模式；云集微店则采用电商社交模式，集中在农村挖掘优秀农产品资源。根据艾瑞咨询的统计数据，2018 年我国社交电商月活跃用户量达到 1.7 亿人，有效满足了消费者多层次、多样化的需求，在激发农村地区消费潜力方面发挥了重要作用。

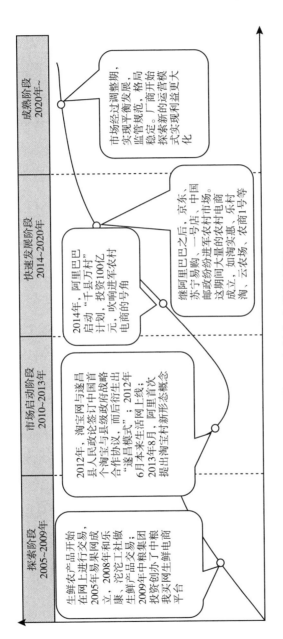

图1 农村电商发展历程

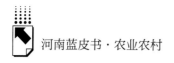

（三）巨头频繁布局，新零售掀开农村电商新篇章

2013 年以前，由于农村网络基础环境的限制，以及民生基础设施不够完善，我国农村电商行业发展比较缓慢。2014 年，阿里巴巴启动了"千县万村"计划，投资 100 亿元，通过与各地政府合作，利用电子商务平台优势，突破物流、信息流瓶颈，构建起了"工业品下乡"和"农产品入城"的双向流通体系，吹响进军农村市场的号角，农村电商成为市场的热点。随后，各类农村电商平台相继诞生，产业资源快速涌入，农村电商进入快速发展阶段。2017～2018年，农村电商新业态、新模式层出不穷，各大电商巨头纷纷布局农村新零售，从线上线下竞争到线上线下融合，不断挖掘新的消费场景，并引导着新的消费热点形成。平台企业不仅为农村带去了一整套生态开发体系，更为农村提供电商孵化、物流、金融支持、科技支撑、人才培训等多项服务，农村电商进入全新发展阶段。2018 年起，阿里巴巴集团向五星控股集团旗下的农村电商汇通达战略投资45 亿元人民币，致力于探索一条"互联网 + 农村流通"的创新道路。另一电商主力军京东也采用招募农村代理人的方式发展农村电商，制定了工业品进农村、农村金融、生鲜电商三大乡村电子商发展战略；中国邮政更是利用邮政网点覆盖渗透了中国大部分农村的优势，投入"邮掌柜"系统来发展农村电商；另外苏宁等其他电商提出了零售云计划，将县乡镇零售商作为转变的赋能对象，也早早在农村新零售领域播下种子。

（四）小型涉农企业在农村新零售产业链条上也存在崛起机会

新零售背景下，各行业的巨头纷纷扎堆农村新零售，他们在农村的布局带来了很强的溢出效应，培养了城市居民网上购买农产品、农村居民网上销售农产品的习惯，带来了农村新零售产业的商机。2018年9月25日，专注于农村物流的综合物流提供商村鸟天使轮就获得2亿元融资，足以窥见农村新零售领域市场的巨大潜力。除了综合物流外，由于农村电商链条的基础设施比较薄弱，其他与阿里巴巴、京东、拼多多等进行战略合作的企业，将会直接受益于三大电商农村电商业务的爆发式增长，相关垂直领域比如无人机配送等也大有可为，大疆、极飞就相继宣布进入农村市场。所以，小型企业在农村新零售链条上同样存在崛起机会。

（五）配套设施尚未完备，电商优势尚未完全发挥

以物流、网络为代表的配套设施的尚未完备最终决定了农村电商市场的发展尚未达到比较成熟的阶段。优化现有农村市场的配套设施，从而促进电商的发展成为未来一段时间亟待解决的主要难题。

电商的一系列配套设施在农村市场还处于相对初级的阶段，这就导致电商的优势无法得到完全发挥。以物流为例，尽管当前很多物流企业声称覆盖了相对偏远的农村地区，但是真正将商品送到用户手中所需的时间依然比城市多很多。快递网点的贫瘠、运输效率的低下依然是困扰农村电商发展的主要障碍。当快速不快成为现实，电商对于农村市场用户的吸引力便大大下降。

除了物流之外，农村网络设施的配套尚未完善同样也是困扰农村电商发展的主要原因。尽管很多地方实现了网络村村通，但是当下的农村网速依然处于相对低阶的水平。很多电商平台举行的抢购、抢红包等营销活动对于农村用户来讲并不具备太大的吸引力。网络效率低下决定了他们无法获得这些营销活动的实惠，他们的参与积极性自然会降低。

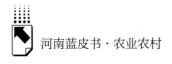

四 新零售业态下河南农村电商发展的对策建议

在电商转向新零售的当下，农村电商的发展正处于一个蓬勃发展的新时代。当下农村与城市二元结构依然没有得到改变，相对于城市发展的成熟与完善，农村市场更像一块尚未开垦的处女地。另外，农村市场的规模庞大，再加上农民消费方式的逐步转变，农村市场上的电商依然有很大的发展空间。未来随着电商平台对农村市场的布局不断增多，农村市场将会有更大的消费潜力被释放。2018 年，河南省电子商务交易额 15048 亿元，同比增长 20.0%；网络零售额 3203 亿元，同比增长 28.4%。2018 年乡村市场零售额 3965 亿元，同比增长 11.2%；城镇市场零售额 16629.04 亿元，同比增长 10.0%，乡村市场零售额增速高于城镇市场 1.2 个百分点；乡村市场零售额占社会消费品零售额比重 19.3%，比上年提高 0.9 个百分点，可以预测在不久的将来河南农村市场的电商发展将会开启一个全新的发展阶段。那么在农村电商蓬勃发展的大趋势下，到底如何发展才能真正实现突破性增长呢？

（一）进一步健全服务体系，打造闭环农村电商生态体系

河南尽管在农村电子商务服务模式和服务主体上积极创新，但总的来说还存在服务质量参差不齐、电子化程度偏低、信息管理缺位等问题。所以，进一步健全服务体系、打造闭环农村电商生态体系是未来发展的重点。

1. 新零售服务商重塑高效流通链

完整的农村电商业务闭环应该包括：采集、营销、物流、仓储等业务的碎片化，整合服务商，提供电商平台＋CRM＋ERP＋WMS＋TMS 一体化解决方案。搭建信息链：信息的有效性＋通道的顺畅

性+链条的完整性；打造供应链：聚合优质产品+理顺供应保障+扩大销售市场；整合产业链：生产端的标准化规模化+流通环节的效率化+零售端的多样化；形成价值链：农产品的品牌效应+流通环节的集约效应+零售商的服务创新。

2. 打造闭环农村电商生态体系

社交手段引流：借力社交化电商手段把握移动社交平台这个最重要的流量入口，助力商城引流，降低流量成本；全渠道营销：PC、微信、App……建立全渠道营销互动平台；大数据驱动：通过对大量交易数据和用户的挖掘，充分了解消费、了解市场，为农业企业的优化升级提供支撑。

3. 完善农村电商服务体系，助力农村电商发展

随着农村电子商务的发展，农村对搭建电商网站的服务性需求也会增加，从而带来了电商网站服务商新的发展机会。

（二）构建完善的双向物流体系

所谓新零售，就是在互联网技术升级与消费者需求升级等大环境下产业的线上与线下融合发展的新业态。但面对农村本身地广人稀、分布零散的特点，农村物流的"最后一公里"难题仍然是快递下乡、电商下沉的一大难点。可以这样说，打造完善的农村物流体系成为各大电商平台争夺农村市场至关重要的因素。只有通过对农村、农民，特别是农村商业流通的深入分析，在农村新零售模式上开拓创新，将互联网等技术与传统零售、物流深度融合，重构原有生态，突破传统农村流通的经济增长模式，农村新零售优势才会爆发出巨大能量。

1. 打造"消费品下乡"与"农产品上行"的城乡双向物流体系

形成物流、信息流、资金流的有机循环，农村物流"最后一公里"逐渐被打通，农村电商也从过去关注工业品下行逐渐转移到了

注重农产品上行，农村居民可利用电商平台，销售本地特色农产品，建立可持续发展的农村商业模式，切实解决老百姓卖粮难、卖菜难和卖果难问题。

2. 变现现有农资渠道

农资生产商联手电商企业，推进中小城市互联网生活平台战略，完善农村物流体系，构建农村电商新模式。农资生产商依托一线电商平台可以将产品销往全国，电商平台可借农资生产商丰富平台内容，形成线上业务优势互补；一线电商平台指导乡镇实体体验店承接优质工业品下乡服务，并进一步丰富线下县、乡级体验店内容支撑和电商体验，为各大电商扩大农村物流体系，形成线上线下优势互补，利益协同。

（三）加强本地企业的"电商化"，培育本地电商平台

农村新零售要实现双向功能，建设周期长。新零售需要打通数据、供应链、仓储物流、服务营销等环节，在城市落地也需要较大工程量。而到农村，还要增加将农副产品送上食品产业链由下至上的通道，更加增加了农村新零售的建设成本。所以推进本地农产品企业电商化和培育本地电商平台需要大量企业、平台、创业者、农民共同参与。

（四）通过聚焦单品促进河南省农村电商的发展

产业是农村经济发展的"命脉"，而超级单品策略则是互联网时代农产品上行的突破点。聚焦单品不仅是指在电商平台上销售单品本身，更重要的是要聚合整个单品的上下游行业，聚合种植、农药、包装、纸箱、农产品深加工等多个行业，形成新的"区域的特色单品聚合集团"，利用供应链、大数据等优势，产生新的"价值"、新的"增量"。

（五）塑造地域品牌，提高品牌传播力

品牌化是农产品的一大机遇。对于农业生产者来说，品牌代表着高溢价；对于流通领域而言，品牌代表稳定的采购货源；从消费者的角度来看，品牌代表优质、安全、健康，以及美好的生活享受。打造知名的农产品品牌，实现某一品类、某一品种、某一市场的成功占位，能够造福全产业链。打造省域、县域特色单品品牌，提高产品附加值，是增加农村居民收入的重要手段。目前河南省在电商平台上叫得响的品牌如宁陵县蒜薹，西峡的香菇、猕猴桃，信阳毛尖，新郑大枣，温县铁棍山药、怀姜，南阳黄牛等品牌的高溢价性不仅能够给予这些单品更高的附加值，打响了县域特色名牌，更能进一步带动一二三产业综合发展。当然在培养特色市场品牌是要力求避免"公地悲剧"。

在消费升级的背景下，消费者的消费结构和需求都产生了巨大的变化，新零售、智慧零售等创新业态的出现。相信未来会有更多与农村淘宝、天猫优品服务站相似的线上、线下平台深入到河南农村消费市场，并通过供应链配送和数据服务体系的完善，整体打造农村消费产业链闭环，带动农村新零售加速升级。

参考文献

赵振杰：《新业态带动消费显著增长》，《河南日报》2019 年 1 月 29 日。

李鸣涛：《农村电商发展进入转折点 未来将呈现四大发展趋势》，《中国食品》2018 年 11 月 1 日。

郭航：《2018 年全国网上零售额突破 9 万亿元》，《中国产经新闻》2019 年 2 月 22 日。

蒋雅丽：《"新零售"高歌猛进，电信运营商该如何着力》，《通信世

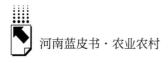

界》2018年9月5日。

李淼：《新零售：电子商务与传统零售的融合共赢》，《中国战略新兴产业》2017年第5期。

艾瑞咨询：《中国零售新物种研究报告》，《艾瑞咨询系列研究报告》2018年第5期。

阿里研究院：《消费者中心时代到来》，http：//finance.eastm，2017年3月12日。

阿里研究院：《34张图看清到底什么是新零售》，微口网，http：//www.vccoo.com，2017年3月11日。

李国英：《农村电子商务模式创新及发展路径研究》，《全国流通经济》2017年第8期。

陈念东：《县域电子商务发展的路径思考——以福建省连城县为例》，《福建农林大学学报》（哲学社会科学版）2016年第9期。

李元申：《电商背景下零售渠道博弈研究》，硕士学位论文，南京审计大学，2018。

张亚奇：《乡村振兴战略下的农村电商》，《山西日报》2018年6月5日。

冯其予：《去年全国网上零售额超九万亿元》，《经济日报》2019年2月22日。

主体培育篇

Main Body Cultivation

B.8

河南推进小农户与现代农业发展有机衔接的思路与机制创新研究

刘依杭*

摘　要： 随着工业化城镇化的快速发展，河南小农发展面临诸
多挑战。改变传统的小农经营并将其与现代农业结合
起来显得尤为重要。目前的主流观点认为，实现小农
户和现代农业发展有机衔接的根本途径是提高小农户
组织化程度，扩大经营规模，但实际经验表明，通过
提高小农组织化、合作化程度来实现小农户和现代农
业发展有机衔接面临诸多困难，其规模经营的扩大面
临着巨大条件约束。因此，寻求小农户和现代农业有

＊ 刘依杭，河南省社会科学院农村发展研究所助理研究员，主要研究方向为区域经济、农村经济。

机衔接的新思路和新路径显得尤为迫切。本文从现代农业内涵发展的角度出发，从国内资源禀赋、农产品消费需求等方面探讨了河南小农户和现代农业发展有机衔接的新路径。在此基础上，提出应在路径选择、机制创新、保障措施等方面采取措施促进河南小农户和现代农业发展的有机衔接。

关键词： 小农户　现代农业　农业社会化

小农户作为农业生产经营的基本单位和重要主体，其面临的局限也是当前河南农业现代化进程中最主要的短板。回顾河南农业经营发展过程，小农户具有抗风险能力强、土地产出率高、监管成本低的优势。与此同时，小农的普遍存在是河南农村社会维系的基础。因此，小农仍然具有强大的生命力。此外，人多地少的资源特征也决定了河南未来农业经营不能完全被大规模经营所取代。可以看出，在农业现代化进程中，小农的存在既有其必要性，也有必然性。但仍需注意的是，随着工业化城镇化的快速发展，河南小农发展面临着诸多实际挑战，如：农村土地承包权不稳定、新型农业经营主体与小农户的利益联结机制不完善、面向小农户的农业社会化服务体系建设滞后等。与此同时，在日益开放的市场格局下，农业生产要素价格的快速上涨导致农业生产成本增加，小农经营的价格竞争力优势逐渐丧失。因此，转变传统小农经营，促进小农户的真正优势与现代农业相结合，提高竞争力水平就显得尤为迫切。在此背景下，党的十九大报告和中央一号文件明确提出，"实现小农与现代农业发展的有机联系"，这意味着小农经济的转型发展对推动农业农村现代化具有重要意义。

一　小农户与现代农业发展有机衔接的新思路

目前，国内外学者普遍认为，实现小农户与现代农业发展有机衔接的主要方式是通过合作提升小农的组织化程度，扩大经营规模。具体而言，主要通过建立农业合作社和其他组织化方式，实现小农自身的融合，支持鼓励农业龙头企业带动小农户发展。但是现阶段河南农产品供需条件已发生变化，且在地方和部门追求政绩的背景下，河南农业组织化、产业化发展面临着诸多现实问题。首先，就农业合作社而言，在规范合作社中，大部分合作社组织架构都不稳定，缺乏灵活的分红机制，不能真正发挥合作社组织的作用。其次，在"龙头企业＋农户"方面，由于企业和小农间的利益不完全一致，双方都有机会主义的倾向，利益联结机制松散，而且在现阶段一些农产品供过于求的背景下，农业龙头企业有更多的发言权，小农的利益难以得到保障。基于以上分析可以看出，在现阶段通过提高农业组织化程度，难以促进小农户与现代农业发展的有机衔接。与此同时，河南各地区条件的差异化也决定了小农户对接现代农业的路径不能一概而论。需要重新回归现代农业的概念内涵上来，为小农户与现代农业发展有机衔接寻求新的思路。

现代农业已经突破了传统的种养殖业范畴。它是一个完整的产业体系，包括种养殖业（产中）和相关的投入部门（产前）及加工、流通、餐饮服务（产后）。该系统是一个涉农的产业链系统，整合了第一产业和相关的第二、第三产业，并利用农业的多种功能来满足人们不断变化的需求。与此同时，我国社会主要矛盾已转化为人民日益增长的美好生活需要和不平衡不充分的发展之间的矛盾。面对现代农业内涵和国内主要矛盾的重大变化，河南小农户和现代农业发展的有机衔接必须，也有可能走出新的路径。

现代农业的新内涵以及国内主要矛盾的重大变化表明，小农户无法仅仅依靠产品功能的竞争就走向现代农业的道路，在广泛使用的新技术使农产品生产更加标准化的当下，小农户很难在成本、价格方面获得竞争优势。小农户需要立足现代农业的视角，拓宽经营思路，充分挖掘现代农业的多种功能、多重价值，实施差异化竞争战略，依靠产品质量和产品功能提高竞争力，也就是说从简单地"拼成本、拼价格"转化为更高层次的"拼质量、拼功能"。所谓农产品质量竞争力就是让消费者感受到国内农产品品质明显优于进口，让消费者愿意为国产农产品支付更高的价格，通过消费者的信任溢价来为小规模农业争取生存空间。所谓农产品功能竞争力，就是在发掘和利用农产品功能的过程中，进一步拓展休闲观光、生态涵养、文化传承、健康养护等综合功能，使消费者获得多重价值。

农产品具有"均质化程度高、便于储藏和运输"的特点，大宗农产品的资源禀赋结构决定了区域产业和产业结构的形成与发展；而通过功能创新，农产品附加了生态旅游观光及参与体验等功能，具有"均质化程度低、空间不可移动性"的特点，其竞争力主要取决于特色文化创新和地域环境。因此，将休闲养生、科普教育、康体运动等新元素与农产品相融合，是实现小规模农业生产与现代化生产对接的必由之路，也是"小农户与现代农业发展有机衔接"的必然选择。因此，通过一二三产业融合，延伸和拓宽农业相关产业链，发挥农业的多种功能，增强农业的多重价值，成为小农户走向现代化道路的内在必然要求。

二 小农户与现代农业发展有机衔接的现实机遇

（一）丰富的自然资源

河南东西长约580公里，南北长约550公里，全省土地面积16.7万平方公里，其东西地势高低悬殊的多样地貌类型和地域性差异性强的特点，为河南农业发展多种经营提供了良好的自然条件。同时，在气候方面，河南地处温带与亚热带地区，属于湿润半湿润的季风气候，全省年平均气温一般为 12～16 摄氏度，气温年较差、日较差较大，为河南农业发展多种经营提供了有利的气象保障。

（二）多样化、高级化的农产品消费需求

随着经济发展，居民收入水平不断提高，居民对农产品的需求日益多样化，并向高附加值、高品质化、便利化转变，同时对农业兼具多种功能的需求也越来越大。有关数据显示，随着居民生活水平的不断提高和人们消费观念的转变，膳食消费的主体正从粮食、蔬菜等高碳水化合物的食物转向畜产品、水产品等高蛋白食物。与此同时，随着收入的增长，人们越来越重视农业的生态功能、文化功能和休闲功能，尤其是城市消费群体对乡村旅游和休闲观光的体验消费，呈现出突飞猛进的增长态势。

（三）新型农业经营主体蓬勃发展

河南在生产性服务业联结小农户方面具有诸多优势，其联结常常以"农业产业化龙头企业 + 农民专业合作社 + 小农户"的模式进行。一是能有效解决农产品销售中小农户与大市场之间存在的矛盾；二是能有效解决小农户在市场化进程中竞争力弱、经营效益不高等难题，提高劳动效率和产品生产标准化、专业化程度；三是能有效解决小农户生产效率低、资金获取难、交易成本高、农业收入低等难题。据统计，2016 年，河南省有农业产业化企业 7.16 万个，实现营业收入 11426 亿元，实现利润总额 1852 亿元[1]。以农民专业合作社、家庭农

---

① 河南省人民政府办公厅：《河南省"十三五"现代农业发展规划》，https：//www.henan.gov.cn/2017/02－20/248768.html。

场和农业龙头企业为代表的新型农业经营主体呈现良好的发展势头，不仅为农产品供给稳定增长提供了强有力支撑，而且在一定程度上重构了以小农户为主的基本经营方式。

（四）相对完善的农业社会化服务体系

为了正确处理好小农户与适度规模经营之间的关系以及将小农户引入现代农业发展轨道，近年来，河南结合"三农"实际进行了积极探索，并采取了一系列积极举措，在不改变农业经营主体地位和不违背农民意愿，坚持农村土地集体所有的前提下，加快形成以农户家庭为基础、合作与联系为纽带的新型农业社会化服务体系，推进了区域农业规模化产业化经营，提高了现代农业水平。通过互换并地、土地托管和联耕联种等规模化服务方式，为新型农业经营主体奠定了基础，河南小农户总体上已被引入现代农业发展轨道。据统计，2016年，河南农业科技进步贡献率达到57.8%，主要农作物良种基本实现全面覆盖，耕种收综合机械化水平达到79.1%，农田有效灌溉面积占比超过64%，农业物质技术装备水平显著提升①。

综上所述，丰富的自然资源，多样化、高级化的农产品消费需求、蓬勃发展的新型农业经营主体和以"专业化服务队 + 农户""农业经济技术部门 + 龙头企业 + 农户"等多种新型农业社会化服务模式，为河南造就农业产业化人才队伍，形成多元化的农业社会化服务格局提供了有利条件。通过一二三产融合来提升小规模农业竞争力是可行的，这是农业外部环境和内在动力发生深刻变化下河南提升农业竞争力的必然选择，也是促进小农户和现代农业发展有机衔接的重要举措。

---

① 河南省人民政府办公厅：《河南省人民政府办公厅关于印发河南省高校种养业和绿色食品业转型升级行动方案的通知》，http：//www.haagri.gov.cn/portal/news/viewContent.html？id = 16361。

三 小农户与现代农业发展有机衔接的主要问题

综上所述，河南在面对现有机遇的情况下，已极大地促进了小农户与现代农业发展的有机衔接。但在推进过程中还存在一些值得关注的问题，如农村土地承包权不稳定、小农户与新型农业经营主体利益联结不紧密、面向小农户农业社会化服务体系建设滞后等，进而亟须关注和探讨解决。

（一）农村土地承包权不稳定

在确保"三权分置"有序实施和坚持农村土地集体所有的前提下，村组集体拥有土地所有权，其权利行使主要体现在农村土地的发包、收回、调整、监督使用等方面。农民拥有土地的承包权，可以自主经营，在农民承包土地不流转的情况下，小农户是土地承包经营权流转的主体。当农民将家庭承包土地经营使用权转让给其他农户或经济组织后，小农户拥有土地承包权，流入者获得土地经营权。但是，由于村集体是农村土地的所有者，并且有权代表集体行使对农村土地的权力，农民对土地的承包可能因各种原因进行调整和收回。从这个意义上说，农民的土地承包权具有内在不稳定性，容易发生纠纷。如有些地方以行使土地管理权或发展村集体经济的名义把农民所承包的土地收回、占有、使用；有些地方的村集体擅自收回或者调整承包地后，以集体的名义再进行转租或擅自发包，实际上还是以农户为主体的小规模零碎分散经营。这将导致土地承包权的不稳定，进而剥夺了农民对土地的长期使用权，降低了农民对土地生产性投资的积极性，并且直接影响了农户流转土地经营权的主观意愿，从而阻碍了小农户和现代农业发展有机衔接。

（二）小农户与新型农业经营主体利益联结不紧密

实践证明，发挥新型农业经营主体能有效带动小农户和现代农业发展有机衔。但当前的突出问题是小农户与新型农业经营主体利益联结不紧密，使小农户不能较好地分享现代农业发展成果。在以公司和合作组织为中介实现的纵向一体化，即"公司＋农户""农业专业合作组织＋农户"为典型的农业产业化经营模式中，由于小农户在市场竞争中处于不利地位，分散经营、组织化程度低、缺乏市场竞争力和谈判能力，难以适应市场并共享公司发展利益。公司在亏本时违约情况屡见不鲜，小农户的利益得不到有效保障。此外，河南农民专业合作社普遍面临着规模小、带动能力弱的问题。近几年，农民专业合作社像雨后春笋般大量涌现，但有许多合作社是没公章、没组织机构代码证的"空壳社""挂牌社""家庭社"，虽然土地不再由原承包人耕种，但农户与合作社之间并未形成利益共同体的关系。因此，这些挂牌或冒牌合作社作为小农户和现代农业发展有机衔接的承接载体，就很难产生较好的效果，反而会带来很多问题。

（三）面向小农户的农业社会化服务体系建设滞后

近年来，河南各地农业社会化服务组织发展迅猛，总量不断提升，在为农服务、带农入市、助农增收等方面发挥了积极作用。但当前面向小农开展的社会化服务主体依然较少，服务体系仍然十分落后，阻碍了小农户和现代农业发展的有机衔接。特别是在小农生产比例较大的山区，农业社会化服务体系建设严重滞后。一般而言，面向小农开展的社会化服务主要依靠乡村个体农资经销商、个体农机手、农产品经纪人等提供的私人服务。从农业服务领域来看，私人服务主要提供农技服务、农资供应、病虫防治等生产中的基础服务，而小农生产急需的农产品收储、农产品产地初加工、农业保险等产后服务还比较缺乏。在这种情况下，大量小农户仍然游离于政府以及新型服务经营主体的农业社会化服务体系之外，依靠不对称的信息参与市场竞争，面临诸多市场的不确定性和风险。

四　小农户与现代农业发展有机衔接的机制创新

上述分析表明，农村一二三产业融合发展是河南农业发展的内在必然要求，也是"小农户与现代农业发展有机衔接"的必然选择。那么，如何更好地实现农村一二三产融合发展？本文将做进一步分析。

（一）路径选择

农业具有产品供应、文化传承、教育体验、水土保持、生态景观、休闲观光、健康养护等多种功能。农村一二三产业融合就是开发农业的多种功能，并通过标准化和品牌化实现多重价值，不断开发新产业和新业态，以满足不断增长的消费者对美好生活的需求。其核心是通过农村一二三产业融合发展实现农业产业链的纵向延伸和农业农村多功能的横向拓展。目前，也可以归纳为"农 + 旅"的产业发展模式。

所谓"农"是指农业生产功能，是农业产业链的纵向延伸，如种养结合、清洁生产、优质安全、分类分级、加工增值、储藏保鲜、包装运输、品牌升级、流通贸易、物流配送等。具体而言，包括种养殖业内各部门间的融合以及种养殖业各部门与农业相关的第二产业的融合。一是养殖业内各部门间的融合，如种植业和养殖业相结合。这种融合是将种养殖业的一些环节或各个环节联结起来，形成农业资源的循环利用，最终实现农业一体化发展。该模式不仅保护了农业生态环境，而且降低了农业生产成本。二是种养殖业的各个部门与农业相关的第二产业的融合。也就是以农业为中心，向前延伸到生产资料供应，与农业生产相联结，向后延伸到农业生产，与农产品加工和销售相结合，形成集生产资料供应、农业生产、农产品加工销售于一体的产业系统。该模式降低了生产成本，并创建了自己独特的供应链。

所谓"旅"，是指农业的产品功能，是农业和农村多功能的横向拓展，如文化传承、采摘体验、水土保持、生态景观、休闲观光、餐饮美食、科普教育、健康养护等。具体而言，包括种养殖业的各个部门与有关农业的第三产业的两两融合以及种养殖业作为第一产业部门与相关的第二产业、第三产业各部门之间的跨三大产业融合。一是种养殖业的各个部门与有关农业的第三产业的两两融合。即发展"农业＋"模式，如农业与采摘体验、生态景观、休闲观光、教育科普、文化传承、健康养护等的融合。该模式拓展了农业的功能，从简单的销售产品转化为销售文化、销售旅游、销售体验等，并将农业与生态、文化、旅游等元素完美融合。二是作为种养殖业的第一产业与相关的第二产业、第三产业各部门之间的跨三大产业融合。近年来，随着信息技术的发展，农业与二三产业的界限越来越模糊，特别是"互联网＋"时代的到来，大大缩短了供需双方的距离，使网络化营销、在线租赁和托管等新业务新模式得到迅速发展。

（二）机制创新

河南作为农业大省，地域差异多样，现代农业产业融合发展没有固定的机制。农村一二三产业融合已探索出"五多"策略，具体而言就是呈现出多模式推进、多主体参与、多机制联结、多要素整合、多业态打造的多元化融合。

一是多模式推进。在产业融合过程中，要坚持多模式发展，发展多元化农业，满足不同消费主体对农业的需求。二是多主体参与。不同的新型农业经营主体具有不同的定位和功能，他们都有自己的发展空间，要支持能够让农民分享二三产业增值收益的新型经营主体。三是多机制联结。引导各类融合主体与农民建立紧密的利益联结关系，促进价值链分配的重心向上游农户倾斜，将产业链的主体建设成为风险共担、利益共享、命运与共的共同体。四是多要素整合。将农业发展从单纯依靠土地、劳动力和投入等传统要素转变为形成以技术、资本、人才、信息、企业家等深度融合的各种新要素协同发力上来。五是打造多业态格局。发挥农产品加工、休闲农业、电子商务、乡村旅游等新业态新模式的主导作用，促进农业产业链融合，实现产业链一体化。同时，通过建立农产品品牌以提升价值，并利用休闲旅游、消费体验、直销直供和个性化定制等服务，使产业链前后相连、上下一体，形成一个产业集群。

（三）保障措施

为顺利实现上述目标，还需要采取以下保障措施。

首先，要坚持因地制宜、因产制宜的原则选择发展模式。河南的自然环境多种多样，各地区的资源禀赋也存在差异。在多模式推进产业整合的过程中，要坚持以适应当地条件和适应生产条件的原则，探索农业内部融合、产业链延伸、技术渗透、功能拓展及复合型融合等新模式。从而形成可供推广的经验。

其次，要加强对各类新型农业经营主体的培育和规范。新型农业经营主体具有不同的定位和功能，他们都有自己的优势和发展空间，而且河南人口众多，各地农业的可持续发展能力和水平差异较大，适合培育以农民为主体的具有较好适应性的混合型、多样化农业经营主体。具体而言，就是培育和发展农业的"新四军"，包括职业农民和农业科技人员的"务农大军"、大学生"创业军"、具有农业情感的"返乡大军"、与农业相关联的"商业大军"等。一般来说，在具备实现规模化经营条件的地区，可以在农地确权颁证的基础上，通过促

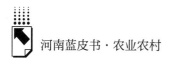

进股份合作、职业农民培训、完善社会服务等方式培育农业新型经营主体；而对于不具备现实规模化经营的地区，可以开发多种复合型的经营主体。

再次，要壮大新产业新业态，延伸拓宽农业产业链，提升农业附加值。随着经济的发展和居民收入水平的提高，人们对农产品的需求日益向多样化、高附加值、高品质转变。与此同时，对农业生态功能、教育功能和休闲功能的需求也在迅速增加，新产业新业态和拓宽涉农产业价值链已成为当前的要求。一是要积极推动乡村旅游业的发展。借助"生态＋"和"旅游＋"模式，充分利用乡村各类物质和非物质资源的独特优势，促进农林业与教育、文化、旅游、康养等产业更高水平的融合。二是要促进农村电子商务的发展。充分发挥电商企业的平台优势，促进新型农业经营主体与农产品加工流通企业的融合，实现线上线下的共同发展。

最后，要调整和完善农业扶持政策。河南对农业的支持主要是改善农民生计和对农业正外部性的补偿，是具有生计型和补偿性的支持，在当前时代发展背景之下仍然非常重要。但在具体实施管理的过程中，应逐步过渡到以依靠市场化调控为主的路上来，调整完善农业扶持政策，支持农业可持续发展。河南应更加重视对农业生产性基础设施、农村生活基础设施、生态环境建设、农村社会发展基础设施四个大类的支持，减少"挂钩"扶持补贴，增加一般服务支持等在农业支持总量中的比例。

参考文献

周立、陈明星：《河南农业农村发展报告（2018）》，社会科学文献出版社，2018。

崔宏志、刘亚辉:《我国小农户与现代农业发展有机衔接的相关政策、存在问题及对策》,《中国社会科学院研究生院学报》2018 年第 5 期。

刘依杭:《新时代构建我国现代农业产业体系的若干思考》,《中州学刊》2018 年第 5 期。

苑鹏:《小农户如何实现与现代农业的有机衔接?》,《农村经营管理》2018 年第 10 期。

张宏宇:《实现小农户和现代农业发展有机衔接》,《农民日报》2017 年 11 月 21 日。

王力、叶海韵:《小农户和现代农业发展有机衔接探讨》,《金陵科技学院学报》(社会科学版)2018 年 1 月。

田春丽、王喜枝:《河南省现代农业发展成就及存在问题分析》,《河南农业》2017 年第 24 期。

孔祥智:《健全农业社会化服务体系 实现小农户和现代农业发展有机衔接》,《农业经济与管理》2017 年第 5 期。

B.9
河南农民工返乡创业助推乡村振兴的发展态势分析

侯红昌*

摘　要： 鼓励和支持农民工等人员返乡下乡创业，是助力脱贫攻坚、促进县域经济发展和乡村振兴的重要手段。近年来，随着全省推动返乡下乡创业的深入开展，支持返乡下乡创业的政策措施逐步完善，创业服务体系不断健全，示范带动作用不断增强，返乡下乡创业工作不断取得新进展，呈现良好发展态势，但同时仍然面临诸如返创项目低端同质、平台支持较弱、政策还有提升空间等的瓶颈和挑战。因此，必须从完善政策的服务力度、加大资金投入力度、强化平台支撑力度和加大技术培训和引导等方面着手，进一步推动农民工返乡创业工作。

关键词： 农民工　返乡创业　乡村振兴

解决"三农"问题始终是全党工作的重中之重，中央农村工作会议指出，坚持农业农村优先发展，牢牢把握稳中求进总基调。国务院明确，进一步支持返乡下乡创业，推动更多人才、技术、资本等资

---

* 侯红昌，男，河南省社会科学院农村发展研究所副研究员，研究方向为区域经济。

源要素向农村汇聚，激活农村资源要素，推动农村产业兴旺发展。河南省委省政府把鼓励和支持农民工等人员返乡下乡创业作为助力脱贫攻坚、促进县域经济发展和乡村振兴的重要手段。近年来，随着全省推动返乡下乡创业深入开展，支持返乡下乡创业的政策措施逐步完善，创业服务体系不断健全，示范带动作用不断增强，返乡下乡创业工作不断取得新进展，呈现良好发展态势。

一 河南促进农民工返乡创业的主要做法

河南是农民工大省，全省农村劳动力转移就业总量达到 2939 万人。截至 2018 年 11 月底，新增农民工返乡创业 22.45 万人，带动就业 219.89 万人；农民工返乡创业累计 123.4 万人，累计带动就业 774.42 万人。通过把支持农民工返乡创业作为河南推进乡村振兴的重要举措，河南取得了可喜成效。

（一）建立有效的工作推进机制

一是建立了高规格的工作领导小组。省委省政府高度重视农民工返乡创业工作，成立了以省长为组长的"省推进农民工返乡创业工作领导小组"，提出到 2020 年扶持农民工返乡创业 100 万人，带动就业 1000 万人的目标。同时，各地也成立了政府主要领导任组长的领导机构，形成政府主导、部门协同、省市县三级联动的工作格局。二是建立了一系列全省政策支持体系。省政府印发了《关于支持农民工返乡创业的实施意见》《关于支持返乡下乡人员创业创新促进农村一二三产业融合发展的实施意见》《河南省农民工返乡创业示范县评审认定办法》等，明确了建立健全创业服务、创业政策、创业保障的"三个体系"，在法制环境方面，出台了《服务保障农民工返乡创业工作的意见》。在资金支持方面，出台了《财政支持农民工返乡创业20条政策措施》和《河南省农民工返乡创业投资基金管理办法》等。三是推动各市县结合当地实际，制定出台一批操作性强、含金量高的具体政策文件。初步形成了省、市、县三个层级的扶持农民工返乡创业的政策支撑体系。

（二）建立多种资金扶助支持体系

一是逐步建立返乡创业投资基金。省财政通过整合就业补助等专项资金，吸引社会资本参与设立"农民工返乡创业投资基金"，省级母基金设计总规模100亿元，首期50亿元已经到位，目前已经有28个市、县（区）设立了创业投资专项资金。截至目前，返乡创业投资基金累计完成考察备案项目近100个，完成投资项目18个，实现基金投资规模48.66亿元，其中股权投资金额4亿元、社会资本投资44.66亿元。部分市县积极设立返乡创业投资子基金。二是强化财政支持。各地认真落实财政支持农民工返乡创业20条政策措施，有些地方进行了政策创新，提高了创业补助标准，降低了创业补贴门槛，有的地方设立了返乡创业专项扶持资金，发挥了财政资金的最大效益。郑州市加大财政支持力度，将创业补贴标准由5000元提高到1万元；兰考县设立了500万元返乡创业专项扶持资金，用于农民工返乡创业奖补。三是加大创业担保贷款发放力度。各地进一步降低反担保门槛，提高贷款额度，扩大两权抵押试点成果，采取多种方式，加大对返乡农民工创业担保贷款支持力度。同时，引导各市县积极设立支持农民工返乡创业的贷款担保基金，如，兰考县实施普惠金融改革，把农民工返乡创业担保贷款与普惠金融政策进行资源整合，给予返乡创业人员最大限度的金融扶持。2018年1～11月，全省新增发放创业担保贷款95.52亿元，其中为75149名返乡农民工提供创业担保贷款59.39亿元。

（三）建立返乡创业的综合服务体系

一是鼓励和支持各地设立了"农民工返乡创业综合服务中心"。一些市县专门拿出编制、开辟场所、配备人员，为农民工返乡创业提供注册登记、政策咨询、创业指导、社保关系接续和优惠政策享受等"一站式"服务。国内首家农民工服务中心"河南云工社农民工综合服务中心"专门开发"互联网＋创业培训"App，农民工通过手机，随时随地就可以在线学习和咨询。二是转变服务理念，依托覆盖城乡的公共就业服务体系，由传统就业服务为主向就业创业服务并重转型，运用多种手段为创业者提供智力支持和服务。同时，积极整合各部门行政许可，推行"多证合一"制度，简化办事程序，降低准入门槛，为返乡创业者提供低成本、便利化的"保姆式""管家式"综合服务。结合商事制度改革，实行窗口服务优先办理，对进入创业基地兴办企业的农民工提供上门办照服务。三是各地各部门将创业培训与创业指导相结合，针对返乡创业人员的意愿和特点，提供多层次、多类别、多阶段的创业培训。成立省级"大众创业导师团"，积极开展返乡创业巡回指导服务；各地积极推行"互联网＋创业培训"新模式，提供多层次、差异化、全过程的创业培训。2018 年累计参加创业培训人数达到 6.4 万人、创业辅导人数达 12.16 万人。

二 河南促进农民工返乡创业的主要成效

通过推动实施以上的工作机制，河南在以农民工返乡创业带动脱贫攻坚和推进乡村振兴方面取得了可喜成效。

（一）助力脱贫攻坚扎实有效

通过支持农民工返乡创业，培育更多的企业和新型农业经营主体，带动贫困劳动力就地就近就业，助力脱贫攻坚。在全省返乡创业示范项目评审中，评审认定81个"返乡下乡创业助力脱贫攻坚"优秀项目。通过举办全省"返乡下乡创业助力脱贫攻坚"项目大赛，支持引导返乡创业者带领贫困户脱贫致富。例如，光山县返乡创业代表流转荒山3万余亩，发展油茶产业，让荒山荒地变成了"金山银山"，带动1000多户贫困户脱贫。

（二）带动效应日益凸显

经过持续推进，全省返乡下乡创业释放出巨大的潜力和活力，形成了多层面的复合带动效应。经济层面，为县域经济发展增添了活力，为经济结构调整探索了路子；社会层面，促进了农村劳动力就近就地就业，解决了农村"三留守"（留守儿童、留守妇女、留守老人）的现实问题；组织建设层面，为农村基层组织建设增添了新生力量。这些都对深入推进乡村振兴，实现农村农业优先发展，发挥了积极的促进作用。例如，平舆县的创业者李红伟，系清华大学高才生，回到家乡创业，先后培训了几万名防水施工工人，带动了当地防水产业转型升级。

（三）创业氛围更加浓厚

河南表彰了50名"农民工返乡创业之星"；鹿邑县被列为国务院双创示范基地，平舆县等21个县市被纳入"国家十部委结合新型城镇化开展支持农民工等返乡创业试点县"；全省评审认定了20个省级示范县、71个省级示范园区、151个省级示范项目和81个助力脱贫攻坚优秀项目，各地市也不断地评选表彰一批批示范典型和创业之星，树立了一批标杆和榜样。通过加强领导、完善政策、强化保障、优化服务、营造环境等措施，各地结合当地资源禀赋和产业优势，引导农民工等人员返乡下乡创业，形成了鹿邑县尾毛化妆刷产业、汝州市汝绣产业、新县生态旅游、孟津县特色农业、光山县农村电商等各具特色的创业模式，涌现出一大批创业典型。

三　河南促进农民工返乡创业的特色和经验

当前，河南全省返乡创业项目呈现出一些新的发展特征。一是呈现集聚态势。目前，全省的返乡下乡创业由过去的自发行为、分散行为转变为政府引导、园区集中、集聚发展。一些地方注重结合当地资源、发挥外出务工人员从事某一产业相对集中的优势，对人才、技术、项目采取"打包引进"、链式引进的模式，引导外出务工人员集聚返乡，推动产业在当地规模化发展。二是业态模式多样化。返乡下乡创业由过去以传统农副产品深加工和简单代加工为主，向新业态、多业态转变。一些地方返乡下乡人员结合农村资源优势和城市消费需求，创办了大量特色农业、休闲农业、生态农业等农业新型经营主体，尤其是大学生和科技人员的加入，推动了"互联网＋"商业模式、创新科技企业在农村的落地生根。三是助力脱贫攻坚作用突出。返乡下乡创业的发展，为农村贫困劳动力提供了更多就近就地就业的机会，为贫困家庭增加工资性收入、实现就业脱贫带来新机遇，成为转移就业脱贫的新生力量。

与此同时，河南在返乡创业方面也积累了一些有益的发展经验。第一，完善政策是基础。创业需要政策支撑，返乡下乡创业更需要有力的政策支持。有了优惠政策，才能吸引更多的人员返乡下乡创业，才能保障更多的创业者创成业、创大业。第二，优化服务是保障。领先的创业者通常要付出许多艰辛和代价。优质高效的服务、良好的创业环境是外出务工人员愿意回乡创业的重要因素。提供优质创业服务，既是政府职责所在，也是创业者的现实需求，应着力做好。第三，示范带动是抓手。推进返乡下乡创业，必须要示范带动、典型引

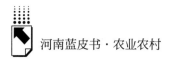

路。有了身边的榜样和示范，才能带动更多的外出能人返乡下乡创业，形成争相回乡、竞相创业的生动局面。

四 河南农民工返乡创业的瓶颈与制约

虽然河南在扶持和推进农民返乡创业方面取得了很大成效，也走出了自己的特色和经验，但依然面临诸多挑战和制约瓶颈。

（一）返乡创业项目较为低端和同质

统计数据显示，不少返乡创业项目的类同度较大，很多返乡农民工的创业项目都是一些准入门槛低，缺乏特色的低端项目，且同一地区的同质化十分严重，给项目的后续发展带来很大隐患。不少返乡创业项目不仅科技含量不高，而且没有特色，缺乏核心竞争力。一旦蜂拥进入市场很容易出现结构性的过剩产能，从而带来项目的同质化和低水平发展，无法提档升级。个别有一定科技含量的转化项目，缺少示范引领，缺少农民认可，难以在其他地区进行复制推广。

（二）返乡创业的协作平台支撑较弱

返创项目要做大做强，离不开各类相关产业协同联盟的支撑。尤其一些已经正规化、企业化运作的返乡创业项目，如果想要发展壮大、生产的产品在全国市场占有一定份额，就必须在生产成本、生产工艺等方面拥有核心竞争力，而这些就离不开与其产品有关联的上下游企业的集聚，以便于开展合作。目前来看，河南各地同类产业和产业链上下游之间的企业协作平台还没有形成，没有形成良好的协同发展机制。

（三）返乡创业的扶持政策还有提升空间

虽然目前大部分的返乡创业项目还处在小规模和低效益的状态，

但是其对扶持政策环境的要求并不低。目前的河南返乡创业政策还有进一步的提升空间。比如，现有的政策大多集中在创业前期的项目引进，后续的政策支撑较少或不到位，带来的结果就是企业的规模扩大受到一定的限制。此外，在返乡创业的项目实施过程遇到的一些涉及农村集体土地使用等问题的协调和手续办理方面，既需要基层组织的大力支持，也需要在政策上有一定的操作空间。

五　深化推进河南农民工返乡创业的思考

2019 年的中央一号文件提出，鼓励农民工等各类人才返乡下乡创新创业，支持建立多种形式的创业支撑服务平台，完善创新创业孵化平台建设，支持创建一批返乡创业园等。河南省委省政府认真贯彻落实党的十九大精神，将鼓励和支持农民工等人员返乡下乡创业作为实施乡村振兴战略的重要抓手和助力脱贫攻坚的重要举措。为此，在深化推动全省农民工返乡创业方面应从以下几个方面做出提升。

（一）进一步完善政策服务力度

一是要进一步完善和落实各类扶持政策。结合河南返乡下乡创业工作的新特点和新需求，进一步完善和制定相关扶持政策措施，推行更加切实可行的配套举措。对已经制定的政策，要做好系统梳理和整合，进一步深入落实，对政策落实情况进行督查，确保各项政策落地，发挥应有效应。二是要进一步加强对返乡创业项目的规划引导。对于已经和将要推进的返乡创业项目，要结合当地资源禀赋和产业基础，引导返乡下乡人员主动对接新一轮优势农产品区域布局规划和特色农产品优势区建设规划，确保项目符合现有的规划方向。同时，各地应结合实际适当调整和完善乡村产业发展规划，确保新的返乡创业项目集中在园区内，充分利用存量用地。三是要进一步建立返乡创业扶持与服务的长效机制。通过建立创业保障体系，增强对返乡创业项目后期的保姆式服务，提升返创服务水平，构建更加完备的政策支持体系。要结合扶贫、众创、城镇化、农业供给侧改革等工作，使返乡创业项目与之达成协同互动的效果和长效机制。

（二）进一步加大资金支持力度

一是要进一步加大财政资金的支持力度。各级财政应在涉农资金方面专门辟出用于扶持返乡创业项目的长效资金投入机制，并确保该资金的增长与涉农资金的增长同步。在已经设立的"农民工返乡创业投资基金"的运作和发展方面，在确保财政资金投入的前提下，要充分发挥财政资金的种子作用，吸引更多的社会资本参与其中。二是要进一步积极探索设立创业贷款担保基金。结合当前的金融供给侧改革，将小额担保贷款的一部分调整为返乡创业担保贷款。采取自然人担保、园区担保、财产担保、"公司＋农户"担保等形式，降低担保门槛，加大政府对贷款利息的补贴力度。在现有的10万元、50万元创业担保贷款的基础上，尝试因人而异、因项目而异来相机提高贷款的额度。鼓励和引导各市县设立支持农民工返乡创业的贷款担保基金。三是要进一步加大对农村金融服务的创新力度。在返乡创业较为集中、产业特色突出的地区，探索发行专项中小微企业集合债券、公司债券，结合金融供给侧改革，试点开展股权、众筹等直接融资，并逐步扩大直接融资规模。对农村土地承包权、经营权和林权抵押贷款的试点应进一步加大创新力度，创新模式，探索推广可复制的成功经验。

（三）进一步强化平台支撑建设

一是要进一步加大返乡创业服务平台的建设力度。争取到2020

年，实现市、县服务全覆盖。提升各类服务平台的综合支撑效能，帮助返乡下乡创业人员解决实际困难、提升创业能力。利用平台的信息共享功能，建立返乡创业项目库，及时分享产业发展现状，给返乡创业项目更多的信息参考，加深区域间产业合作，避免产业类同、正面撞车。强化各类服务业平台的合作交流功能，将返乡创业项目集群中各链条上的企业纳入合作平台，促进项目间的交流合作，增强返乡创业项目的凝聚力和竞争力。二是要进一步借助平台深化"放管服"改革。借助各类综合平台，推广"互联网＋政务服务"，努力做到让返乡创业人员"只进一扇门、只跑一次腿"，为返乡创业者提供优质、高效、便捷的网上政务平台服务。持续探索更加有效的服务模式，开通政策咨询、市场信息等公共服务通道，为返创企业提供高效便捷服务。积极为现有和即将开展的返乡创业项目提供"保姆式""个性化""一站式"支撑服务。三是要进一步提升公共服务水平。完善返乡创业平台（园区）附近的配套学校、医院等公共服务设施。试点将返乡创业人员纳入社保、医疗等公共服务范畴，帮助解决他们的实际问题，让返乡创业人员安心返乡、放心创业。充分利用各类微博、微信等互联网新媒体的功能，大力宣传返乡创业的先进典型和模范人物，让农民能够"照着学""比着做"，营造人人议创业、人人想创业的良好社会氛围。

（四）进一步加大培训和技术引导力度

一是要进一步加大返乡创业的培训工作力度。充分发挥创业平台、创业服务专家团队、相关教育培训机构等的作用，积极拓展培训渠道，为返乡创业人员提供必要的创业培训及技术指导服务。积极探索"互联网＋"的创业培训模式，试点推广订单式创业培训等模式，扶持培养农村返乡创业合伙人、代理人、经纪人等。二是要进一步加大对返乡创业的方向引导。结合当地资源禀赋和产业特色，引导返乡下乡项目人员主动对接优势农产品和特色农产品优势区建设，主动对接农村一二三产业融合发展扶持计划。引导返乡创业项目坚持走差异化路子，特色化经营，延长产业链，提升价值链，发展各具特色的农业产品、生态农业，以实现高附加值的创业项目。重视和鼓励当地支柱企业对返乡创业项目的示范和带动效应，并在导向上给予激励。三是要进一步鼓励和引导适宜技术下乡和引智下乡相结合。河南高层次农业人才本就稀缺，要通过提升生活配套服务、项目资金配套、平台交流服务等方式来开展全方位、多模式的技术下乡和引智下乡。加大激励力度，推行调动农业技术人员转化科技成果的积极性政策。试行农技项目负责人自行融资、财政担保贴息、失败和收益风险共担的模式，加大农业科技成果的转化力度。

参考文献

石智雷、谭宇、吴海涛：《返乡农民工创业行为与创业意愿分析》，《中国农村观察》2010 年第 5 期，第 25 ~ 37，47 页。

阳立高、廖进中、张文婧、李伟舵：《农民工返乡创业问题研究——基于对湖南省的实证分析》，《经济问题》2008 年第 4 期，第 85 ~ 88 页。

汪三贵、刘湘琳、史识洁、应雄巍：《人力资本和社会资本对返乡农民工创业的影响》，《农业技术经济》2010 年第 12 期，第 4 ~ 10 页。

侯东民、王德文、白南生、钱文荣、谢长青、周祝平：《从"民工荒"到"返乡潮"：中国的刘易斯拐点到来了吗?》，《人口研究》2009 年第 2 期，第 32 ~ 47 页。

李含琳：《对我国农民工返乡创业问题的经济学思考》，《青海师范大学学报》（哲学社会科学版）2008 年第 5 期，第 1 ~ 6 页。

费杰：《农民工返乡创业的障碍因素及对策》，《行政与法》2008 年第 9 期，第 48 ~ 50 页。

朱红根、解春艳：《农民工返乡创业企业绩效的影响因素分析》，《中国农村经济》2012 年第 4 期，第 36～46 页。

袁巍然：《返乡农民工创业存在的问题及建议》，《中国劳动保障报》
2019 年 2 月 12 日。

章正：《当务之急：为返乡青年重塑营商环境》，《中国青年报》2019 年
2 月 19 日。

B.10
河南省促进农民增收的
支农政策效率分析

王元亮[*]

摘　要：　近年来河南省陆续实施了一系列促进农民增收的支农政策，为了解支农政策在促进河南农民增收方面的实施效果，本文基于2017年河南各省辖市的投入与产出数据，利用 DEA 模型对促进农民增收的支农政策的效率进行测算和分析。结果显示，2017 年河南各省辖市的总体技术效率、纯技术效率、规模效率存在较为明显的地区差异，对此，提出构建现代乡村产业体系、深化实施支农政策、调整现有政策结构等对策建议。

关键词：　农民增收　支农政策效率　河南省

当前，如何促进农民收入持续增长成为全社会关注的重要和热点话题。2004 年以来，我国连续 16 年出台中央一号文件，实行了一系列减轻农民负担、增加农民转移支付的支农政策。2017 年 10 月，党的十九大报告强调拓宽农民增收渠道；2019 年 1 月，《中共中央、国务院关于坚持农业农村优先发展做好"三农"工作的若干

---

* 王元亮，河南省社会科学院科研处助理研究员，研究方向为农村经济。

意见》指出，发展壮大乡村产业，拓宽农民增收渠道。在国家加大
支农力度的同时，地方政府也纷纷出台相关措施。2019 年 2 月，河
南省委出台《中共河南省委河南省人民政府关于坚持农业农村优先
发展深入推进乡村振兴战略的意见》，提出以农民增收为导向发展
壮大乡村产业，推进农村资源变资产、资金变股金、农民变股东，
增加财产性收入。因此，在实施乡村振兴战略背景下，研究河南省
促进农民增收的支农政策效率，对有效掌握政策的总体实施效果，
并对进一步增加农民增收、更大程度地释放支农政策的效应具有重
要的现实意义。

一 研究方法与数据来源

数据包络分析方法（DEA）以运筹学、管理科学和数理经济学
等交叉学科为理论基础，是评价多投入、多产出的相同类型决策单元
"相对效率"的一种非参数分析方法。基于投入和产出两种不同角
度，DEA 方法基本模型一般可分为 CCR 模型和 BCC 模型。CCR 模型
能够测算决策单元的综合技术效率，班克（Banker）等对 CCR 模型
进行改进，建立了 BCC 模型。该模型进一步将综合技术效率分解为
纯技术效率和规模效率，进而判断当决策单元处于无效率状态时是规
模无效还是技术配置无效。其中，基于规模报酬可变假设的 BCC 模
型如下：

$$\min\theta = [\theta - \varepsilon(e^T S^- + E^T S^+)]$$
$$s.t. \sum_{j=1}^{n} x_j\lambda_j + S^- = \theta x_0$$
$$\sum_{j=1}^{n} y_j\lambda_j - S^+ = y_0$$
$$\sum_{j=1}^{n} \lambda_j = 1$$
$$\lambda \geq 0; j = 1,2,\cdots,n; S^+ = 0; S^- = 0; \theta \in E^1$$

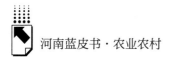

二 指标体系构建

（一）指标选取

本文遵循科学性、可行性、可获得性的指标选取原则，在参考以往研究成果的基础上，根据投入－产出的分析思路，构建了河南省促进农民增收的支农政策效率评价指标体系。考虑到促进农民增收的支农政策最主要的投入是资金投入，选取转移净收入指标表示资金投入。除此之外，土地也是一项重要的农业投入生产要素，选取耕地面积表示土地投入。考虑到促进农民收入持续稳定提高的目标，选取农民全年可支配收入和农业总产值作为产出指标。综上，共选取2项投入指标和2项产出指标构成河南省促进农民增收的支农政策效率评价指标体系，相关描述性统计见表1。

表1　支农政策效率评价指标体系描述性统计

	转移净收入（元）	耕地面积（千公顷）	农民全年可支配收入(元)	农业总产值（亿元）
最大值	3759.374	1052.193	19974.262	543.844
最小值	694.600	45.717	10170.000	13.337
中位数	2196.247	371.672	12901.400	194.584
均值	2195.195	450.682	13510.449	252.927
标准差	796.904	302.392	2524.422	167.826

（二）数据来源

数据均来源于《河南统计年鉴（2018）》。为进一步分析河南省促进农民增收的支农政策效率，选取河南省的18个省辖市作为决策单元，即郑州市、开封市、洛阳市、平顶市、安阳市、鹤壁市、新乡市、焦作市、濮阳市、许昌市、漯河市、三门峡市、南阳市、商丘市、信阳市、周口市、驻马店市、济源市。

三 测算结果与分析

（一）测算结果

研究人员对 2017 年河南 18 个省辖市促进农民增收的支农政策效率进行测算（见表2）。从总体平均值来看，2017 年河南省促进农民增收的支农政策的综合效率均值为 0.826，其中纯技术效率为 0.908，规模效率为 0.902。从具体结果来看，济源市、焦作市、开封市、南阳市、三门峡市、郑州市的综合技术效率、纯技术效率和规模效率均为 1，为有效决策单元，处在规模报酬不变阶段，即这 6 个城市在投入方面配置优化合理，投入与产出达到相对均衡的状态。其他 12 个城市的综合技术效率、纯技术效率和规模效率均小于 1，为无效决策单元，均处在规模报酬递减阶段，这表明这些城市投入要素高于在有效条件下的最优生产规模，如果适当地降低要素投入量，对提升支农政策效率会有重要的作用。具体地，从综合技术效率来看，平顶山市、许昌市、鹤壁市位居后三位，分别为 0.554、0.579、0.612。从纯技术效率来看，平顶山市、濮阳市、驻马店市位居后三位，分别为 0.722、0.775、0.804。从规模效率来看，鹤壁市、许昌市、平顶山市位居后三位，分别为 0.710、0.714、0.766。

（二）区域分布

根据 2017 年河南各省辖市促进农民增收的支农政策的纯技术效

表2　2017年河南各省辖市促进农民增收的支农政策效率

城市	综合技术效率	纯技术效率	规模效率	规模报酬
安阳市	0.723	0.925	0.781	Decreasing
鹤壁市	0.612	0.863	0.710	Decreasing
济源市	1	1	1	Constant
焦作市	1	1	1	Constant
开封市	1	1	1	Constant
洛阳市	0.677	0.827	0.819	Decreasing
漯河市	0.714	0.825	0.866	Decreasing
南阳市	1	1	1	Constant
平顶山市	0.554	0.722	0.766	Decreasing
濮阳市	0.765	0.775	0.987	Decreasing
三门峡市	1	1	1	Constant
商丘市	0.976	0.989	0.987	Decreasing
新乡市	0.673	0.809	0.832	Decreasing
信阳市	0.981	1	0.981	Decreasing
许昌市	0.579	0.810	0.714	Decreasing
郑州市	1	1	1	Constant
周口市	0.877	1	0.877	Decreasing
驻马店市	0.743	0.804	0.924	Decreasing
平均值	0.826	0.908	0.902	—

率和规模效率值，将省辖市分为四类。第一类：0.7~0.8为中低效率值城市；0.8~0.9为中高效率值城市；0.9~0.99为高效率值城市；第四类为效率值为1的有效城市。

河南省省辖市的纯技术效率、规模效率的空间分布呈现较为明显的差别。2017年纯技术效率有效的城市分布较为分散，但多集中于如周口市、南阳市、开封市等粮食主产区，高纯技术效率值的城市包括商丘市、安阳市，中高纯技术效率值的城市包括洛阳市、驻马店市、许昌市、漯河市、新乡市、鹤壁市，中低纯技术效率值的城市包括平顶山市、濮阳市。2017年规模效率有效的城市分布较为集中，主要集中分布在中西部地区；高规模效率值的城市包括商丘市、驻马店市、信阳市、濮阳市，中高规模效率值的城市包括洛阳市、漯河市、周口市、新乡市，中低规模效率值的城市包括平顶山市、许昌市、安阳市、鹤壁市。

（三）改进方案

产出导向BCC模型下，对于农民全年可支配收入指标，安阳市、鹤壁市、洛阳市、漯河市、平顶山市、濮阳市、新乡市、许昌市、驻马店市的农民全年可支配收入需要同比例增加，商丘市既需要同比例增加，又需要松弛改进。对于农业总产值指标，安阳市、洛阳市、漯河市、平顶山市、濮阳市、商丘市、新乡市、许昌市、驻马店市的农业总产值需要同比例增加，鹤壁市既需要同比例增加，又需要松弛改进。其他城市的农民全年可支配收入、农业总产值既不需要同比例增加，又不需要松弛改进（见表3）。

表3 河南省各省辖市产出导向BCC模型的产出指标的改进情况

城市	农民全年可支配收入			农业总产值		
	比例改进值	松弛改进值	目标值	比例改进值	松弛改进值	目标值
安阳市	1108	0	14805	21	0	275
鹤壁市	2442	0	17768	6	10	55
济源市	0	0	16939	0	0	13
焦作市	0	0	16218	0	0	153
开封市	0	0	12126	0	0	313
洛阳市	2608	0	15119	49	0	283
漯河市	3005	0	17147	22	0	127
南阳市	0	0	12718	0	0	544
平顶山市	4700	0	16922	57	0	206

续表

城市	农民全年可支配收入			农业总产值		
	比例改进值	松弛改进值	目标值	比例改进值	松弛改进值	目标值
濮阳市	3388	0	15040	45	0	201
三门峡市	0	0	13084	0	0	161
商丘市	117	1270	11905	5	0	450
新乡市	3251	0	17021	53	0	277
信阳市	0	0	11663	0	0	521
许昌市	3658	0	19249	35	0	184
郑州市	0	0	19974	0	0	165
周口市	0	0	10170	0	0	530
驻马店市	2657	0	13525	97	0	496

四 提高促进农民增收的支农政策效率的对策建议

(一)构建现代乡村产业体系，夯实农民增收基础

坚持农业农村优先发展总方针，以实施乡村振兴战略为总抓手，加快推进产业、人才、文化、生态、组织"五个振兴"，对标全面建成小康社会"三农"工作，围绕"巩固、增强、提升、畅通"深化农业供给侧结构性改革，深入推进"四优四化"，创新产业融合方式，构建现代乡村产业体系，实现产业振兴、农民增收，积极探索具有河南特色的农民增收路径模式。

(二)深化实施支农政策，强化农民增收保障

对支农政策实施以来相关数据的分析表明，支农政策在增加农民收入和促进农业总产值增加方面成果显著。因此要在深化实施农业支

持保护补贴政策、农机购置补贴政策等传统农业补贴政策的同时，探索具有河南特色的地方补贴政策，不断强化农民增收的政策保障。

（三）调整现有政策结构，提升农民增收空间

由于支农政策存在边际效用递减的客观规律，要着眼于支农政策实施过程中出现的技术进步变化、纯技术效率和规模效率下降等问题，在保持现有政策不变的基础上，对政策结构进行适当调整，寻找促进农民增收和农业发展的新动能，不断增强农民增收的潜力，提升农民增收的空间。

（四）适当倾斜支农政策，平衡农民增收差异

针对河南促进农民增收的支农政策效率存在一定地区差异，要加大对支农政策效率低地区的政策支持力度。在向支农政策效率低倾斜的同时，加快建立农业扶持制度创新、农业生产技术创新、农业发展服务组织创新等一系列有利于提高农业全要素生产率的措施。

综上，通过对当前政策的完善和创新，能够更好地促进河南农民增收以及区域的均衡发展。从长远来看，有利于加快培育农民增收新动能，从而为实施乡村振兴战略和加快推进以"四优四化"为核心的农业供给侧结构性改革探索经验。本文虽然对河南省辖市对农民增收的支农政策的效率进行了测算和分析，但还存在对政策实施效果解释力度不足的问题，同时，对影响农民增收支农政策效率的因素没有做出进一步分析，这是需要在接下来的研究中进一步完善的方向。

参考文献

李婕、张兰婷：《农业前沿技术进步、技术效率和农民增收》，《世界农

业》2019 年第 2 期。

薛信阳、马佳、杨德利:《基于 DEA-Malmquist 模型的农民增收补贴政策效率分析——来自浦东新区面板数据的经验证据》,《中国农业资源与区划》2018 年第 4 期。

陈啸、宋陆军:《农村金融效率和农业劳动力转移对农民收入影响的实证分析》,《统计与决策》2018 年第 15 期。

李金珊、徐越:《从农民增收视角探究农业补贴政策的效率损失》,《统计研究》2015 年第 7 期。

文兰娇、陈晓丽、文高辉、张安录:《农地经营方式、经营效率与农民收入关系研究——江西省的实证分析》,《土地经济研究》2014 年第 2 期。

汪晓文、何明辉、杨光宇:《农村经济开放、农业生产效率提高与农民增收——基于省际面板数据的实证分析》,《江西财经大学学报》2012 年第 5 期。

吴昊、李泽文:《我国财政支农政策的问题分析》,《对外经贸》2010 年第 10 期。

王睿、蒲勇健:《我国农村居民收入影响因素的实证分析——基于投入产出效率的研究》,《山西财经大学学报》2009 年第 2 期。

李树培、魏下海:《改革开放以来我国财政支农政策的演变与效率研究》,《经济评论》2009 年第 4 期。

冯金芳:《当前农民收入增长趋缓的原因分析及促进农民增收的政策建议》,《河南农业》2009 年第 5 期。

钟甫宁、顾和军、纪月清:《农民角色分化与农业补贴政策的收入分配效应——江苏省农业税减免、粮食直补收入分配效应的实证研究》,《管理世界》2008 年第 5 期。

李燕凌:《基于 DEA-Tobit 模型的财政支农效率分析——以湖南省为例》,《中国农村经济》2008 年第 9 期。

杨灿明、郭慧芳、孙群力:《我国农民收入来源构成的实证分析——兼论增加农民收入的对策》,《财贸经济》2007 年第 2 期。

李颖:《财政支农政策促进农民增收的实证分析》,《财会月刊》2007 年第 15 期。

叶慧、王雅鹏:《采用数据包络分析法的粮食直接补贴效率分析及政策启示》,《农业现代化研究》2006 年第 5 期。

B.11
河南省传统村落保护与开发研究

许韶立*

摘　要： 河南传统村落地域文化特色明显，但现状堪忧。本文通过对河南省传统村落的现状分布、对传统村落保护开发利用阶段的划分，提出了保护与开发的总体思路与原则，对开发过程中存在的一些问题和误区进行了剖析，如在开发过程中，把村庄当景区，单一追求门票收益较为普遍；在建设上，"整齐划一"，盲目追求"高大上"，用建城市的理念建乡村等问题较为突出。针对这些问题，要重视传统村落非物质文化的保护与利用，避免一味追求经济效益，保护村落的原真性，凸显中原特色，活化村落文化。

关键词： 传统村落　乡村旅游　非物质文化

　　传统村落是指带有地域历史文化信息的聚落，一般指民国以前建村，整个村落格局没有大变动，所处的地形地貌环境没有明显变化，主要民居建筑相对完好，并遗存有相对古老的古树、古井、古寺庙等文化遗迹，至今仍为人们服务的村落。河南省地处中原，文化底蕴深

---

* 许绍立，河南省社会科学院农村发展研究所研究员，研究方向为旅游经济、旅游资源开发、旅游规划。

厚,传统村落地域特色明显,具有一定的历史文化、建筑美学等价值,是河南省重要的文化遗产。

一 传统村落保护利用的背景

(一)传统村落现状堪忧

传统村落是中华民族文化的源头根基,是历史信息的真实记载。中原地区的传统村落,是当地社会发展、历史演变的重要见证,具有独特的地域文化特点。其选址与地形地貌巧妙结合,空间格局与中原地区气候日照特点相适应,民居建筑就地取材与地理环境相配合,整个村落文化蕴含着丰富的天人合一哲学思想,其生活方式、风土民情、生产习惯等都包含厚重的文化积淀和历史信息。河南省的传统村落具有数量多、分布范围广、特色鲜明、历史资源丰富、文化底蕴深厚、保护价值高等特点。保护传统村落,一方面是因为传统村落具有一定的环境历史烙印,是不可再生的文化资源,是村落发展的历史见证;另一方面传统村落也是"河南老家"创造力的见证,具有很高的历史审美价值,对于当今社会适应环境、利用环境、保护环境具有重要的借鉴意义。

然而,由于历史上的战乱和水患等,大量的传统村落建筑被破坏,目前保留下来的大多分布于相对偏僻的乡村和交通不便、经济不够发达的贫困山区。这些传统村落的古建筑、老院落有些已破败不堪,因无力修缮,大多已无人居住;有经济实力的就拆旧建新,一味求大、求新、求高。虽然已有一部分传统村落被列为各级文物保护单位,但大多还是处于自生自灭状态。许多地域特色文化很浓、很有研究价值的传统文化遗存,缺乏社会关注,缺乏保护资金。随着年轻力壮者外出打工,老弱病残留守村里,已无力阻止村庄没落、建筑腐朽、文化消亡的步伐。一些精美的建筑木雕构件等文物遗存，被故意损毁、盗窃或者私自贩卖，更可怕的是在传统村落随意大拆大建，使村庄格局、风貌发生变化，失去了历史的痕迹，一些地方独特的民间习俗也随之逐步消亡，淡出人们的记忆。

（二）相关政策相继出台

2011年9月6日，中央文史馆成立60周年座谈会指出："古村落的保护就是工业化、城镇化过程中对于物质遗产、非物质遗产以及传统文化的保护。"2012年9月25日，住房和城乡建设部、文化部、国家文物局、财政部四部委联合召开了传统村落保护和发展专家委员会第一次全体会议。会议决定，将习惯称谓"古村落"改为"传统村落"，以突出其文明价值及传承的意义。2012年，住房和城乡建设部、文化部、国家文物局、财政部决定开展传统村落调查，并下发了《住房和城乡建设部、文化部、国家文物局、财政部关于开展传统村落调查的通知》（建村〔2012〕58号），标志着对传统村落的保护正式启动。2012年5月18日，河南省住房和城乡建设厅、文化厅、文物局、财政厅联合发布文件，对河南省内传统村落展开调查，指出传统村落浓缩着农耕文明、乡村文化演变发展的历史，承载着特定地域丰富的历史文化信息，流传并延续着独具乡村色彩的古代民间艺术、建造技艺、神话典故等非物质文化遗产。随着我国城镇化和农业现代化的快速发展，传承数千年农耕文明的传统村落正在大量消亡，一些村落的历史建筑物破败。由于村民无序拆旧建新，村落的古风古貌遭到破坏。还有一些工程项目的盲目上马对一定区域内的传统村落也造成不可逆转的破坏。党的十九大报告提出实施乡村振兴战略，而对传统村落的保护利用，既是乡村文化振兴的重要内容，也是乡村全面振兴的题中应有之义。

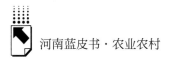
二 河南省传统村落地域分布

刘沛林等学者所做的中国传统村落景观区划研究，将河南大部分地区划入晋陕豫黄土传统村落景观区中的豫西窑洞景观亚区、豫北黄河文明传统村落景观亚区、豫南山地丘陵传统村落景观亚区。尽管该项研究成果有一些值得商榷之处，但不同地区的传统建筑景观特色不尽相同，不同历史时期营建的房屋各具特色，其划分还是得到了广泛认可。河南省的传统建筑景观，有一定的地域特色。

（一）河南省国家级传统村落分布

国家级传统村落目前公布了五批，河南省入选202个。第一批16个，平顶山最多，主要集中在郏县；第二批46个，主要集中在洛阳、平顶山、三门峡、焦作、信阳等市；第三批37个，主要分布在信阳、洛阳和平顶山等市；第四批25个，全省分布较为分散；第五批是最多的一批，共78个，主要集中在洛阳、安阳和鹤壁等市。

（二）河南省省级传统村落分布

河南省省级传统村落共分五批公布了811个。首批列入省传统村落的村庄共有320个，其中平顶山市最多，共81个，主要分布在宝丰和郏县；其次是信阳市，有47个，主要分布在罗山、商城和光山；超过20个的地市有三个，其中三门峡市29个，主要分布在灵宝、陕县和渑池；南阳市28个，分布较为分散，每个县都有几个，相对较为平均；焦作市22个，主要分布在武陟和修武两县。其他地市传统村落数量都低于20个，其中鹤壁市19个，主要分布在浚县和淇县；洛阳19个，各县的分布相对平均；周口市15个，扶沟县相对较多；安阳市有14个村，主要分布在滑县和林州市；商丘14个，也是每个县都有，相对比较平均；郑州市 12 个，主要集中在登封。有 5 个地市传统村落数量在 10 个以下，其中驻马店市 6 个、新乡市 6 个、濮阳市 4 个、漯河市 3 个、许昌市 1 个。

第二批公布了 95 个，洛阳有 12 个，主要集中在栾川县；平顶山有 18 个，其中在郏县就有 12 个；安阳有 6 个，全部集中在林州；南阳有 6 个；许昌有 4 个；新乡有 4 个，都在辉县；信阳有 16 个，主要集中在新县；另外，巩义和汝州入选的也较多，其他地市相对较少。

第三批有 96 个，列入较多的是鹤壁市山城区，有 14 个村；其次是信阳新县列入了 9 个村。其他地市较少，也相对平均。

第四批列入的有 80 个村落。许昌列入的最多，有 27 个，全部集中在禹州市；其次是安阳市，有 13 个列入，主要集中在林州市。其他地市相对较少，也比较平均。

第五批列入的 220 个村，是河南省传统村落列入最多的一批，主要涉及的地市有郑州、平顶山、安阳、鹤壁、新乡、三门峡、焦作、许昌、南阳、信阳等，分布较多的县（市）是禹州 16 个、卢氏 16 个、林州 15 个、郏县 13 个、辉县 10 个、光山县 10 个，其他县（市）相对较少。

三　河南省传统村落保护利用的总体思路与原则

（一）总体思路

按照"保护为主、抢救第一、合理利用、注重发展"的方针，围绕"修复优雅传统建筑、弘扬悠久传统文化、打造优美人居环境、营造悠闲生活方式"总体要求，把保护利用作为传统村落未来的工作重点，在充分实地调研的基础上，挖掘村落的文化内涵，彰显地域特色，保护历史遗迹、文化遗存和进一步利用并重，提升美化村庄的

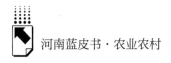
生态自然人文环境，把传统村落培育成为适应现代文明的宜居乡村。

传统村落的保护和利用是系统而复杂的工程，要科学地研究分析村庄现状和特点，规划先行，突出实施项目的落地性，明确保护开发的先后顺序，突出重点。在整个规划设计和实施过程中要从实际出发，尊重传统，活态传承。遵循国家和省、市有关传统村落保护的法律法规，并借鉴相关规划保护办法，结合实际情况，使保护利用方案科学化、法制化，具有可操作性。

传统村落景观的旅游开发，需要注意传统村落居住者和开发者的利益关系，不仅要考虑投资商开发者的利益，还要考虑村民的利益，同时还要达到吸引旅游者的目的。由于传统村落旅游产品是一类特殊的旅游产品，房屋院落往往所有权是村民的，村庄的主要旅游活动空间也属于村集体，因此村落保护与旅游开发，离不开村民的配合，要调动他们参与开发保护的积极性。

（二）保护利用原则

1. 保护为主，限新扬旧。传统村落开发离开了乡村特殊的生态环境、地形地貌和地域文化，就失去了基础，也就丧失了对旅游者的吸引力。传统村落包括的范围和内容很多，如村庄的格局、道路、农田、建筑等，整个村落环境的保护，要坚持"整旧修旧，限新扬旧"的原则。强调真实地保存传统村落中的原真资源，要遵循中国传统的天人合一思想，依山就势，不拆旧建新、拆真建假，尽可能原汁原味地展现传统村落格局，活化非物质文化遗产，不随意发挥做假。

2. 合理利用，物质非物质并重。保护传统村落要处理好保护与利用的关系，要寻找一种保护与利用相互促进的科学方案。既要保护传统村落所处的山川河流、地形地貌、遗存建筑、村巷道路等物质文化，也要保护其中的民俗民风等非物质文化。要把传统村落的物质形态和非物质形态文化遗产及时记录并利用起来。有针对性地提出利用模式与方法，充分展示传统村落的魅力，提高传统村落的社会影响力。

3. 环境提升，注重协调统一。着重加强传统村落公共服务设施、基础设施、居住环境等方面的建设，实现传统村落的有效保护与居民生活条件的改善。各项设施的建设要注意与传统村落整体风貌的协调统一，不得破坏村落传统格局与历史风貌。

4. 兼顾发展，彰显综合效益。传统村落的保护具有一定的社会性、公益性，要在保护的前提下兼顾发展，明确绿水青山就是金山银山，把传统村落所处的乡村生态环境，纳入传统村落的保护范围，重视传统村落保护的社会意义。把旅游开发带来的经济效益，作为村落文化保护的资金来源之一，特别是通过旅游开发，实现文旅融合脱贫致富。

5. 符合实际，强化项目落地性。传统村落的保护与开发，要遵循实事求是的原则，结合不同村落的社会环境，保护开发，规划先行。前期要对村庄进行全面的考察调研，具体问题具体分析，准确把握村庄的现状和历史背景，分析村落保护与发展面临的具体问题。在此基础上科学规划，并征求多方意见，了解村民的实际需求，强化规划方案的可行性、可操作性；不盲目地制订不切实际的规划目标和措施。

四 河南省传统村落开发的主要类型

目前，河南省传统村落的开发利用，主要集中在旅游开发上，大多数传统村落还处于待开发保护状态。乡村风景宜人，空气清新，生态环境良好，有着更多诗意与温情。传统村落作为一种社会文化载体，有一定的社会文化价值，但我们要明确，并不是所有的传统村都具有开发的潜质。目前河南省传统村落的开发，大致可分为三种类型。

（一）旅游景区依托型传统村落

这类传统村落，是随着旅游景区的开发而发展起来的，对景区的依赖性强。这些村庄已从旅游开发中尝到甜头，并在传统村落保护的前提下进一步完善提升旅游开发。如栾川县重渡沟村、林州市石板岩乡梨园坪村、新乡辉县市郭亮村、焦作市云台山景区岸上村、焦作市温县赵堡镇陈家沟村等都属于这类村庄。这些村配合旅游景区的开发，很早就与景区融为一体，旅游意识和基础条件比较完善。这类村落开发的重点是在体现经济效益的同时，强化传统村落的整体环境保护，避免拆旧建新、为了发展旅游业而破坏传统村落的历史和特色。

（二）开发探索型传统村落

这类传统村落大多是近几年开始引起人们的重视，处于开发的探索阶段，村落保存相对完好，基础条件较好。如三门峡湖滨区高庙乡高洼村、新乡市辉县市拍石头乡张泗沟村、登封市徐庄镇柏石崖村、南阳市南召县马市坪乡转角石村、洛阳市新安县石井镇东山底村、信阳市光山县净居寺名胜管理区杨帆村等。这类村庄的开发已具备一定条件，村落的基本情况已普查清楚并上报，大多已列入传统村落保护名录，但如何开发，还处于探索阶段。它们的知名度和吸引力还不强，但未来发展潜力很大。

（三）开发起步型传统村落

这类传统村落处于开发的起步阶段，在全省分布广、数量多，但大多位于偏僻交通不便的山区。典型的如焦作市修武县西村乡长岭村、南阳市方城县的三贤山村、安阳市林州市石板岩乡草庙村、济源市的水洪池村、三门峡市陕县西张村镇丁管营村、平顶山市郏县茨芭镇齐村、灵宝市朱阳镇的王家村、栾川县潭头镇大王庙村、洛阳市宜阳县张坞镇苏羊村、信阳市光山县南向店乡董湾村向楼村、南阳市淅川县盛湾镇土地岭村、鹤壁市淇县黄洞乡石老公村、南阳市唐河县马振抚乡前庄村等。这类村落大多刚刚被列入保护名录，尚处于开发前期的规划阶段，具有一定的后发优势。

五 河南传统村落保护开发的建议

由于不同村落开发阶段和开发类型的不同、资源丰度和区位的差异，传统村落保护开发中存在的问题也各有不同，但共性的问题和开发误区也开始显现。目前，河南省传统村落面临的问题主要有以下几个方面：一是传统村落保护资金不足，无法承担对传统建筑的修缮；大量传统建筑年久失修，濒临消亡；二是传统村落保护方法不当，在经济发展和大规模城镇建设的过程中，传统村落保护采取拆旧建新、营造仿古建筑的做法，或将遗产保护与社会发展、自然环境及居民生活割裂对待；三是过度旅游开发。对此，我们提出以下建议。

（一）要重视传统村落非物质文化的保护与利用

传统村落是由多种元素共同构成的，不仅包括物质文化，还包括非物质文化。其物质文化方面主要包括村落所处的自然地理环境，村庄整体格局，比如地形地貌、山川河流、区位交通、花鸟动物、田园森林以及村庄的建筑、道路、古井、寺庙、古树等。而非物质文化主要包括婚丧嫁娶、传统戏曲歌舞、节庆民俗活动、民间传说等。在传统村落的保护和开发中，我们往往重视"看得见"的物质文化，比如村落遗存的古建筑，传统寺庙、古井、古树等，而对于看不见的"非物质形态"文化则重视不够。河南省传统村落中，有许多国家级非物质文化遗产，这些非物质文化是中原文化的重要组成部分，需要加强保护。同时，从开发的角度来讲，这些非物质文化也是吸引城市居民、外地游客的重要理由，境外游客也普遍对"乡土老家河南"抱有浓厚兴趣。因此物质和非物质同等重要，对非物质遗产传承人、现存实物与相关原材料都要进行保护，在保护的前提下开发，利用开发的收益加强保护。

（二）要避免一律把村庄当景区，一味追求经济效益

河南省传统村落主要位于贫困落后的山区，目前村落文化和传统建筑处于破坏消亡的边缘，而进一步保护需要资金。我们开发的目的一是弘扬中原的乡村传统聚落文化，让人们感知中华文化的博大精深；二是通过传统村落所处的山水生态和特色乡村文化，让游人获得休闲的体验，村民则通过接待服务得到一定的收入，从而更有利于传统村落的保护和文化传承。

传统村落的可持续发展，需要以一定的保护开发资金做保障，但在开发过程中，不能一味追求经济效益而忽视社会效益。其实大多数传统村落并不是旅游的目的地，而是与旅游景区相配合，主要提供接待服务。有些村庄就位于山水风光之中，本身就是旅游活动的组成部分，但大多数位于旅游区以外的村庄，是旅游区服务体系的重要补充，并不宜封闭卖门票。这种村庄的旅游开发主要依靠门票以外的收入，如接待服务、乡村特产销售、乡村文化体验等。

在传统村落旅游开发中，河南省不以门票为收入来源的村落也不少，游客主要在村中体验当地"吃、住、行、购"的参与式活动。而村民，一方面融入旅游开发的服务之中，另一方面保持正常的乡村生活状态，并将这种状态变为游客体验和感知的对象。如新乡太行山辉县市的后庄村，地处南太行旅游线路上，是一个很典型"近路""近景区"的传统村落，他们凭借这种独特的区位优势，仅做乡村旅游的休闲食宿服务。本地居民和过路外来游客和谐相处，达到一种自然和谐的乡村文化旅游境界。

（三）要保护村落的原真性，拒绝"整齐划一、高大上"

目前，在传统村落的开发利用上，有些地方政府急于求成，拍脑门搞建设，把建城镇的思路用在传统村落的开发利用上，盲目"大拆大建"，喜欢拆旧建新，"整齐划一、高大上"成为部分村落的建设目标。村落总体面积和容量都有限，但停车场建得很大；游客不多，但游客中心建得很气派，服务设施也整齐划一，使传统村落失去原真性与完整性。还有的地方引进投资商，把传统村落中的居民整体搬迁，使整个村落失去了生机，失去了活力，成为一个空村。传统乡村的原真性没有了，文化价值也就降低了。

（四）加强村落景观建设规划引导

从传统村落旅游开发来讲，其主要客源地在城市，对于看惯了城市整齐划一的市民来说，到农村最喜欢的是乡村的生态环境和乡土文化。依山就势、错落有致的自然村落，各家有各家的味道，这本身就是极好的乡村图画，对城市人有着强大的吸引力。目前，在国家乡村振兴战略的指导下，各地美丽乡村的建设正在中原大地进行，而农民是实施美丽乡村建设的主体，因此传统村落的利用开发要对村民有一定的规划引导。如河南省巩义市杨树沟村，在旅游开发的过程中，投资公司、规划单位与村民积极配合，融为一体，村民参与到旅游开发的各项建设和服务中，开发商对村民进行相关服务培训，扶持引导村民融入旅游服务接待之中，对其乡村民宿饭菜、特色农产品销售等统一制定标准，强化规范管理。这些措施大大提高了游客的满意度和乡村旅游的舒适度，使村民从旅游开发中获得利益，同时也为开发商提供了良好的开发环境，达到了政府、开发商与村民的利益共享。

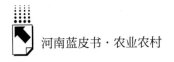

（五）凸显中原特色，活化村落文化

特色是旅游的生命线，传统村落的旅游开发，首先要突出河南省的地域文化特色，不可在开发中随意搬借域外园林和建筑。个性化是旅游产品的灵魂，在突出传统村落地域文化的同时，也要善于利用自身资源优势，寻找自然生态环境背景下的村落个性，开发互补型产品，避免低层次雷同。如栾川县狮子庙乡的王府沟村，凭借山地海拔较高的优势，重点树立"伏牛竹海，养生度假"的村落旅游形象，打造村庄特色，创建"竹海度假"品牌。洛阳市宜阳县的莲庄村，依托古都洛阳历史上的古官道从村庄经过、村庄紧临洛河的条件，突出"古都官道、万亩荷塘"的文化古村形象。

活化传统村落，首先要使传统村落有生气，有正常的生活氛围，如鸡鸣狗叫、鸟语松鸣、寺院钟声、村中鼓乐等。特别是一些特色的非物质文化项目，需要进行活化，增加游客的参与性，使游客在愉快的参与活动中，体验传统村落的非物质文化，彰显传统村落旅游娱乐、求知的多种功能。

参考文献

刘沛林：《古村落：和谐的人聚空间》，上海三联书店，1997。

刘沛林：《论"中国历史文化名村"保护制度的建立》，《北京大学学报》（哲学社会科学版）1998 年第 1 期。

许韶立：《论河南省传统村落旅游开发中的七大误区》，《河南工业大学学报》2017 年第 6 期，第 37～342 页。

祝顺宝：《省级历史文化名村旅游开发的现状、问题与对策》，《江西科技师范学院学报》2005 年第 10 期。

杨晓蔚：《古村落保护：新农村建设中一个亟需重视的问题》，《中国乡村发现》2007 年第 10 期。

B.12
栾川县推动乡村产业兴旺的
实践探索与经验启示

安晓明[*]

摘　要： 栾川县坚持以绿色为"底色"，因地制宜发展乡村特色产业，推动乡村一二三产业融合发展，积极构建新型农业经营体系，重视人才培育和公共服务，在推动乡村产业兴旺方面进行了有益探索，初步形成了乡村现代产业体系、生产组织和经营体系，乡村产业在省内形成了一定的影响力，群众也从中获得了实实在在的利益。栾川的实践表明，在推动乡村产业兴旺中应当把握几个共性问题：一是要走乡村经济多元化的道路；二是要以特色产业为主导促融合；三是要始终体现农民主体地位；四是需要人才和外部环境的支持。

关键词： 栾川　乡村　产业兴旺

党的十九大提出要实施乡村振兴战略。其中，推动乡村产业兴旺是实施乡村振兴战略的关键和重点。近年来，洛阳栾川县因地制宜突

---

* 安晓明，经济学博士，河南省社会科学院农村发展所副研究员，研究方向为区域经济、农村经济。本文为河南省软科学项目《河南省乡村产业振兴的模式探索与路径选择》（项目号：192400410136）、河南省政府决策研究招标课题《河南省能人返乡创业的掣肘与对策建议》（项目号：2018B226）的阶段性成果。栾川县提供了详细的调研资料，在此致谢！

出特色，在推动乡村产业兴旺方面进行了有益探索，取得了一定成效，对于河南省其他县市推动乡村产业兴旺具有一定的借鉴和启示作用。

一 栾川县推动乡村产业兴旺的主要做法

栾川县地处豫西伏牛山腹地，总面积 2477 平方公里，森林覆盖率达 82.7%，优良的生态环境是其最大的优势。栾川始终坚持"生态优先"原则，把守护绿水青山作为乡村产业兴旺的前提和基础优先考虑，在此基础上发展乡村旅游、生态农业等特色产业，并通过品牌塑造、集体经济、人才培育、改善环境等推动乡村产业兴旺。

（一）守护绿水青山，坚持以绿色为"底色"推动产业兴旺

栾川将良好的生态环境作为最宝贵的无形资产和难以复制的竞争优势，高质量实施蓝天、碧水、生态修复行动，不断夯实绿色发展基础。始终坚持"全国靠前、省市一流"的生态环保"栾川标准"，以更高标准和更严要求推进生态环境建设。把全县划定为南水北调生态涵养区、低山丘陵生态保育区、生态治理恢复区等五大生态功能区，大力实施生态资源红线保护、营造林提升等"五大工程"，深入开展森林城市、生态乡镇创建。近年，栾川县累计投入财政资金 11.72 亿元，先后开展了飞播造林、退耕还林、通道绿化、村庄绿化等一系列重大林业生态建设工程。全县森林覆盖率、绿化率稳居全省第一位，成为全国首批、全省唯一的"国家生态文明建设示范县"和"全国森林旅游示范县"。同时，坚持"产业生态化，生态产业化"原则，重点发展生态经济林，构建林业产业体系，并积极利用生态优势大力发展生态旅游、健康养生、生态农业等优势产业，把生态效益转化为经济效益，真正把绿水青山转化成了"金山银山"。2018 年 12 月，

栾川县正式入选全国第二批"绿水青山就是金山银山"实践创新基地。

（二）突出特色优势，坚持因地制宜发展乡村特色产业

栾川生态资源和旅游资源丰富，是全国首批"全域旅游示范区"之一，也是全国拥有 A 级景区最多、年接待游客人次最多、农家宾馆床位数量最多的县份。景区多，生态好，这也是栾川推动乡村产业兴旺的优势和特色。栾川依托县内已有的 2 个 5A 级景区和 6 个 4A 级景区，因地制宜，综合施策发展休闲农业和乡村旅游。对位于景区周边、有旅游资源的乡村，按照"旅游景区 + 风情小镇 + 特色农庄"的发展模式，扶持发展农家宾馆、农耕体验、特色民俗等旅游项目，形成亦农亦旅的发展格局。对位于距景区较远、缺乏旅游资源的乡村，重点规划打造果蔬、禽蛋等无公害农产品基地，为旅游景区、农家餐饮提供绿色食品。结合"全域绿化""全域水系"建设，同步实施美丽乡村建设项目 150 个，培育打造陶湾镇"康养小镇"、秋扒乡"荷香小镇"等一批乡村旅游示范村。在巩固提升庄子村、养子沟村等首批乡村旅游明星村的基础上，实施 A 级乡村旅游景区创建工程，先后建成摄影赏花、田园乡愁等主题庄园 23 个，发展特色旅游专业村 45 个，形成"龙头景区"与"龙头乡村"双向并进的旅游新格局。通过项目示范带动，逐步打造出环境优美、设施完善、产业丰富的充满旅游元素的乡村旅游亮点。

（三）打造"栾川印象"，推动乡村一二三产业融合发展

围绕旅游中"吃"和"购"两个环节，栾川依托境内"菌、药、果"等优势资源，采取品牌带销、基地（工厂）就业、订单拉动、股息帮扶等方式，对当地生产的农副产品进行精深加工，实现旅游与种养业、加工业等的深度融合发展。2017 年"双 11"，按照"政府

引导、企业运营、市场运作"原则打造的"栾川印象"正式推出。"栾川印象"采取"品牌 + 企业 + 基地 + 农户"的产业模式，致力成为一个覆盖全县域、全品类、全产业链的区域品牌。在建设运行中，由县农业局利用农业产业化龙头企业协会搭建平台，制定品牌准入机制和质量追溯机制，对农产品进行筛选提升、品牌授权和质量监控，拥有品牌所有权；以实力强的农业龙头企业联合组建洛阳川宇农业开发有限公司，对品牌进行营销，拥有品牌使用权，使其既能体现政府的权威性，又有行业的约束性，同时不失市场主体的灵活性。目前，"栾川印象"已开发高山杂粮、食用菌、特色林果、中药材、果酒饮料、非遗传统等 6 大系列 81 款产品，带动全县扩建农产品基地 27 个，新上 8 家农产品深加工企业，逐步叫响君山制药品牌，本草堂、沃康产业园等一批科技创新型企业异军突起，促进了生态农业、农产品加工、中医药和旅游的深度融合发展。

（四）发展集体经济，积极构建新型农业经营体系

党的十九大报告明确提出"深化农村集体产权制度改革，保障农民财产权益，壮大集体经济"。2017 年，栾川县被列为河南省扶持村级集体经济发展试点县。栾川旅游资源丰富，全县 15 个乡镇中有 13 个乡镇拥有景区，旅游从业人员超过总人口的 1/3。因此，栾川将丰富旅游要素作为村级集体经济发展的主攻方向，坚持"市场主导、因地制宜、村级为主、集体所有"原则，采取"政策倾斜、资金扶持、经营模式多种"等措施，积极盘活农村资源要素，引导农村集体在本地优势和旅游特色资源挖掘上开拓创新，不断深化旅游产业链条完善和产品提供。目前，栾川县农村集体经济发展呈现出抱团发展型、盘活"三资"型、专业合作型、筑巢引凤型等 8 种模式。其中陶湾镇的张盘、协心、西沟、唐家庄、常湾等 5 个村，地理位置相近，村情较为相似，5 个村依托南沟流域秀丽的自然风光，由镇政府

统一规划、统一征地，联合建设庭院式精品民宿，发展养生度假区，项目建成后实行托管分成，利益共享。这是集体经济的有益尝试，也是乡村旅游抱团发展的生动体现。通过八种发展模式引领，有效盘活了村级集体资产资源，创新和丰富了农业经营组织形式，为推动乡村产业兴旺提供了有力支撑。

（五）重视人才培育，为乡村产业兴旺提供智力保障

一是加大专业人才培训培育力度。将农村干部培训纳入全县干部教育培训总体规划，分批次、分层次开展产业发展、农村管理、集体经济开发等方面的培训。建立"栾川县乡村人才（职业农民）培训基地"，分批次对全县859名新型农业经营主体、农村实用人才、致富带头人、乡村工匠等开展技能培训。邀请国内13位民宿专业设计师，对全县35个有意向发展民宿的业主进行培训。二是充分发挥农业科技人才、乡贤人才的作用。2018年全年签约省科技厅"三区"人才支持计划专家18名，组建有46名科技人才的栾川县科技特派员服务队，科技特派员65人次到栾川开展服务。组织各乡镇从优秀村干部、离任村干部、退休返乡干部、道德模范、栾川"好人"、退休教师、乡村医生、返乡能人中挖掘乡贤人才137人，发挥他们德高望重、群众基础好、社会影响力大的优势，助力乡村产业发展。三是创新人才培育和引进的方式方法。出台《栾川县乡村振兴"千人培养计划"实施方案》，开展全县乡村人才调查工作，建立人才库，全县人才库内人才数量达到1082人。实施人才"回归工程"。挂牌成立"栾川县驻湖北省招商交流合作中心""武汉科技大学栾川校地合作发展中心"，吸引栾川籍在武汉高校毕业生回栾创业。

（六）完善公共服务，为乡村产业兴旺提供良好环境

一是不断加强基础设施建设。大力实施"四好"农村路建设，

提升农村公路等级和服务水平。推动城乡基础设施互联互通，实现所有行政村手机信号、宽带网络全覆盖和所有贫困村通信讯号全覆盖，逐步消除了栾川城乡信息沟通"鸿沟"。建设饮水安全工程845处（其中集中供水工程654处）、自备井（水窖）191处，各行政村均通自来水。目前，全县农村集中供水率达85%，农村自来水普及率达86%，供水保证率达95%。改造提升农村电网，全县所有行政村通动力电，户户通生活用电，群众生产生活用电得到全面保障。二是不断创新管理机制。强化规划引领，严控纯观光型生态景区项目开发，遏制山水生态景区碎片化、低水平重复建设。创新市场监管，坚持用"行政＋司法＋协会"的措施，着力解决扰乱旅游市场秩序、损害游客权益的问题。在重渡村、养子沟村、庄子村成立农家宾馆协会，发挥政府与农户之间的桥梁作用，推动行业自律。在全省率先开展农家宾馆10个"一"、44个"有"标准提升行动，明确经营农家宾馆的44个必备条件，规范提升农家宾馆管理服务水平。开展"党员农家宾馆示范户"评选活动，对评选出的首批93户"农家宾馆示范户"进行命名、挂牌，充分发挥党员的先锋模范作用。

二　栾川县推动乡村产业兴旺取得的成效

栾川县在推动乡村产业兴旺方面进行了有益探索和尝试，初步形成了乡村现代产业体系、生产组织和经营体系，乡村产业在省内形成了一定的影响力，群众也从中获得了实实在在的收益。

（一）初步形成乡村现代产业体系

栾川县依托生态优势，因地制宜发展休闲农业、乡村旅游等优势特色产业，初步形成了乡村现代产业体系。一是特色农业发展迅猛。目前，全县已发展木本油料基地10.5万亩、食用菌800万袋、苗木花卉 1.52 万亩。同时，按照"公司＋合作社＋农户"的发展模式，因户施策发展生态养殖业。目前，全县共发展各类养殖场（户）200余个，带动 437 户贫困家庭发展生态养殖，户均增收 2000 元以上。二是农产品和旅游商品加工蓬勃发展。目前，全县已发展农业合作社和农业产业化企业 400 余家，培育出福记山寨、黑元土猪、奥达特食用菌等旅游商品企业 35 家，开发出奇石、根雕、土鸡蛋、柿子醋等旅游商品 300 余种，年销售额达 8000 余万元。2018 年全县已有 5 家企业取得有机食品证书，2 家企业取得农业农村部地理标志证书，6 家企业取得农业农村部绿色证书，1 家企业取得无公害证书。三是乡村旅游成为乡村产业的主导。2018 年，全县预计接待游客 1487.6 万人次，实现旅游综合收入 87.4 亿元，同比分别增长 11.75% 和 15.61%。全县 15 个乡镇不同程度参与旅游发展，其中 13 个乡镇拥有景区，发展旅游专业村 35 个、星级宾馆 12 家、农家宾馆 1178 家、总接待床位 3.5 万张。乡村旅游真正成为乡村产业体系中的有力支撑。在 2018 年首届河南休闲农业与乡村旅游产业博览会上，栾川荣获"河南省休闲农业与乡村旅游最佳示范县"殊荣。

（二）群众从乡村产业兴旺中得到了实惠

通过大力实施生态林业建设，全县森林覆盖率达到 82.7%，生态环境质量稳居全省第一。全县 14 个乡镇中，13 个乡镇已成功创建国家级生态乡镇，1 个被命名为省级生态乡镇，国家级生态乡镇比例达到 93%，提升了群众幸福指数。通过发展生态经济林，已形成绿化彩叶林 3 万亩、通道绿化林和杂果经济林 6.7 万亩，森林真正成了山区人民的"摇钱树、聚财林"，实现生态效益向经济效益转化。

在"栾川印象"的带动下，农民种植的一些特色农副产品通过规模化生产和市场化运作，变成畅销的旅游产品。"栾川印象"带动贫困群众在生产、加工、销售服务等各环节的融入，实现共赢发展。

目前，"栾川印象"已带动全县扩建农产品基地 27 个，发展苗木花卉 1.5 万亩、特色经济林 48 万亩、食用菌 800 万袋、中药材 5800 亩。2018 年，全县仅由农副产品加工成的旅游产品年销售额就达到 8000 余万元，三川玉米糁、叫河高山蔬菜等以前农村随处可见的"土疙瘩"，变成了当地农民现在发家致富的"金疙瘩"。

通过乡村旅游发展的 27 个产业扶贫基地带动了 3 万余名群众就业致富，其中受益贫困群众 5250 人。目前，全县直接从事乡村旅游发展的人数达到 3.2 万，间接带动 13.4 万余人参与旅游发展，带动 12500 余名贫困群众依托旅游发展实现脱贫致富。2010~2018 年，全县农民人均纯收入由 4784 元增加到 11885 元，贫困人口由 8.9 万人减少到 2879 人，年均脱贫 1 万余人。

（三）乡村产业形成了一定的影响力

一是避暑经济形成了知名度。栾川县立足县域绿色资源禀赋和夏季清凉舒爽的气候，2017 年以来，连续两年举办"自驾游栾川、高速全免费"旅游公益活动，激活"避暑经济"，让"21℃的夏天"产生"乘法效应"。2018 年高速免费活动整体拉动了住宿、餐饮、娱乐、购物等旅游全产业链消费，综合收入达到 10.4 亿元，全县 1100 余家农家宾馆近 3.3 万张床位，周一至周五期间入住率 70% 以上，周末入住率达到 100%，重渡沟村、庄子村、养子沟村、大南沟村等乡村旅游重点村周末"一房难求、一床难求"。栾川的避暑经济在省内外都形成了知名度。

二是旅游环境得到了人们的认可。通过完善各项基础设施和创新旅游管理方式，栾川的旅游环境进一步改善。乡村旅游行业自律程度高，旅游从业者的服务意识、综合素质和专业技能也得到了游客的认可。农家宾馆的住客中，有相当一部分是回头客。一些高端民宿也进驻栾川乡村，培育出慢居十三月、江南人家等 20 家精品民宿，提升了乡村旅游档次。

三是栾川印象系列产品市场反响良好。2017 年以前，由于缺乏消费者认可的品牌，旅游商品的开发不尽如人意。2017 年 11 月，栾川正式启动"栾川印象"农产品区域品牌，以"好山好水好食材"为品牌理念，运行 1 年多以来，"栾川印象"系列产品的知名度和美誉度逐渐提升，市场也迅速拓展。目前，在北京、郑州、洛阳等地开设旗舰店 17 家，在京东、淘宝、拼多多等平台建设线上专营店 6 家，并长期为郑州铁路局 19 家职工食堂提供食材。

（四）形成较完善的乡村产业组织和经营体系

一是村级集体经济发展走在全省前列。作为全省扶持村级集体经济发展试点县，栾川积极尝试，探索出八种发展模式，走出了一条"依托优势资源、多种业态叠加、三产融合发展"的村级集体经济发展新路子。2018 年，全县 214 个行政村全部有集体经济收入，提前一年全面消除集体经济空白村，且近八成村集体经济年收入超过 5 万元。全县 83 个贫困村均有两项以上集体经济主导产业，村集体经济总年收入 1681.91 万元，每村年平均收入达 20.26 万元。

二是行业协会的力量得以壮大。重渡村、养子沟村、庄子村成立农家宾馆协会，开展"党员农家宾馆示范户"评选等活动，壮大了行业协会的力量，有利于推动行业自律。由旅游、物价部门联合制定栾川县农家宾馆星级定价实施办法，通过行业出台标准、景区参与村民评议、社会公示等工作程序，实行星级定价，既提升了农家宾馆的档次和服务水平，又有效遏制了旅游旺季农家宾馆乱涨价现象。

三是"栾川印象"品牌带动了生产和经营体系。"栾川印象"解决了优质农产品"藏在深山人未识"的问题，"统一品牌包装＋市场定位＋管理销售"，为栾川优质农产品打通了生产和销售环节，带动农业合作社和农业产业化企业 400 余家,促进了乡村生产组织和经营体系的完善。其中,专业生产玉米糁的三川镇新伟合作社已成长为洛阳市农业产业龙头企业,被农业农村部确定为国家级示范社。

三　栾川县推进乡村产业兴旺的经验启示

栾川县推进乡村产业兴旺的做法取得了良好成效,对于河南其他地方推动乡村产业兴旺具有一定的借鉴作用。尽管各地实际情况不同,但有些共性是应当注意的。

(一)乡村产业兴旺要走乡村经济多元化的道路

乡村产业兴旺要避免产业单一化,实现多业并举。朱启臻指出,乡村经济的多元化至少有三个方面的好处:一是满足农民多样化的需求,二是有利于降低市场风险和自然风险,三是有利于充分利用乡村资源。鉴于农户经营规模的限制,一个理想的选择是农户的专业化与村落经济的多元化构成的嵌合型产业类型,即以农户专业化为基础的乡村多元化经济结构。每一个农户有一个优势产品,农户之间形成互补、相互依存关系,构成乡村整体产业的多样化。栾川县乡村产业多以生态农业、乡村旅游为主,形成了农家宾馆、生态采摘、休闲度假、生态农产品于一体的较完善的乡村经济发展格局。栾川县的村级集体经济充分尊重当地客观实际,探索出八种发展模式,充分利用了乡村各种资源。栾川县的发展经验充分说明,乡村经济的多元化使各村落能充分利用其资源,降低了产业的市场风险和自然风险,丰富了乡村产业类型;专业化和多元化相结合,使各乡村能优势互补,错位发展,有利于栾川全县乡村产业的振兴。因此,在推动乡村产业兴旺中,无须刻意追求某种模式,而应尊重农业特点和乡村发展规律,走乡村经济多元化的道路。

（二）乡村产业兴旺要以特色产业为主导

乡村产业兴旺的特点之一是综合利用农业资源和乡村社会文化资源，充分挖掘农业和农村的多种功能和价值。这就要求在乡村产业发展中，要找准当地的特色和优势，以特色产业为主导整合其他优势资源促进乡村产业发展。栾川正是抓住了乡村旅游这个特色产业，整合生态环境、中医药、农特产品等优势资源，坚持"生态立县、旅游富县、产业强县"的发展思路，使乡村旅游真正成为乡村产业体系中的有力支撑。同时，以乡村旅游为主导，促进乡村旅游与农副产品加工、健康养生产业、文化产业等融合发展，这也丰富了乡村产业的内核。河南各地的自然地理和人文条件差别较大，各地都有自身的特色资源和相对优势，有的地区交通区位优势明显，有的地区位于城市周边，有的地区历史人文资源丰富，有的地区具备发展某种特定产业的独特自然地理条件，等等。当然，这些优势可能会叠加，如果同时具备多种优势资源，也就具备了多产业融合发展的客观条件，这就更需要选取特色产业作为主导。因此，乡村产业兴旺必须因地制宜，或依托人文、地理资源，或依托区位优势，或依托产业基础，通过科学规划和合理引导，突出特色，以之为主导整合优势资源，形成特色鲜明、优势互补、功能叠加的产业融合体。

（三）乡村产业兴旺要始终体现农民主体地位

农民是乡村的主体，乡村产业兴旺要始终体现农民的主体地位，通过组织创新把农民有效组织起来，真正让农民成为产业兴旺的发展主体和受益主体。栾川县无论是旅游＋扶贫，发展村级集体经济，还是农民自发推动乡村旅游行业自律，农民主体地位都得到了充分的体现。而"栾川印象"品牌的建立，也将农民与农业合作社、农业龙头企业、销售渠道结合起来，农民的权益得到了有效保障。农民真正意识到了自身在乡村产业发展中的作用和地位，而在推动乡村产业兴旺的过程中，农民也获得了实实在在的利益。农民真正受益，也更有利于推动乡村产业兴旺，形成了"人人促发展，发展为人人"的局面。河南省是农业农村大省，在城镇化率达到51.71%的今天，农村常住人口仍然有4638万，如何充分调动农民的积极性是推动乡村产业兴旺的重要内容，乡村产业也只有植根于当地群众中才能保持其生命力。因此，要建立起农民和乡村产业之间合理的利益联结机制，培育农民参与乡村产业发展的主人翁精神，真正让农民成为产业兴旺的发展主体和受益主体。

（四）乡村产业兴旺离不开人才和外部环境的支持

推动乡村产业兴旺，人才不可或缺，栾川县非常重视人才的培育集聚。针对农村专业性人才和村干部开展相关的专业性培训，提高了乡村从业者的综合素质和专业技术水平，充分发挥科技人才和乡贤人才的带动作用，推动了生态农业、农产品加工、乡村旅游和集体经济的发展。通过完善乡村各项基础设施和创新管理方式，栾川乡村的生态环境和旅游环境都得到了进一步改善，乡村产业发展的环境得到了进一步优化。从栾川的实践经验来看，乡村产业兴旺离不开人才、制度、资金的支持，在推动乡村产业兴旺的过程中，除了在产业上下功夫，还要在产业之外下功夫。因此，各地可以借鉴其经验，着力加强乡村产业兴旺所需人才的培育培养；着力完善农村土地流转运行机制，盘活农村存量建设用地；加强农村金融对涉农项目的支持力度，扩大涉农领域保险覆盖范围，提高农企抵御风险能力；着力创新乡村产业管理方式，营造良好的产业发展环境；着力完善公路、通信、宽带、冷库等基础设施建设，为推动乡村产业兴旺提供良好的外部环境。

参考文献

朱启臻：《关于乡村产业兴旺问题的探讨》，《行政管理改革》2018 年第 8 期。

云翔等：《描绘生态美百姓富的新画卷》，《洛阳日报》2018 年 12 月 17 日。

要素保障篇
Factor Guarantee

B.13
河南乡村产业振兴的金融支持体系研究

黄琦　宋媛媛*

摘　要：　实施乡村振兴战略，是党的十九大做出的重大决策部署，是决胜全面建成小康社会、全面建设社会主义现代化国家的重大历史任务，是新时代"三农"工作的总抓手和总纲领。产业是推进农业农村现代化的原动力，产业振兴了，乡村才能发展，产业兴旺是乡村振兴的重点。河南省作为农业大省，实现乡村振兴的任务繁重。金融是国民经济的核心，实施乡村振兴战略离不开金融支持。多年来，河南省金融部门在创新金融产品、促进农业发展、乡村振兴等方面发挥了不可或缺的作用，但从城乡金融资源配置总量、资金配置

---

* 黄琦，博士，中国人民银行郑州中心支行；宋媛媛，中国人民银行开封市中心支行。

结构等指标数据情况看，仍存在不充分、不平衡问题，需要进一步找准支持重点，加大投入，精准发力。

关键词： 乡村产业振兴　金融支持　"三农"

金融是实体经济的血脉，为实体经济服务是金融义不容辞的职责。河南省实现乡村产业振兴，需要各方面共同发力。作为现代经济的核心，金融在乡村振兴战略中发挥着极其重要的作用。乡村振兴，离不开金融的支持。2018 年 9 月，中共中央国务院印发的《乡村振兴战略规划（2018～2022 年)》，全方位明确了 2018 年到 2022 年我国第一个乡村振兴五年规划的工作内容和目标，其中明确要求加大金融支农力度。乡村振兴战略是一项系统工程，河南省实施乡村振兴战略需要重点推进乡村产业振兴，重点推进农业供给侧结构性改革，构建现代农业产业体系、生产体系、经营体系，提升农业的综合效益和竞争力。努力保持农民收入较快增长的势头，不断缩小城乡居民收入差距。特别是促进一二三产业融合发展和城乡融合发展。这些改革的深入推进都对发展金融服务提出了新的要求。

一　近年来河南省金融支持乡村产业振兴取得明显成效

（一）强化政策导向，有效发挥支持乡村产业振兴的引导作用

一是充分发挥货币政策引导作用。全省人行系统立足辖区实际，用足用活货币政策，充分发挥差别存款准备金率、再贷款、再贴现、宏观审慎政策、信贷政策导向评估等工具的正向激励作用，引导金融

机构更多地将金融资源配置到"三农"、扶贫等薄弱环节和重点领域。优化再贷款限额分配模式和授信额度形成方式，创新推出信贷政策支持再贷款"先贷后借"模式，将优化运用扶贫再贷款发放贷款定价机制试点政策使用范围扩大至所有贫困县，2018年通过存款准备金工具，向全省法人金融机构释放流动性资金约463亿元，有效提升了法人金融机构支持乡村产业振兴的能力。二是有效发挥财税政策的激励作用。从中央到地方相继出台了多项财政奖补政策，形成了涉农金融的财政奖补机制。涉及农村金融的各类财政奖补政策超过10项，包括农业保险补贴、普惠金融发展专项资金、扶贫贷款贴息等多项财政奖补政策。三是实行差别化监管政策。金融监管部门不断调整本部门涉农金融的监管政策，相继出台多项差别化农村金融支持政策，引导金融机构对"三农"、小微企业的信贷投放。

（二）银证保协同发力，金融支持乡村产业振兴整体功能提升

随着乡村产业的发展，金融支持农村企业贷款力度不断加大。截至2018年11月末，农村企业贷款在企业贷款中占比较高，为81.3%。注重发挥证券、期货和保险等对乡村产业振兴的支持作用。积极引导全省符合条件的农业产业化龙头企业通过主板、中小板、创业板、新三板和区域性股权交易市场挂牌上市和发行债务融资工具。积极引导相关农户和产业链企业利用期货套保避险。创新优化农业保险供给，强化农业保险保障作用，支持涉农小微企业发展。

（三）围绕支持乡村产业发展，金融产品创新不断深化

一是有效解决担保不足问题。在省、市、县各级均成立各种担保机构，并成立了专门以支持乡村振兴为重点的河南省农业信贷担保公司，充分发挥政策性担保的引领作用，推动全省担保基金不断增加，担保实力不断壮大。仅河南省农业信贷担保公司就已在111个农业县

区开展业务，截至 2018 年 6 月末，累计审批担保项目 57076 个，担保规模 62.5 亿元。二是创新解决抵押难题。积极探索开展林权、农房、土地承包经营权抵押等多项试点；大力开展林权、订单、收费权、仓储、企业经营权、土地厂房等多种抵（质）押方式的信贷产品创新，创新"两权 + 其他资产抵押（担保）"贷款，创新"财政 + 保险 + 信贷""公司 + 合作社 + 农户 + 信贷"等多种增信模式。积极支持培育新型农业经营主体，目前，河南省新型农业经营主体达 26 万家。2018 年，全省"两权"抵押贷款较快增长，2 个农房试点县发放农民住房财产权抵押贷款余额同比增长 23.4%，9 个农地试点县发放农村土地承包经营权抵押贷款余额同比增长 53%。

（四）金融基础设施建设不断完善，提高了金融服务乡村产业的覆盖面和可得性

全省广大农村地区金融服务的覆盖面和便利性大幅度提升，金融支付、信用环境不断改进，整体金融生态环境不断优化。银行网点覆盖全部乡镇，设备数量持续增加。截至 2018 年底，河南省已初步建立起多层次、广覆盖、适度竞争的农村金融机构体系，涵盖政策性、商业性和合作性金融，农业银行、农村商业银行（信用社）、邮政储蓄银行、村镇银行已发展成为涉农金融供给的主体。全省 105 个县（市）有金融从业人员 25.38 万人，银行、证券、保险机构及从业人员均有不同程度增长。河南省银行网点乡镇覆盖率 100%，每万人拥有的银行网点、ATM 和 POS 机数量均实现增长。助农取款服务点基本实现行政村全覆盖。助农取款点在"打通金融服务最后一公里"、改善农村金融服务方面发挥着极为重要的作用。截至 2018 年底，河南省金融服务村级行政区覆盖率 99.8%，高于全国 2.5 个百分点，基本实现行政村全覆盖。兰考县等试点地区大力推进普惠金融服务站建设，不断完善和丰富服务站功能，切实为广大农村居民提供全方

位、多层次、宽领域的金融服务。

各级政府主导推动社会信用体系建设，积极推行小额信用贷款发放，金融机构根据农户信用等级，相应给予 2 万元至 20 万元信用额度；2017 年，省政府出台了《河南省农村信用体系建设方案》《河南省扶贫小额信贷信用体系建设工作方案》等，推广以信用评级为重点的"卢氏模式"。截至 2018 年 9 月末，全省有 105 个县（市、区）使用农村信用信息系统录入农户信息 746 万户；通过推广"信贷 + 信用"模式，很多农户首次有了自己的信用档案。

二 金融支持乡村产业振兴中的主要问题和原因分析

通过城乡数据、贷款结构、融资结构等指标的对比分析发现，河南省金融支持乡村产业振兴仍存在供给明显不足、投入结构不合理、农业保险缺乏以及金融服务整体功能不够强等问题。

（一）金融支持乡村产业振兴力度明显不足

一是农村金融机构营业网点机构数占比有所下降。尽管近年来，河南省金融机构营业网点数在逐步增多，但农村地区金融机构营业网点数占比在缓慢下滑。二是金融产品创新还需进一步适应乡村产业振兴发展的需要。从目前河南乡村产业发展现状来看，以龙头企业为代表的新型农业经营主体，已成为现代乡村产业发展的主力军。信贷产品的创新，应满足各类经营主体多元化发展趋势。

（二）金融支持的结构不合理

一是银行支农贷款结构不合理。对照乡村振兴战略规划的要求，目前金融机构投放在传统农业上的贷款比重过大，支持现代农业、绿色农业发展、农村基础设施建设和农业技术推广服务等方面的贷款则明显不足。二是融资结构不合理。从机构上看，银行占农村金融机构网点数的近八成，证券机构网点不足两成。从融资量上看，直接融资比例过低。截至 2018 年末，河南省农业产业化龙头企业直接融资占比微乎其微。三是农业保险方面的需求主要集中在自然风险较大的粮食作物、投资周期较长的经济作物，以及疫病风险较大的禽畜等行业，对于保险公司来说，农产品保险的回报率太低，存在较大风险，所以他们通常缺乏为农产品提供保险的动力。

（三）政策引导激励效果仍不理想

近年来，财税、金融、监管部门出台了一系列扶持优惠政策，对解决农村金融"成本高、风险大"难题发挥了积极作用。但从实施效果看，一些政策在引导金融资源向农村重点领域和薄弱环节倾斜性配置的效果仍不理想。如，部分财税政策从中央到地方层层弱化、政策项目碎片化，缺乏与货币政策的有效配合。货币政策在引导金融机构加大农村地区投放上，政策效果不佳。如，关于"县域法人金融机构新增存款一定比例用于当地贷款考核"政策，近几年的考核达标率明显下降，对金融机构的激励效应明显减弱。2018 年《中共中央国务院关于实施乡村振兴战略的意见》明确提出"制定金融机构服务乡村振兴考核评估办法"的要求，但目前各级尚未出台完善的考评办法，在对金融支持乡村振兴的评价和激励上缺乏系统的制度安排。

（四）农村金融生态环境有待进一步优化

近几年，农村信用体系建设取得明显成效，但总体上仍较滞后，农村信贷违约风险仍然较高。如 2018 年 6 月末，河南省银行机构不良贷款率为 3.08%，而农信社系统（含农商行）不良贷款率较年初大幅上升 4.33 个百分点，达到 7.36%。

三 河南省金融支持乡村产业振兴的建议

河南省金融支持乡村产业振兴的任务十分艰巨，全省金融部门必须立足农业大省的实际，借鉴国内外金融支持乡村产业振兴经验，要针对薄弱环节补短板，对照任务优结构，提升服务强功能，保证效果建机制，为乡村产业振兴提供强力的金融支持。

（一）加强政策引导，增加金融支持乡村产业振兴的资金供给

1. 进一步发挥政策引导激励作用，向农村地区增加金融资源配置

一是有效发挥货币政策引导作用。进一步落实和优化支农再贷款、再贴现、差别化存款准备金率、涉农贷款增量奖励等扶持政策。加强金融机构服务乡村振兴考核评估结果运用，对考核评估达到一定等级、服务乡村振兴信贷投放金额和户数达到一定规模的银行机构，予以差别存款准备金率优惠政策；对考核支持乡村振兴贷款增速、利率指标达标的金融机构，增加再贷款授信额度，调动金融机构加大乡村振兴信贷投放的积极性。二是实施差异化监管政策。继续按照放宽准入、深化改革、防控风险的原则，对农村金融服务网点进行合理布局，健全金融支农组织体系。完善村镇银行准入条件，增加乡村服务网点。对乡村金融机构不良贷款比率实行差异化考核，提高乡村地区金融机构不良贷款率容忍度。三是修订完善防止农村地区金融机构资金外流有关制度。重点对《关于鼓励县域法人金融机构将新增存款一定比例用于当地贷款的考核办法》进行修订完善。一方面，建议扩大考核范围，提高达标标准。把考核对象由"县域法人金融机构"扩大到农村地区设立的所有金融机构，把年度新增当地贷款占年度新增可贷资金比例的70%提升到75%。另一方面，加大政策激励力度。可根据金融机构新增当地贷款的比例，来确定其降低存款准备金率的

幅度。同时，加大财税政策的奖励力度，对于达标机构提高缴纳税收返还比例，将财政性资金优先存入，减免在依法收回及处置抵贷资产过程中所产生的相关费用。

2. 推广"兰考普惠金融""卢氏金融扶贫"模式经验，助力产业扶贫

实现乡村产业振兴，必须先解决农村贫困问题。全省各地应立足当地实际，学习借鉴兰考、卢氏模式经验，开展试点推广工作。一是完善产业发展支撑体系，创新推广多种产业扶贫贷款模式。依托当地资源禀赋、自然条件和产业基础，按照绿色、特色、生态和三次产业融合发展的思路，确定重点支持项目。要围绕不同的特色优势产业项目创新信贷产品。大力推广"基地＋农户""合作社＋贫困户""企业＋合作社＋贫困户"等产业链金融扶贫产品。同时，增强财政与金融联动，创新"财政＋保险＋银行＋企业""扶贫再贷款＋银行＋担保基金＋财政贴息＋企业（贫困户）"等扶贫贷款模式，促进金融支持与产业扶贫有机融合。大力推广兰考数字普惠金融经验，改善贫困地区金融基础环境。扩大"普惠通"App 等移动金融服务平台在农村地区的覆盖面，推动更多农户享受到账户服务、小额理财、农户保险、缴费支付、惠农补贴、金融消费权益保护等"一站式"金融服务。深入开展移动支付便民示范工程，实现银行业移动支付在交通、医疗、公共缴费等便民行业的全面应用。进一步加快普惠金融服务站建设，健全服务站功能，实现"基础金融服务不出村、综合金融服务不出镇"。

（二）优化结构，创新金融产品，加大对乡村振兴重点领域支持力度

1. 重点支持农业结构性调整，大力发展现代农业

一是保证粮食生产核心区建设的资金需求。立足全国第一粮食生产大省实际，探索开发适合高标准农田建设需求的金融产品，大力推

进高标准农田建设。创新运用农村承包土地"两权"抵押、住房财产权抵押、农业生产设施抵押、大型农机具抵押等多种信贷产品，并发挥政策性农业信贷担保机构作用，加大粮食生产规模化、有机化和机械化支持力度。二是大力支持特色产业和新型经营主体发展，促进农村产业融合。探索农业产业链金融服务模式，创新"政府＋龙头企业＋担保公司＋保险公司＋农户"多方参与的农业信贷模式，围绕种植、养殖和食品（肉类、粮食）加工等特色产业，大力支持农业产业化龙头骨干企业、农产品加工产业基地建设。创新应收账款、大宗农产品存货、仓单、保单、商标专利权等质押贷款，探索"政策性农业信贷担保公司＋新型农业经营主体""信贷＋农户＋专业合作社"和新型经营主体互保等增信模式，加大对新型农业经营主体的资金支持力度。要加大农业科技贷款投放力度，重点支持农产品深加工高科技企业、现代农业先进机械制造等现代农业产业园、农业科技园区建设。

2. 重点培育农村发展新动能新业态，大力发展生态经济

立足乡村现有资源禀赋，适应当地农业生态发展融资需求，创新运用林权抵押、土地承包经营"两权"抵押、旅游收费权质押、产业合作基金等贷款品种，以及财政担保增信等多种方式。一是大力支持乡村休闲观光旅游发展。将乡村生态优势转化为发展生态经济的优势，打造一批集特色高效农产品生产基地、休闲观光旅游、农村手工业和土特产服务的生态农业工程。二是支持田园综合体建设。加强金融对特色村镇的信贷支持，鼓励发展特色种植养殖业，建设乡村小微型产业聚集的"多彩田园"。三是支持农村电商发展。开发"农村电商＋信贷"服务新模式，开展优质电商企业农村物流站点建设专项融资和农村"三网融合"专项融资，推进新型农业经营主体对接全国性和区域性农业电子商务平台，加快、便捷实现农业产品向农业商品转换流程。

3. 重点支持农村基础设施和绿色发展

一方面需要发挥国家财政的积极作用，另一方面要完善政策保障体系，通过政府和金融合作来撬动社会资本更多地投入，运用 PPP 项目模式支持农村基础设施和绿色发展。国开行、农发行应围绕农村公路建设、农网改造、农村环境整治、危房改造、易地扶贫搬迁等重点领域的金融需求，发挥开发性、政策性金融优势，加大中长期信贷资金投放支持。创新"金融 + 财政 + 社会资本"等多种融资模式，引导商业性金融机构与政策性金融机构合作，并以金融资本带动社会资本，参与新水库建设、大中型灌区建设等大型基础水利工程建设等。同时，加强绿色金融业务、产品及服务创新，综合利用绿色信贷、绿色债券、绿色发展基金、绿色保险等金融工具，满足农村基础设施建设和农业绿色发展的巨大资金需要，支持农业清洁生产、生态循环农业、种养业废弃物资源化利用无害化处理、规模化绿色能源基础设施建设等，为农村污染治理、绿色农业发展提供融资支持。

（三）完善功能，全面提升保险证券支持乡村产业振兴的力度

1. 进一步完善农村地区农业保险的金融支持体系

由政府主导推动政策性涉农保险机构的培育，通过建立政策性"三农"保险、融资担保机构，分散和转移农业贷款风险，引导商业保险机构积极跟进，形成"政策保险 + 商业保险"互为补充的格局。一是扩大涉农、涉林保险覆盖范围。完善涉农、涉林保险制度，加快推进涉农、涉林保险扩面、提标、增品，推动涉农、涉林保险产品升级提质。二是开发种植、养殖大棚、农业耕种机械、运输机械、收获机械、农作物秸秆综合利用机械等农业设施保险。三是探索开展农业贷款保证保险，通过贷款保证保险的信用担保功能搭建融资桥梁，利用财政对农业贷款保证保险的保费补贴政策降低农村地区融资成本，有效提高农业生产经营者融资能力。同时，加大对农户的直接保费补

贴和对保险公司的政策性优惠补贴；完善农业巨灾风险分摊机制，不断增强农业保险对农业生产的风险保障能力。

2. 增强资本市场对乡村产业振兴服务功能，提高直接融资比例

积极发挥股票市场、债券市场融资功能，运用期货市场机制为农村地区发展"造血"，拓展融资渠道，扩大直接融资。一是鼓励和支持符合条件的涉农企业在多层次资本市场上进行上市融资。贫困县企业应紧抓政策机遇，充分利用IPO公开发行股票、新三板挂牌等绿色通道政策，解决发展资金瓶颈。规范发展区域性股权市场。支持涉农中小企业到新三板市场挂牌融资，引导新三板挂牌后备企业到中原股权交易中心挂牌融资。二是支持符合条件的涉农企业通过发行企业债、公司债和中小企业私募债融资。进一步扩大涉农企业发行中小企业集合票据、短期融资券等非金融企业债务融资工具的规模。三是发挥期货市场服务乡村振兴的功能作用。积极推动农产品期货新品种开发，拓展农产品期货业务，进一步完善期货期权品种上市机制，提升农产品市场创新效率。支持期货经营机构为农业产业化龙头企业提供合作套保、定价服务、仓单服务和基差交易等综合性业务，支持风险管理子公司通过期现业务为涉农企业提供仓单购销服务，发挥农产品期货市场的价格发现和风险规避功能。

（四）健全机制，形成金融支持乡村产业振兴的合力

1. 建立健全金融支持乡村产业振兴考评体系

2018年中央一号文件明确要求"制定金融机构服务乡村振兴考核评估办法"。而目前各级尚未出台相应的金融支持乡村振兴评估指标体系和考核办法。河南省作为农业大省，尽早制定金融支持乡村振兴的评估指标体系和考核办法，充分调动金融机构支持乡村振兴的积极性尤为重要。本文认为，构建金融机构服务乡村振兴考核指标体系，要遵循三项原则：一是对接国家战略，二是突出河南特色，三是

指标科学适用。考核指标应包括总量指标、结构性指标。在总量指标设计上，要突出对农村地区融资规模和银行信贷、证券融资、农业保险等资金总量及与上期的增长速度的考量。而结构性指标的设计，要突出金融对现代农业、绿色农业、智慧农业、生态农业、科技农业、农业基础设施建设等方面资金投入的总量、增速及贷款比重考核。同时，要建立完善金融支持乡村振兴统计制度，并制定完善的考核奖惩标准和激励优惠措施。

2. 建立健全风险担保、涉农贷款奖补机制

一是建立完善政策性担保体系。发挥国家、省农业信贷担保体系示范作用，推动成立多层次（省、市、县）政策性担保公司，强化分险增信功能，支持农业信贷担保公司在风险可控的前提下提高担保放大倍数，通过财政担保费率补助和以奖代补等，使农业主体获得低费率甚至零费率的融资担保服务。二是建立完善涉农贷款奖励补贴机制。建立财政促进金融支农的奖励机制。财税部门对农村金融机构发放涉农贷款的利息收入实行所得税和增值税优惠，并给予一定的财政贴息。加大县域金融机构涉农贷款增量奖励力度，引导加大乡村信贷投放力度，增加乡村金融服务总量供给。

3. 进一步推进农村信用体系建设，优化乡村金融生态环境

一是总结推广兰考、卢氏模式农村信用体系建设实验区经验，探索建立以农户和农村新型经营主体为主要对象，以信用档案建设和信用评价为基础，以信用文化为保障的农村信用体系建设模式。推动实施"数字乡村"战略，充分借助大数据、互联网等新技术，建立完善以央行征信为主体，以社会征信、政府信息等各类征信数据为补充的农户及涉农企业征信系统。二是依法打击逃废金融债务行为，加大对失信行为的惩戒力度，建立金融风险预警机制。三是进一步普及农村金融知识，深入开展金融知识下乡活动，着力提高基层群众的金融素质。

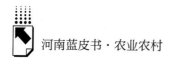

参考文献

韩国强：《金融服务乡村振兴战略的思考》，《当代金融研究》2018 年第 2 期，第 96~104 页。

姜欣欣：《乡村振兴的重要抓手是普惠金融》，《金融时报》2018 年 8 月 6 日。

谢亚光、袁绍彪、将世东：《银行业支持乡村振兴战略之策》，《银行家》2018 年第 4 期，第 119~120 页。

张翼：《金融服务乡村振兴战略的路径选择》，《金融纵横》2018 年第 4 期，第 49~54 页。

B.14
河南乡村振兴战略的用地保障研究

郭志远*

摘　要： 党的十九大提出要实施乡村振兴战略，土地是人类社会最基本的生产和生活资料，乡村振兴更离不开土地资源的保障。对于河南这样的农业大省和人口大省来说，乡村振兴战略是决胜全面小康、加快现代化建设的客观要求，是实现全省人民共同富裕的必由之路。河南土地开发程度高，可利用后备资源不足，乡村振兴面临的用地形势紧张而复杂。在新的发展阶段，必须准确把握新时代经济社会发展新趋势和乡村演变发展新特征，坚持全面深化改革，为乡村振兴做好土地保障。

关键词： 乡村振兴　用地保障　土地制度

土地是人类社会最基本的生产和生活资料，英国古典政治经济的创始人威廉·配第曾经说过："土地是财富之母，劳动是财富之父。"我国的土地制度是以社会主义土地公有制为基础和核心的土地制度，土地归全民所有和劳动者集体所有。改革开放以来，我国充分发挥土地公有制这一社会主义制度优势，实现了工业化、城镇化的快速发

---

* 郭志远，河南省社会科学院助理研究员，研究方向为城市经济。

展。党的十九大明确提出实施乡村振兴的战略任务，要实现"产业兴旺、生态宜居、乡风文明、治理有效、生活富裕"，土地作为农村最重要和最珍贵的资源，其商品属性和重要性越来越显现，无论是城镇化，还是乡村振兴，对于土地资源的需求都越来越多。河南作为人口大省、农业大省和粮食大省，以全国7%的耕地贡献了全国10%的粮食产量，素有"中国粮仓、国人厨房"之称，要实现乡村振兴的战略任务，必须加强土地的保障作用。

一 河南推进乡村振兴战略面临的土地利用形势分析

河南华北平原南部的黄河中下游地区，气候上属于典型的大陆性季风气候，四季分明，非常适合发展农业，自古以来就是全国重要的农业地区，土地开发利用程度已经相当高，可利用后备土地资源严重不足，在当前还面临着保障国家粮食安全、协调推进新型城镇化和乡村振兴战略、生态文明建设的重任，土地利用形势越发复杂。

（一）保障国家粮食安全，要求加强耕地数量保护和质量建设

河南是农业大省，农业特别是粮食生产对全国具有举足轻重的影响。2019年3月8日，习近平总书记在全国两会上参加河南代表团时强调，"要扛稳粮食安全这个重任"。近年来，随着我国粮食结构性产需缺口不断加大，增产受到价格成本挤压和资源环境双重约束，确保谷物基本自给、口粮绝对安全难度增加。对于当前的河南来说，稳定提高粮食综合生产能力，保障国家粮食安全，建设现代农业强省，都需要土地作为支撑。根据2014年6月公布的第二次河南土地调查数据，全省新增耕地67687.34公顷，其中包括土地整理增加耕

地 43996.77 公顷，土地复垦增加耕地 10153.1 公顷，土地开发增加耕地 13537.47 公顷，建设高标准农田 160.41 万公顷，耕地面积虽然有所增加，但难以稳定利用的耕地占一定比例，需逐步调整退耕。而且河南很多地方地形复杂，可用来开垦的后备资源严重不足，灾害损毁、建设占用等对耕地保护的压力有增无减。无论是保障国家粮食安全，还是实施乡村振兴战略，均需要土地作为保障，因此，必须充分发挥有限的土地资源的潜力。

（二）推进新型城镇化进程，需要提高土地利用效率和优化用地布局

河南不仅是农业大省，还是人口大省，城镇化水平在全国处于落后地位，推进新型城镇化任务繁重。2018 年，城镇常住人口 4967 万人，常住人口城镇化率达到 51.71%，仍比全国平均水平低 7.87%。根据《河南省国民经济和社会发展第十三个五年发展规划纲要》的目标，到 2020 年，河南城镇化率要提高到 56%，这就意味着在接下来的两年里，城镇常住人口每年还将新增 200 多万人。根据世界城镇化发展规律，在未来较长的一段时间，河南的城镇化仍将处于较高水平。从当前实际情况来看，土地的城镇化速度要高于人口城镇化，人口城镇化的继续推进离不开土地城镇化的支撑。根据河南省土地利用总体规划（2006～2020 年）和上一轮河南省土地整治规划成果确定的城镇集约节约利用整治目标，"十三五"期间新增建设用地需求达到 60 多万亩。此外，中原城市群作为国家第七大城市群的建设、郑州作为国家中心城市的建设，都需要大量的建设用地来保障。在这种形势下，迫切需要提高土地利用效率和优化用地结构布局，落实差别化产业土地政策，提高城镇化发展质量，以较少的土地资源消耗支撑城镇化和乡村振兴两大战略协调发展。

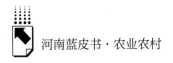

（三）乡村振兴战略，需要农村土地制度改革作为支撑

党的十九大报告将乡村振兴战略作为未来的七大战略任务之一，提出按照"产业兴旺、生态宜居、乡风文明、治理有效、生活富裕"的总要求，加快推进农业农村现代化。2018 年 9 月 26 日，中共中央、国务院印发《乡村振兴战略规划（2018～2022 年)》，强调"乡村兴则国家兴，乡村衰则国家衰"。土地，是农业的命脉，是农村最重要的生产要素。如何盘活农村的土地，唤醒这些"沉睡的资本"，是河南这样一个农业大省能否真正实现乡村振兴的关键所在。乡村振兴战略对改善农村人居环境和乡村产业发展提出了更高的要求，土地作为乡村振兴战略的核心要素，要进一步强化促进农村发展、农业增效和农民增收的作用，助力乡村振兴战略。许多乡村在发展过程中暴露出来的社会经济问题都集中反映在土地利用上，这些问题的解决都需要通过深化土地制度改革来实现。

（四）推进生态文明建设，要求加强土地生态保护和生态修复

绿色发展是我国当前资源约束趋紧、环境污染严重和生态系统退化等严峻形势下，加快建设资源节约型环境友好型社会、推动形成人与自然和谐共处新格局的必由之路。河南省当前正处于工业化、城镇化加速推进时期，农业农村正在经历前所未有的变化和至关重要的转型，土地利用中的生态安全问题也日益显露。首先，豫北太行山、豫西伏牛山、豫南桐柏山和大别山等地坡耕地资源众多，生态系统比较脆弱，容易造成严重的水土流失；其次，部分地区的矿山损毁土地、空心村、砖瓦窑场和灾毁土地等长期闲置，不仅造成土地资源的浪费，还引发诸多生态环境问题；再次，一些地区对耕地地力建设和农田水利设施的养护不到位，在农业生产过程中对农药、化肥的使用不当，加上农村工业和畜牧业等现代农业的发展，土壤污染问题越来越

突出，直接影响耕地的生产能力。必须转变土地资源开发利用方式，全面节约和高效利用资源，减少资源开发利用对生态环境的影响破坏，走结构优化、节约集约、效率提升的绿色发展新路。

二 河南实施乡村振兴战略存在的突出土地利用问题

河南土地肥沃，不仅养活了河南 1 亿人口，而且为城镇化、工业化和农业现代化做出了巨大贡献，但是土地资源非常有限，乡村振兴战略的实施过程存在着耕地保护红线受到威胁、城乡"争地"、土地流转困难以及土地制度不完善等现实困难。

（一）耕地红线面临严重威胁

粮食安全高于一切，是国家安全的根本，为确保粮食安全，耕地红线要坚决守牢。中央对耕地问题历来重视，长期以来实行占补平衡的基本政策。河南为贯彻党的十九大精神，2018 年 2 月 5 日，河南省委省政府专门出台了《关于进一步加强耕地保护的实施意见》，提出到 2020 年，河南全省耕地保有量不少于 1.2035 亿亩，永久基本农田保护面积不少于 1.0206 亿亩。但在大规模工业化和城镇化建设过程中，因土地制度不完善、缺乏有效监管措施，大量耕地在向其他用地转换过程中隐形流失。造成土地隐形流失的原因主要有：一方面，种粮比较收益低、种粮不挣钱，这是农民不愿种粮和影响粮食规模经营的根本原因，农民种地意愿不断下降，农村大量青壮年劳动力外出谋生，农村"空心化"、农业"副业化"不断加剧，过去精耕细作的传统被遗弃，土地生产力得不到充分发挥；另一方面，土地流转监管乏力、土地执法监管不严、跟踪督促不力，耕地向其他用地用途转换过程中，存在土地流转后自然抛荒或擅自改变用途等现象，或者存在擅自更改土地用途等违法行为，造成大量隐形的耕地流失。

（二）土地制度供给仍需强化

当前，许多农村地区的用地审批管理制度不合理、实际审批过程不规范，乡村振兴的土地制度供给还需进一步完善。主要表现在：一是农村临时用地审批管理缺乏国家和省级层面的顶层设计。现行的《土地管理法》是 1986 年审议通过，虽然后来又经过三次修改，但最近的一次修改也已经是 2004 年，远不能适应今天复杂的土地使用状况。例如，其中规定，对临时使用农民集体所有土地的，由县级以上人民政府土地行政主管部门批准，但在现实中，农村大量存在的临时停车场用地，尚未纳入管理范畴，随着小汽车在农村的不断普及，这一问题将会越发突出。二是乡村基础设施用地管理不规范，集中表现在乡村旅游设施用地管理上。乡村旅游项目一般需要配建公路、步道、栈道、公厕、农家乐，这些基础设施都需要占用大量土地，而这些乡村旅游设施普遍存在办证审批难，各地乡村旅游涉及的零星建设用地，很多都未办理建设用地审批手续。随着人们生活水平的不断提高，利用周末时间进行乡村旅游的需求越来越多，这一问题必将更加突显。三是农村宅基地管理混乱。根据《土地管理法》规定，宅基地经乡（镇）人民政府审核，由县级人民政府批准，但在实际执行过程中，宅基地审批的关键在村委会，县级人民政府的批准变成官方审核，而农村又属于典型的"熟人社会"，一些审批容易陷入"熟人办事"和"地下交易"的境地，在一定程度上造成违法用地现象。

（三）城乡"争地"现象突出

当前，城镇化仍是全省重点工作，重城轻农现象仍然普遍存在，乡村振兴各种用地需求难以得到规划空间、用地指标。突出表现在以下三个方面：一是农村用地规划指标增量空间不足。各地在制定土地利用总体规划时，对城乡建设用地规模、城镇工矿用地规模等建设用地往往会设定控制性指标，而农村居民点用地规模却不会纳入控制性指标。各地为追求土地效益最大化，往往会将有限的土地指标向城镇和工商业用地倾斜，导致农村各种用地指标增量空间严重不足。二是农村用地指标单列执行不到位。从 2010 年起，国家就明确指出，对农村建设用地指标要单列，但是各地在实际执行过程中往往将有限的指标用于城镇发展，有些县甚至多年未曾批准过农村宅基地，农民生活和农村发展用地只能通过违法用地来实现。三是农村闲置土地利用不够。当前，全省正在实施的城乡建设用地增减挂钩政策，主要依靠开垦荒地、坡地来实现城镇建设用地增加，而农村大量闲置的宅基地由于政策原因不能交易，难以盘活。

（四）土地流转困难重重

乡村振兴离不开土地流转，而现实中由于思想观念、体制机制等方面的制约因素，很多地方土地流转困难重重。一方面，传统观念的影响根深蒂固，农户恋地情结依然深厚。俗话说，农民的地等于农民的天，农民的幸福就在田地间。全省范围内，农村以养老、医疗为主的社会保障体系仍不健全，土地对农民来说依然承载着社会保障的功能，是许多农民最后的"保障线"。部分农民主业已不事农业生产，本可放弃土地，但是为了留有"保障"，宁可粗放经营或者让地荒废，也不愿转出承包地，这也是土地流转供给不足的一个重要原因。另一方面，目前农村土地流转服务体系不健全，与快速增长的土地流转需求形势不相适应，而且流转双方信息交流不对称，满足不了农村土地流转的需要。一些地方土地流转尚未建立起一套完善的流转机制，影响着土地流转过程的规范有序。土地流转缺乏保障机制，不仅表现在对转出方的保障，也表现为对转入方的保障；此外，流转服务体系不健全，流转不规范，流转模式单一。

三 加强河南乡村振兴用地保障的政策建议

实施乡村振兴战略，是决胜全面小康、加快现代化建设的客观要求，是实现全省人民共同富裕的必由之路。站在新的历史起点上，必须准确把握新时代经济社会发展新趋势和乡村演变发展新特征，坚持全面深化改革，为乡村振兴做好土地保障。

（一）全面开展农用地整治

既要保障粮食生产和供应，又要为乡村振兴提供土地资源，农用地整治必然成为增加土地供应的重要来源。首先，要在生态文明理念的指引下，加快推进高标准基本农田建设，切实增加有效耕地面积，提高耕地质量等级，大规模建设旱涝保收高标准基本农田，优化耕地布局，提高其他农用地利用效率，改善农业生产条件，夯实农业现代化发展基础。按照数量、质量、生态"三位一体"保护原则，确保基本农田数量不减少、质量有提高的基本目标，加快建设一批布局合理化、农田规模化、农艺科技化、生产机械化、经营信息化、环境生态化的高标准基本农田。其次，必须严格农田整治工程标准，加大中、低质量等级耕地改造力度，切实加强耕地数量保护和质量建设。再次，大力推进农田林网工程建设，完善农田防护林体系，稳步提高农田防护林比例；加强小流域综合治理，积极开展坡改梯、堤岸防护、坡面防护和沟道治理等水土保持工程建设，增强农田抵抗自然灾害的能力。最后，必须依靠政府力量，完善耕地保护责任目标考核办法，将永久基本农田划定和保护、高标准基本农田建设、补充耕地质量等纳入考核内容，健全评价标准，实行耕地数量与质量考核并重，切实落实地方政府耕地保护责任，加强耕地质量管理。

（二）积极推进农村建设用地整治

随着城镇化的推进，大量的农业转移人口必然要进城，他们留下来的闲置建设用地成为推进乡村振兴可靠的土地来源。必须以统筹城乡发展和建设美丽宜居乡村为目标，以改善农村生产生活条件为前提，按照"群众自愿、因地制宜、量力而行、依法推动"的原则，积极稳妥推进农村建设用地整治。首先，要全面优化农村建设用地布局，推进农村闲置低效土地的整合利用，完善农村基础设施，改善农村生产生活条件，提升农村公共服务水平。其次，加大农村建设用地整治规划统筹力度。按照"因地制宜、统筹推进、有序开展"的原则，明确农村建设用地整治重点。以经济社会发展规划、土地利用总体规划为指导，加强与村镇建设、村庄布点等规划的协调衔接，科学编制乡村土地整治规划。再次，科学分类整治"空心村"。对经济基础好、进城农户多的城市近郊"空心村"，有序推进整体搬迁、集中连片开发，腾出来的土地转为建设用地。对那些远离城镇、经济基础一般、人口衰减的山区"空心村"，引导其向自然及经济社会条件相对优越的中心村庄归并，腾空的土地可复垦为耕地。

（三）积极完善土地制度体系

习近平总书记多次强调，农村土地制度改革关乎城镇化、农业现代化进程，要始终把维护好、实现好、发展好农民权益作为出发点和落脚点，坚持土地公有制性质不改变、耕地红线不突破、农民利益不受损三条底线。首先，要建立健全程序规范、补偿合理、保障多元的土地征收制度，缩小征地范围、规范征地流程，加强被征地农民的保障，免除转移人口进城的后顾之忧。其次，农村集体经营性建设用地制度的改革是实现乡村振兴的基础与条件，试点建立集体经营性建设用地入市制度，推动建设城乡统一的建设用地市场，努力实现城乡之间同地同权同价，赋予集体经营性建设用地使用权与国有建设用地使用权同等权能。再次，完善宅基地使用制度。2018年中央一号文件提出，完善农民闲置宅基地和闲置农房政策，探索宅基地所有权、资格权、使用权"三权分置"。在城镇化推进快、空心村严重的地区，试点宅基地有偿使用制度和退出制度，改革并完善愿意放弃宅基地的进城农民的宅基地权益，按照"依法、资源、有偿"的原则，让闲置宅基地变废为宝。最后，基于当前乡村振兴的企业多为小型企业或者农业合作社的特点，加强小微企业用地保障。与国有建设用地规模大、成本高相比，农村集体经营性建设用地具有地块小、成本低的特点，更容易受小型企业和创新创业企业青睐。

（四）加大政策支持力度

当前，河南乡村发展进入新的历史阶段，必须顺应新形势新要求，加强政策支持力度，为乡村振兴用地做好保障工作。首先，对涉及乡村振兴用地的审批，加大简政放权力度，赋予市、县、乡级政府一定的审批权。对乡村公共设施、基础设施的项目用地，如果不需要新征收土地，可以由县一级政府审批；对乡村旅游设施用地，涉及土地利用规划调整的，也可以下放到县一级政府批准。其次，对乡村振兴项目发展设施，如不需要破坏耕地属性的农业用地，可以简化或者不再办理设施农业用地手续，只需纳入监管即可；放宽乡村临时用地管理，对乡村地区的停车、仓储等临时性用地，可以由乡镇一级政府办理临时用地手续，然后报县一级土地主管部门备案。最后，加强规划引导，进一步推动乡村规划编制，在土地利用规划中为乡村振兴留出足够的规划空间和用地指标，严格落实农村用地指标单列制度，严格执行农村用地计划，并加强年度考核。

参考文献

吴海峰：《推动农地经营权流转加快农业现代化进程——关于河南省促进农村土地规模集约经营的调查和思考》，《中国乡村发现》2013 年第 1 期。

韩长赋：《中国农村土地制度改革》，《农村工作通讯》2018 年第 12 期。

王利文、魏伟新：《广东加强节约集约用地的对策研究》，《南方农村》2012 年第 5 期。

赵龙：《为乡村振兴战略做好土地制度政策支撑》，《行政管理改革》2018 年第 4 期。

国土资源部：《全国土地整治规划（2011~2015 年）》。

B.15
河南推进农业绿色发展的态势及对策

乔宇锋*

摘　要：　农业绿色发展是河南贯彻新发展理念、实现乡村振兴的必由之路，也是河南供给侧结构性改革的关键环节。农业绿色发展能够有效解决河南农业粗放经营过程中出现的农业面源污染问题，有助于提高农产品安全质量、促进农民持续增收。农业绿色发展的关键是水土资源质量，特别是在河南人均耕地和人均水资源均低于全国水平的情况下，由于耕地无序违规占用现象和农业水资源短缺，水土资源保护和质量提升成为河南今后农业绿色发展的关键。借鉴欧盟共同农业政策，河南要做好农业绿色发展，需要不断改革创新体制机制，在保持土地资源总量稳定的前提下，改善土地质量，提升土地生产效率，并采取综合措施，保证水资源的可持续利用。

关键词：　农业绿色发展　供给侧改革　农业面源污染　共同农业政策

---

* 乔宇锋，河南省社会科学院助理研究员，研究方向为农村经济和创新经济。

一　引言

得益于制度变迁和技术进步的共同推动，河南农业实现了长期的持续增长，但由于增长主要依靠以资源消耗为主的粗放型经营方式，农业面源污染日益严重，生态环境出现退化趋势，相对于人民群众日益增长的消费需求，河南在绿色安全的农产品供给方面已呈现出了短板。农业绿色发展是农业现代化的必然要求，是破解农民持续增收困难、农业生态环境恶化双重困境的主要手段，也是河南农业供给侧结构性改革的重要方向。2017 年中共中央办公厅、国务院办公厅印发的《关于创新体制机制推进农业绿色发展的意见》指出："推进农业绿色发展，是贯彻新发展理念、推进农业供给侧结构性改革的必然要求，是加快农业现代化、促进农业可持续发展的重大举措，是守住绿水青山、建设美丽中国的时代担当。"2018 年中央一号文件明确提出：开展农业绿色发展行动，实现投入品减量化。2019 年中央一号文件明确提出：推动农业农村绿色发展，创建农业绿色发展先行试验区，强化高质量绿色发展导向。如何把农业绿色发展摆在生态文明建设的突出位置，分析研究河南在农业绿色发展中存在的相关问题，创建以绿色生态为导向的农业政策体系，是河南农业农村改革的重要方面，也是贯彻十九大和中央系列精神、实施乡村振兴战略、落实新发展理念的必然要求。

我国对农业绿色发展的研究起步于 20 世纪 80 年代，叶谦吉最早从生态农业的角度，针对农业生产中存在的生态环境破坏问题，认为生态农业是我国农业的一次绿色革命。随着对生态农业研究的不断深入，以可持续发展理论为基础，尹昌斌等倡导循环农业，认为循环经济能够促进生态良性循环和农业可持续发展；严立冬等提出农业绿色发展模式，认为其是中国现代农业可持续发展的最佳选择与主导模式;车宗贤等以河西走廊绿洲灌区为例,提出资源循环利用、清洁生产的绿色农业发展模式。实现农业绿色发展是一项复杂的系统工程,汪成和高红贵认为,我国农业发展需要良好的生态安全作支撑;潘丹研究提出,由于我国农业生产中普遍存在资源消耗和环境污染现象,必须转变农业增长方式。学界目前已形成共识,农业绿色发展是我国实现农业可持续发展的有效模式。国外学者对农业绿色发展的研究主要包括模式探究、影响因素研究和评价分析三个方面,其中又以模式探究为主,例如美国学者阿尔布雷切(Albreche)提出的生态农业、日本学者冈田茂吉提出"自然农法"等。

农业绿色发展既是农业发展的手段,也是农业发展的目的。尹成杰认为,农业绿色发展的关键在于形成有利于农业发展的新格局,要做到生态系统稳定、产地环境良好和农产品质量安全。农业绿色发展有其自身规律可循,在不同的发展阶段有不同的特征,需要实事求是按规律办事。赵大伟认为,农业绿色发展的不同阶段,都需要优化相应的制度设计。翁伯琦和张伟利认为,农业绿色发展是新时期落实新理念的具体行动,也是推动农村生态文明建设的重要抓手。李谷成认为,应剖析绿色生产率增长背后的制度原因,认真核算农业绿色生产率,才能有针对性地提出政策建议。

张红宇认为,农业绿色发展是农业发展问题的客观要求,它能够有效提升我国农业的质量效益和市场竞争力。陈锡文认为,农业绿色发展是我国农业一场从"量"到"质"的深刻变革。宋洪远认为,"十三五"乃至今后更长一个时期,农业绿色发展都是我国农业农村改革的主攻方向。影响农业绿色发展的因素有很多,王宾认为,农业生态补偿机制是农业绿色发展转型升级的重要基础,因此必须健全生态补偿机制;梁枫认为,政府提供财政金融支持有助于提高农业绿色生产率,因此应优化我国财政支农体系,针对区域差异采取不同财政政策。李国祥研究认为,在乡村振兴战略背景下,为了提升农产品市场竞争力，我国必须实现农业绿色发展。

综合已有研究成果，学者围绕生态农业和农业可持续发展等已进行了广泛研究，为农业绿色发展研究提供了坚实的理论基础。但现有文献研究多侧重于理论指导和因素分析，在农业绿色发展路径研究中大多以政策为导向，缺乏实际操作性，对水土资源保护这个核心问题也涉及不多，对河南有具体指导意义的研究更少。河南作为全国重要的粮食主产区，研究河南的农业绿色发展路径，借鉴国外经验的启示，进而提出有针对性的政策建议，不仅是实现农业供给侧结构性改革的重要内容，也是破解农民增收难的关键，更可为全国其他省份农业绿色发展提供经验借鉴。

二 河南推进农业绿色发展的态势分析

自党的十八届五中全会提出绿色发展理念以来，国家出台了一系列相关政策措施，特别是十八大之后，做了一系列战略部署，为农业实现绿色发展提供了有利的宏观政策环境。为贯彻党中央、国务院决策部署，农业部提出了农业绿色发展五大行动计划，按照"重点突破、综合治理、循环利用、绿色发展"的要求，探索治理农业面源污染的有效办法，有力推动了我国农业绿色发展。另一方面，由于农业生产环境日益恶化，市场对农产品的质量安全准入条件日益严格，农民增收缓慢等问题也日益凸显，农业绿色发展有着强烈的现实需求。农业绿色发展具有多重内涵，准确理解和把握其实质，是推进农业绿色发展的前提。

就河南而言，农业的经营方式依然粗放，实现增长仍然主要依赖资源消耗，农业面源污染和生态环境退化的趋势尚未得到有效遏制。对农业生产中需要的优质水土资源，仍存在大量优先配置到城镇、非农产业的现象，优质安全农产品仍无法满足人民群众的生活需求。为了保证农产品优质安全、实现资源集约与高效利用，河南必须大力发展绿色农业，这也是河南在农业方面全面贯彻落实习近平新时代中国特色社会主义思想的具体行动。

农业面源污染分散、隐蔽、不易监测，具有随机性和空间异质性，全面治理农业面源污染是一项长期而艰巨的工作。金书秦等认为，农业面源污染主要是因为化肥、农药等过量投放和低效利用，以及规模化养殖畜禽粪便的不合理处置等。饶静等认为，农业面源污染在实质上，是农业发展"片面追求增长"，在社会负外部性、污染治理成本高以及多元化农户生产行为等社会环境下所产生的必然结果。以化肥施用为例，从 1997 年到 2017 年，河南省化肥施用量从 355.31 万吨增加到 706.7 万吨，增长了 98.9%，几乎翻了一番。从 1997 年到 2017 年十年间，河南农作物播种面积从 6773.4 千公顷增加到 8112.3 千公顷，仅增长了 19.77%，而化肥施用强度却从 524.6 公斤/公顷增加到 871.1 公斤/公顷，增加了 346.5 公斤/公顷，增长了 66.1%。在化肥施用强度方面，国际公认的安全上限为 225 公斤/公顷，河南已达到安全上限的 3.87 倍，河南农业生产增长依靠化肥投入驱动的状况并没有得到显著改善。与全国情况类似，河南化肥综合利用率大约在 30%，化肥中大量的氮、磷等随着地表径流进入土壤和水体中，造成的污染严重影响着农产品的质量安全。因此，转变农业发展方式，实现农业绿色发展，是河南治理农业面源污染的现实需求。

党的十九大报告指出："中国特色社会主义进入新时代，中国社会主要矛盾已经转化为人民日益增长的美好生活需要和不平衡不充分的发展之间的矛盾。"习近平总书记亦指出，"好生态环境是最普惠的民生福祉"。随着人民生活水平的逐渐提高，人民对安全优质农产品的需求日益迫切。目前，在我国农产品市场总体竞争力排名中，河南的位次正在逐步降低，资源密集型农产品已基本丧失了比较优势。

河南作为传统农业大省，大而不强，迫切需要提高农产品品质，提高市场竞争力。因此，实现河南农业的绿色发展，不仅可以保障农产品质量安全，也是破解新时代河南农业发展困境的关键之举。

河南农业发展的外部环境、内在条件都发生了深刻变化，在取得长足进步的同时也存在着问题。一是粮食供求结构失衡，出现了"三量（产量、进口量和库存量）齐增"现象；二是农业经营规模依然较小，农业生产成本较高。受制于此，农民增收慢已成为河南经济发展中的突出问题，必须采取有力措施，实现农民收入的超常规增长。王小华和温涛认为，要实现农民超常规增收，需要技术、资金、土地等传统要素的优化组合，更需要新兴要素的优化配置。因此，河南推进农业绿色发展，一要培育农产品的市场口碑，把优质安全的农产品摆在更加突出的位置，以质量提高农产品价格；二要结合绿色发展的要求，降低化肥、农药、农膜等生产资料的投放；三要引导发展适度规模经营，通过规模效应来降低生产成本；四要培育休闲农业、乡村旅游等新业态，拓宽农民增收渠道，发掘农业多功能价值。最终通过实现多层次的农业绿色发展，有效实现农民增收。

三　河南推进农业绿色发展的难点

水土资源是农业生产的基本要素，其总量直接影响农产品的生产总量，其质量则直接影响农产品的安全和品质。因此，在体制机制创新、规模化生产、新型农业生产主体以及农业技术创新等方面，都必须将水土资源保护放在重要的地位。

2017年，河南人均耕地面积为1.12亩，仅为全国平均水平的78%，特别是近些年随着工业化和城镇化的快速推进，用于城镇建设和基础设施建设等的耕地不断增多，这种趋势短期内难以扭转。根据《农用地质量分等规程（GB/T 28407 - 2012）》，将河南全省的耕地划分为 15 等进行评定，全省耕地的平均质量为 7.24 等，低于全国耕地平均质量的 9.96 等，河南的耕地质量仍亟须提升。还需要注意的是，河南在城镇化、工业化进程中占用的耕地，优质耕地占较大部分，这些土地的生产率较高，而通过土地整治等措施补充的耕地土地生产率普遍较低，并不能有效实现占补平衡。这些现实问题，使优等地、高等地所占比例在一定时期内将会出现递减态势，特别是河南的优等地仅占耕地的 0.12%。由于工业"三废"排放、农业生产的面源污染、生活垃圾随意丢弃等原因，河南耕地土壤的污染点位超标率为 19.1%。在点位超标率和污染物种类方面，耕地都高于其他用途土地。

水资源是农业生产中不可替代的生态要素，河南省水资源并不丰富，人均水资源占有量为 443.2 立方米，仅为全国平均水平的 21.4%。随着工业化和城镇化，越来越多的水资源被配置到城镇和非农产业，使河南农业水资源供需长期处于不平衡状态。水资源数量短缺，会威胁农产品的产量安全；水质污染，则会严重威胁农产品的质量安全。不可否认，尽管节水灌溉等具体措施能够在一定程度上减缓水资源数量短缺的矛盾，但河南农业缺水的现状并不能迅速扭转。此外，水质问题也是河南农业绿色发展中需要重点关注的问题，水质直接影响着农产品的品质和质量。得益于党中央、国务院做出的"五位一体"总体布局和"四个全面"战略布局，河南全面贯彻落实绿色发展理念，根据"国考断面"的水质监测情况，河南地表水水质改善较为明显，特别是劣 V 类水质断面比例持续下降。相对于地表水，地下水的水质情况却没有获得足够关注，根据 2016 年水利部开展的以浅层地下水水质监测为重点的流域地下水水质监测结果，河南主要所在的黄河中游片区，良好以上仅占 25.5%，较差占 44.1%，极差占 30.5%，河南的地下水水质形势不容乐观，对农业绿色发展的影响不容小觑。

四 欧盟经验及对河南的启示

欧盟是农业绿色发展较早也较好的区域，早在 1992 年就在共同农业政策（CAP）改革中加入了改善气候与环境的目标，目前已建立起了较完善的农业绿色发展支持政策体系。欧盟在实现农业绿色发展之前，也是注重通过市场价格支持提高农业生产水平，其后果是社会资源发生严重倾斜，农业支出在欧盟各国财政预算中占比逐渐增大，由此引发了主要农产品生产过剩、财政补贴支出急剧增加以及环境严重污染等问题。河南目前的情况正与之类似，欧盟的经验对河南有重要的参考价值。

欧盟促进农业绿色发展的政策工具主要包括交叉遵守机制、绿色直接支付机制和农村发展方案，是 CAP 实现保护环境、应对气候变化、保障农业长期生产潜力和实现农业绿色发展的重点措施。交叉遵守机制要求农民必须遵守欧盟关于环境、公众和动物健康、动物福利和土地管理的法律，否则会被裁减农业补贴。对接受补贴的农民，还需要遵守《关于土地的良好农业和环境条件》的要求，主要包括：一是保证最低土壤覆盖层，并进行耕地管理以预防土壤被侵蚀；二是保持土壤有机质和结构，以维持土壤的有机质水平；三是灌溉用水需获得授权，保护地下水免于污染，保护和管理水源。绿色直接支付机制规定，当农民以可持续方式使用农地和保护自然资源时，即可获得绿色直接支付补贴。农民获得绿色直接支付的主要条件是，其农业生产行为满足作物多样性、永久草地或贡献生态专属区的要求。欧盟允许农民通过等价实践来满足绿色支付机制的要求，当农民的行动产生了相同的环境效益，则被定义为"绿色农民"，并免除绿色责任。农村发展方案则建立在欧盟为农村发展设定的农业基金基础之上，要求各成员国根据自身实际情况制定计划，目前共有 118 个不同的农村发

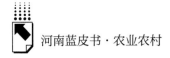

展方案，每个方案中至少30%的资金必须用在与农业绿色发展相关的领域。

河南根据《生态文明体制改革总体方案》中关于农业绿色发展的总体战略定位，并作为农业供给侧结构性改革的主要举措，出台了一系列实现农业绿色发展、促进农业可持续发展的政策。主要包括五个方面的内容：一是强化农业发展空间布局，落实功能区和生产力布局制度；二是保护农业生产资源并实现高效利用；三是加强农产品产地的环境保护与治理；四是养护修复农业生态系统；五是建立创新驱动机制，完善支持和管制政策体系。与欧盟相关政策相比，河南农业绿色发展的体制机制宏观设计上比较全面，但具体政策缺乏直接介入的机制和方法，难以形成对农民的直接激励与约束。

农民是推进农业绿色发展的执行者，其行为直接影响绿色发展的成果。借鉴欧盟的成功经验，河南在农业绿色发展的机制设计中，要加入对农民产生直接激励和约束作用的措施，并适当增加对农业绿色发展行为的补贴力度以及种类。具体来讲，要根据农民生产类型的不同，建立对绿色生产行为的直接介入机制，借鉴农业绿色直接支付机制的经验，将补贴与生产中的生态环境友好行为直接挂钩，完成"绿色责任"的农民直接获得补贴。此外，还应借鉴欧盟 CAP 的改革经验，对不同的补贴政策和项目政策进行统筹考虑和综合设计，充分发挥政策的协同效应，确保政策的整体连续性和稳定性。

五 河南推进农业绿色发展的对策建议

从现在到 2020 年，是全面建成小康社会的决胜期，也是实现农业从传统走向绿色的战略转折期。河南积极实现农业绿色发展，是确保农产品质量安全的关键，也是引领现代农业发展的有效途径。因此，必须强化对农业绿色发展重大战略意义的认识，具体提出以下对策建议。

（一）完善耕地保护制度，保证耕地资源总量稳定

十九大报告指出，要完成生态保护红线、永久基本农田、城镇开发边界三条控制线划定工作。目前，河南仍普遍存在耕地无序违规占用现象，导致优质耕地面积日益减少，因此需进一步完善耕地保护制度，特别是保护和减少占用优质耕地，通过强化占补平衡、永久性基本农田划定等政策性措施，实现总量动态平衡。建立广泛全面的监察、监督体系，完善耕地督察和信息公开机制，切实解决耕地保护工作中的实际问题。

（二）积极改善耕地质量，提高土地生产率

大力提升耕地质量，特别是加强对中低产田的改造，改善河南优等地占比低的问题。大力推广测土配方施肥技术，提高化肥使用效率，从技术层面减少和治理耕地面源污染。同时完善耕地活力恢复和保障制度，扩大轮作休耕试点，建立市场化、多元化的农业绿色生态补偿机制。大力宣传绿色发展理念，创新监管体系，规范农业生产行为，从源头解决农业绿色发展问题。

（三）完善水资源保护制度，创新农业用水机制

按照国务院《关于实行最严格水资源管理制度的意见》，严格控制用水总量，全面提高用水效率，严格控制入河湖排污总量，采取综合措施，控制农业面源污染，杜绝工业企业污水的无处理排放，实现水资源的可持续利用。积极采取有效措施，大力推广农业节水，将节水农业与绿色补贴挂钩。

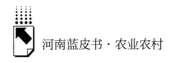
（四）创新体制机制，推动农业绿色发展

"绿水青山就是金山银山"，河南农业绿色发展需要在生产要素层面、产业布局层面和农业政策层面等，高起点、高质量规划和布局农业绿色发展，逐步建立起与农业绿色发展目标相适应的生态补偿机制和财政补贴机制，利用好政策的协同效应，通过良好的制度环境，切实增加有利于农业绿色发展的制度供给。

参考文献

叶谦吉：《生态农业——我国农业的一次绿色革命》，《农业经济问题》1982 年第 11 期，第 3 ~ 23 页。

尹昌斌、周颖、刘利花：《我国循环农业发展理论与实践》，《中国生态农业学报》2013 年第 1 期，第 47 ~ 53 页。

严立冬、屈志光、邓远建：《现代农业建设中的绿色农业发展模式研究》，《农产品质量与安全》2011 年第 4 期，第 12 ~ 17 页。

车宗贤、于安芬、李瑞琴：《河西走廊绿色农业循环模式研究》，《农业环境与发展》2011 年第 4 期，第 59 ~ 63 页。

汪成、高红贵：《粮食安全背景下农业生态安全与绿色发展——以湖北省为例》，《生态经济》2017 年第 4 期，第 107 ~ 119 页。

潘丹：《考虑资源环境因素的中国农业绿色生产率评价及其影响因素分析》，《中国科技论坛》2014 年第 11 期，第 149 ~ 154 页。

尹成杰：《加快推进农业绿色与可持续发展的思考》，《农村工作通讯》2016 年第 5 期，第 7 ~ 9 页。

赵大伟：《中国绿色农业发展的动力机制及制度变迁研究》，《农业经济问题》2012 年第 11 期，第 72 ~ 78 页。

翁伯琦、张伟利：《试论生态文明建设与绿色农业发展》，《福建农林大学学报》（哲学社会科学版），2013 年第 4 期，第 1 ~ 4 页。

李谷成：《中国农业的绿色生产率革命：1978～2008 年》，《经济学》（季刊）2014 年第 2 期，第 537～558 页。

张红宇：《牢牢把握农业供给侧结构性改革的方向》，《农村工作通讯》2017 年第 2 期，第 26～29 页。

陈锡文：《论农业供给侧结构性改革》，《中国农业大学学报》（社会科学版）2017 年第 2 期，第 5～13 页。

宋洪远：《关于农业供给侧结构性改革若干问题的思考和建议》，《中国农村经济》2016 年第 10 期，第 18～21 页。

王宾：《中国绿色农业生态补偿政策：理论及研究述评》，《生态经济》2017 年第 3 期，第 19～23 页。

梁枫：《系统论视角下绿色低碳循环农业系统发展及财税金融政策支持的探讨》，《理论与改革》2012 年第 2 期，第 71～74 页。

李国祥：《论中国农业发展动能转换》，《中国农村经济》2017 年第 7 期，第 2～14 页。

金书秦、沈贵银、魏珣、韩允垒：《论农业面源污染的产生和应对》，《农业经济问题》2013 年第 11 期，第 97～102 页。

饶静、许翔宇、纪晓婷：《我国农业面源污染现状、发生机制和对策研究》，《农业经济问题》2011 年第 8 期，第 81～87 页。

王小华、温涛：《农民收入超常规增长的要素优化配置目标、模式与实施》，《农业经济问题》2017 年第 11 期，第 30～39 页。

脱贫攻坚篇

Eradicating Poverty

B.16
河南高质量打好打赢脱贫攻坚战的路径与对策研究

河南省社会科学院课题组*

摘　要： 当前河南扶贫攻坚进入总攻阶段。面临着新形势、新任务、新要求，必须充分意识到脱贫攻坚战是一项复杂性、系统性、长期性的工程，潜伏着一系列的风险，并可能带来诸多的消极影响，因此打好打赢脱贫攻坚战需要用超常规的手段和创新性的机制，重点提升脱贫攻坚的质量和水平，以实现全面脱贫、高质量脱贫和长效脱贫的目标，同时要强化组织实施，加大政策

　＊ 执笔：李国英，河南省社会科学院副研究员；吴海峰，河南省社会科学院研究员；安晓明，河南省社会科学院副研究员；侯红昌，河南省社会科学院副研究员；刘依杭，河南省社会科学院助理研究员。

落实，创新工作机制，严格考核问责等，为地区脱贫攻坚提供强有力保障，探索出一条符合河南发展实际的内生式脱贫之路。

关键词： 脱贫攻坚　精准扶贫　高质量发展　内生式脱贫

近年来，河南省上下根据中央部署，积极行动，全面打响脱贫攻坚战，把脱贫攻坚作为锤炼"四个意识"的大熔炉、转变工作作风的突破口、检验干部能力的新标杆、推进发展的好机遇，铆足干劲、狠抓落实，脱贫力度持续加大，脱贫措施持续完善，脱贫动能持续增强，脱贫模式持续创新。随着脱贫攻坚从全面推进阶段转入集中总攻阶段，脱贫任务依然繁重艰巨，时限更加紧迫，脱贫攻坚标准由"赢"转向"赢""好"并重，脱贫攻坚工作也亟待持续提升，尤其是面临潜藏的财政金融风险、产业风险、社会风险、道德风险、贫困人口返贫风险等一系列叠加风险，需要加强风险防范意识，提高抗风险能力，用超常规的手段和创新性的机制，重点提升脱贫攻坚的质量和水平，实现全面脱贫、高质量脱贫和长效脱贫的目标。为此，必须将脱贫攻坚作为重大政治任务，"跳出脱贫看脱贫""跳出扶贫抓扶贫"，既着眼到 2020 年决胜全面建成小康社会，更要着眼"后脱贫时代"贫困地区和人口可持续发展以及乡村振兴问题，统筹当前与长远、贫与非贫，推进开发式扶贫与保障式扶贫相结合、脱贫攻坚与乡村振兴相结合、物质帮扶与智志双扶相结合、产业扶贫与生态保护相结合、政府主导与市场运作相结合，强化组织实施，加大政策落实，创新工作机制，严格考核问责，实现完成脱贫攻坚任务与彻底斩断"贫根"的有机统一，探索走出一条符合河南发展实际的内生式脱贫之路。

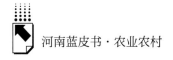

一 河南推进脱贫攻坚战的进展与形势

近年来，河南省上下把脱贫攻坚作为锤炼"四个意识"的大熔炉、转变工作作风的突破口、检验干部能力的新标杆、推进发展的好机遇，铆足干劲、狠抓落实，推动脱贫攻坚工作取得新进展、呈现新气象。

（一）主要进展与成效

党的十八大以来，全省上下根据中央部署，积极行动，全面打响脱贫攻坚战，和全国一样取得了决定性进展、实质性成果。

一是脱贫力度持续加大。2013～2018 年，河南省共有 699.4 万名农村贫困人口稳定脱贫，平均每年保持 100 万人以上；5514 个贫困村退出贫困序列，大部分国家级、省级贫困县顺利脱贫摘帽，30 万名黄河滩区居民迁建进展顺利，贫困人口总数由全国第 3 位降为第 4 位，贫困发生率由 2012 年的 9.28% 降到 2018 年底的 1.21%，贫困村占比由 2013 年的 19.7% 降到 8.0%。贫困地区农村居民人均可支配收入增速连续 6 年高于全省农村平均水平，2018 年达到 11867 元。在 2017 年国家考核中，进入"综合评价较好"行列。

二是脱贫措施持续完善。强化脱贫攻坚工作的顶层设计、统筹布局，成立由省委书记任第一组长、省长任组长的省脱贫攻坚领导小组，省级领导干部和部分直属单位与贫困地区建立了帮扶制度，2016 年 5 月以来先后召开六次全省脱贫攻坚推进会议，先后出台《关于打赢脱贫攻坚战的实施意见》及 15 个政策性文件，涉及精准识贫、资源整合、资金管理、成效考核、贫困退出等精准管理层面的具体办法，"转、扶、帮、保、救"等精准施策层面的实施方案，教育、交通、医疗、水利、电力等基础保障层面的专项方案，形成了比较完善的"1+N"精准扶贫政策体系。

三是脱贫动能持续增强。通过以上率下、常抓严管，崇严尚实、真抓实干的作风在河南全省脱贫战线得以弘扬，一大批先进典型涌现，"以作风攻坚促脱贫攻坚"日益成为扶贫干部的行动自觉。在力促党员干部作风转变的同时，河南省坚持扶贫与扶志、扶智相结合，充分激发了贫困人口脱贫的内生动力。经过各方的共同努力，"等靠要""宁愿熬，不愿干"的思想逐渐消除，光山县"脱贫爷爷"周家喜、荥阳市"无臂羊倌"曹建新等依靠自身努力摆脱贫困的困难群体越来越多。在脱贫攻坚的进程中，干部群众逐步形成合力，共同奋斗在战贫困奔小康的道路上。

四是脱贫模式持续创新。在脱贫攻坚中，全省上下结合实际积极创新，探索出了一系列在全国有推广和复制意义的模式。如小额信贷的金融扶贫"卢氏模式"，按照"政银联动、风险共担、多方参与、合作共赢"的工作思路，通过构建"金融服务、信用评价、风险防控、产业支撑"四大体系，破解扶贫小额贷款"落地难"问题。

（二）新形势与新要求

同全国一样，当前河南扶贫开发进入了啃"硬骨头"、攻坚拔寨的冲刺期，从全面推进阶段转入了集中总攻阶段，面临着新形势、新任务、新要求，必须把困难估计得更充分一些，把挑战认识得更到位一些，不放松、不停顿、不懈怠，采取更加扎实、有效、管用的举措，全面打好打赢精准脱贫攻坚战。

一是脱贫任务依然繁重艰巨。2018年底，国家现行扶贫标准下，河南省剩余农村贫困人口44.7万户、104.3万人，全省贫困发生率1.21%。病、残、缺乏劳动力等仍是致贫主因，这些群体已成为今后两年脱贫攻坚的重点和难点。

二是脱贫攻坚时间更加紧迫。当前，距离到2020年实现全省总体脱贫目标已经不足两年，根据《河南省打好精准脱贫攻坚战三年行动计划》，2019 年要实现 21 万人脱贫、14 个国定贫困县摘帽，2020 年实现 22.7 万人脱贫。

三是脱贫攻坚标准"赢""好"并重。2018 年 2 月习近平总书记强调，"脱贫攻坚战一定能够打好打赢"。2018 年 5 月全省脱贫攻坚第六次推进会议强调，要推动攻坚更加高效、更高质量地开展，高质量打好打赢脱贫攻坚战。因此，脱贫攻坚战，既要打赢，也要打好。从目前脱贫攻坚进展来看，脱贫攻坚战能"打赢"，但我们更要"打好"。

四是脱贫攻坚工作亟待持续提升。当前，个别地方和一些干部还存在思想认识不到位、政策措施不精准、工作作风不扎实、能力素质不适应等问题，形式主义、官僚主义和消极腐败现象仍然存在，影响脱贫攻坚有效推进。有的地方工作粗枝大叶，贫困人口识别上还存在漏户漏人和错评问题；有的地方搞"短平快"，产业扶贫的实效性和持续性不强，导致返贫率偏高；有的部门在政策设计上不接地气，制定政策只开"药方"、不问"疗效"；还有一些地方和部门在扶贫资金使用、扶贫项目实施上不够规范，很多时候"前松后紧"，只讲任务完成、不讲效益发挥；有的思想观念转不过来，粗放的习惯根深蒂固，精准的要义掌握不透；有的方式方法跟不上，工作大而化之、简单了之，在精准脱贫措施上缺乏长远眼光、缺少硬招实招；有的在组织动员群众、教育引导群众、激发群众内生动力上办法不多，导致群众不理解、不认可、不支持，甚至出现"干部干、群众看"的现象等。

二 当前河南脱贫攻坚战中潜伏的主要风险及成因

脱贫攻坚战是一项复杂性、系统性、长期性的工程，潜伏着一系列的风险，并可能带来诸多消极影响。如果对这些风险不加以预防和解决，会严重影响到脱贫效果，甚至会与扶贫的初衷背道而驰。越是脱贫工作任务重、要求高，越要关注风险问题，越要加强风险防范意识，提高抗风险能力。从当前河南脱贫攻坚的实际来看，主要存在以下几类风险。

（一）财政金融风险

财政负担重。根据豫财农〔2018〕160号关于提前下达2019年中央及省级财政专项扶贫（发展资金）预算的通知，2019年，河南省级财政专项扶贫资金达到48.2亿元，其中用于深度贫困县和深度贫困村的中央资金和省级资金达4.69亿元，新增政府债券用于扶贫资金46.8亿元。指导全省53个贫困县统筹整合涉农资金243.4亿元，同比增长93.1%。累计筹措资金29.07亿元支持黄河滩区居民迁建顺利推进。可以看出，为了打好打赢脱贫攻坚战，各级财政为脱贫攻坚提供了有力保障，但这也给河南带来了较重的财政负担。面对贫中之贫、坚中之坚的脱贫攻坚问题，尤其是深度贫困地区和贫困人口，如何促进其稳定脱贫，各级财政都面临着很大压力。

金融信贷风险增加。金融扶贫是河南省打赢脱贫攻坚战的重要财力支撑。截至2018年底，全省小额信贷扶贫资金规模达246.7亿元，比上年增加111.7亿元，带动贫困户71.6万户，贫困户获贷率达68.1%。但是有信贷就会有金融风险。如果过分追求扶贫小额信贷的扩面增量，以保底分红为诱饵引诱或强迫没有贷款意愿的贫困户贷款，违规推行"分贷统还""户贷企用"项目，就容易将企业经营风险转嫁给贫困户，贫困户极易产生不良信用记录，既存在金融风险，也影响社会稳定。户贷户用扶贫贷款，因不可抗拒因素导致产业项目失败或者恶意拖欠，利息结算和到期还本不及时，风险补偿金作用发挥不明显，都有可能形成不良贷款，甚至引发区域性的金融风险。

（二）产业风险

产业扶贫是脱贫致富的根本之计。2018年，全省实施产业扶贫项目2.65万个，覆盖贫困人口121.5万人，其中通过产业帮扶实现脱贫的有28.52万户，占当年脱贫户数的61%。但是由于贫困地区市场经济发育程度普遍较低，一些地区产业扶贫的效果并不理想，还可能面临产业弱质化和产业低水平重复两大产业风险问题。

产业弱质化风险。其一，贫困地区市场经济发育程度普遍较低，脱贫产业普遍小、散、弱。很多地方的脱贫产业都是实力不强的新型经营主体松散地带动贫困户发展，为了如期完成脱贫摘帽任务，很多都是短平快项目。而农业生产过程极易受自然灾害、病虫害疫病防控、质量安全和种养加工等生产技术的影响，农业生产过程较长，农产品价格受市场影响大。因此，产业扶贫项目在面临自然、技术、管理和市场等风险时非常脆弱。其二，项目选择与当地实际不匹配。在项目选择及确定中，如果脱离本地资源、百姓、人文等实际情况，缺乏细致深入的市场调查，缺乏科学的论证和合理的规划，主观臆断，盲目选择项目，就容易导致项目的短命夭折。

产业低水平重复风险。产业低水平重复风险是脱贫攻坚战中潜伏的另一大产业风险。一方面，落后产能、剩余产能有向贫困地区转移的迹象。从全国来看，随着供给侧结构性改革的深入推进，各地"去产能"已经在有序展开，但是这主要集中在城市和工业上。要谨防落后产能、剩余产能被以扶贫的名义引进贫困地区，上雷同项目、做低端产品等。这不仅会造成扶贫资金的浪费，也不利于国家的产能优化和产业结构升级。另一方面，区域内部产业的同质化竞争值得警惕。一些地区在项目选择时，如果盲目地做决策，跟风上项目，容易形成同质化竞争。如在发展农业项目方面，一些地方跟风引进一些种养业品种，但是又没有整合区域内部的资源形成有竞争力的产业集群，从而导致了产业的区域同质化竞争。

（三）社会风险

在脱贫攻坚战中，如果操作不当，可能引起社会冲突，甚至危及社会治理和社会稳定。因此，扶贫带来的社会风险需要警惕。扶贫解决的是绝对贫困问题，只能做雪中送炭的事情。如果人为拔高标准、吊高胃口、层层加码，扶贫资金项目过度向贫困村集中，贫困人口享受过高扶贫红利，就会在贫困与非贫困之间形成攀比，使贫困户和非贫困户待遇差距太大，出现"悬崖效应"，这也将造成新的社会不公，有很多贫困户不愿意脱贫、不愿意摘帽，容易陷入"福利陷阱"。此外，一些地方还存在贫困户"等、靠、要"思想严重、扶贫与扶志扶智结合不紧等问题，也潜藏着农村社会道德风险。

（四）贫困人口返贫风险

脱贫不是一劳永逸的事，贫困人口在脱贫之后还面临着返贫的风险。产生该风险的原因大致有两个方面，一是扶贫工作做得不到位，未从根本上拔除穷根；二是贫困户在扶贫项目中的主体地位没有确立。贫困户被推着脱贫，没有激发其自身脱贫的强烈意愿和内生动力，因而对扶贫项目不用心参与，不按技术规程进行管理，甚至变卖生产资料等，如此则贫困人口的自力更生、产业的后续发展等都可能成为问题。

三　河南打好打赢脱贫攻坚战的重点和难点

当前，推进深度贫困地区和深度贫困人口顺利脱贫，成为打好打赢脱贫攻坚战的关键。由于这部分贫困群体致贫因素复杂，既有自然地理因素的影响，也受历史和文化因素的制约，很多致贫因素短期内很难彻底解决，而长期深度贫困容易让少数贫困人口失去脱贫主动性。因此，打好打赢脱贫攻坚战需要用超常规的手段和创新性的机制，重点提升脱贫攻坚的质量和水平，实现全面脱贫、高质量脱贫和长效脱贫的目标。

（一）强化精准方略，持续提升脱贫攻坚质量

精准扶贫、精准脱贫是习近平新时代扶贫思想的精髓，六个精准是其核心要义。打赢打好脱贫攻坚战，提升扶贫脱贫质量和水平的核心就是要提升精准帮扶即六个精准的质量和水平，要在落实精准方略上再聚焦，精准识别要扎实，精准施策要务实，精准退出要真实，持之以恒做好精准这篇大文章。为此，第一，需要聚焦深度贫困地区补短板，充分发挥政治制度优势，深化扶贫协作和定点扶贫，加大资金项目倾斜力度，强化产业发展、异地搬迁、生态保护等措施，集中力量攻克深度贫困坚中之坚。第二，需要聚焦特殊贫困群体抓重点，针对游离在贫困线边缘的脱贫户，建立健全脱贫退出动态监测和防范返贫长效机制，持续强化帮扶措施，稳定脱贫成果。第三，需要持续提高脱贫成效，从贫困群众的思想观念转变工作抓起，扶智与扶志相结合，脱贫成效考核除收入指标以外，重点考察贫困户的"两不愁、三保障"和贫困户的发展能力以及生活质量，确保脱贫的长效性和可持续性。第四，需要持续提高扶贫资金使用效率和精准度，完善最严格的资金使用标准，发挥资金的最大效应。

（二）着力补齐短板，提升产业扶贫质量和水平

提升产业扶贫脱贫质量和水平是河南打好打赢脱贫攻坚战的关键。实践证明，产业扶贫质量在一定程度上决定着扶贫脱贫的质量和水平。因此，首先要调整和升级产业扶贫结构，提升贫困地区特色产

业增收的比例；其次要延长扶贫产业链，提升产业附加值，这也是扶贫脱贫质量提升的基础；最后要在扶贫产业选择上克服短期化行为，避免贫困地区产业扶贫中因扶贫脱贫任务所迫，选择短期化的扶贫项目造成产业发展后劲不足，脱贫质量低、稳定性差等现象。此外，也需加大力度提升产业扶贫的易贫度和参与度，克服减贫效果低于经济发展速度或贫困人口收入和能力提升低于给非贫困人口带来好处的问题。重点保障和提升目前资产收益性扶贫、股份合作社扶贫中的贫困人口利益，并保障收益的长期性和分红的持续性。

（三）确保持续增收，实现稳定脱贫

"授人以鱼，不如授人以渔。"目前河南很多贫困地区在传统的农、养产业扶贫方面已有一定的基础，在此基础上，各地区要进一步根据不同贫困地区的资源禀赋和产业基础，以增强贫困地区发展的内生动力为根本，通过旅游扶贫、电商扶贫、资产收益扶贫、科技扶贫等多种途径，特别要突出科技创新，不断增强农业科技在农业生产经营中的支撑力量；引导和推动涉农龙头企业与农村合作社、小农户建立紧密的利益联结关系，带动贫困户分享农业产业链增值收益；鼓励有能力的企业从农林牧渔等第一产业向食品饮料行业、农产品深加工业"过渡"，努力提高农产品加工业产值与农业总产值比，通过产业升级创造更大的经济效益，创建农产品加工示范园区，打造产业融合发展先导区；通过各种措施将优质企业留在当地，并进一步加快农业劳动力转移，培养职业农民。

（四）加强基层党建，促进脱贫攻坚提质增效

脱贫攻坚重在一个"实"字，贵在一个"效"字，要突出党建引领，让农村基层党组织真正过硬，让攻坚队伍变得更强，充分发挥党员先锋模范作用，以高质量党建促高质量脱贫。一是要选优配强农

村带头人，将能力素质强、责任意识强的优秀人员充实到村"两委"班子，实现"选强带头人，配强一班人，造福一方人"的目的。二是抓帮扶队伍建设，按时按要求完成驻村第一书记轮换任务，配强驻村帮扶工作队伍，充分调动各方面积极性，凝聚发挥政府、社会、企业等多方力量，构建专项扶贫，行业扶贫、社会扶贫互为补充的大扶贫格局，吸引全社会协同发力，形成广泛参与的脱贫攻坚格局。三是抓扶贫干部培训，将脱贫攻坚工作纳入干部培训教育计划，持续增强基层党员干部抓党建促脱贫的本领。

四　河南打好打赢脱贫攻坚战的路径选择

打好打赢脱贫攻坚战，必须"跳出脱贫看脱贫""跳出扶贫抓扶贫"，既着眼到2020年决胜全面建成小康社会，更要着眼"后脱贫时代"贫困地区和人口可持续发展以及乡村振兴问题，统筹当前与长远、贫与非贫，推进开发式扶贫与保障式扶贫相结合、脱贫攻坚与乡村振兴相结合、物质帮扶与智志双扶相结合、产业扶贫与生态保护相结合、政府主导与市场运作相结合，实现完成脱贫攻坚任务与彻底斩断"贫根"的有机统一，探索走出一条符合河南发展实际的内生式脱贫之路。

（一）开发式扶贫与保障式扶贫相结合

在打赢打好脱贫攻坚战中，在立足本地资源优势的基础上，要坚持外修生态、内修产业，做到物质文明富口袋、精神文明装脑袋、生态文明传万代。以生态产业作支撑，提高农村居民持续增收的能力，坚持绿色发展理念，让生态反哺成为贫困群众受益的新红利，通过龙头企业带动产业发展，将发展产业作为脱贫的根本措施。在进行开发性扶贫的同时，要坚持扶贫开发与社会保障有效衔接，按照"两不愁三保障"的基本原则，进一步完善农村最低生活保障制度，充分发挥农村低保五保兜底保障作用，做到应保尽保，建立以社会保险、社会救助、社会福利制度为主体，以社会帮扶、社工助力为辅助的综合保障体系，实施兜底式扶贫。

（二）把脱贫攻坚与乡村振兴相结合

十九大将防范化解重大风险、精准脱贫和污染防治列为 2020 年前的三大攻坚战。其中，精准脱贫是乡村振兴的"短期抓手"，要求到 2020 年现行标准下贫困县全部摘帽、解决区域性整体贫困，基础设施建设深入推进，城乡基本公共服务均等化水平进一步提高，党的农村工作领导体制机制进一步健全。这和乡村振兴的总体目标是一致的，只是精准扶贫的工作着力点和重点在"扶贫"，而从顶层设计来看，乡村振兴是现代城市体系建设的一部分，是以差异化发展路径来保持乡村独立性和城乡关系的平等地位，让农村的空间、形态和功能有自己的发展逻辑和秩序。所以，乡村振兴必然代表着更为深入农村的本质，它不仅是更全面的、更宏观的视角，也是一个结合中国国情，走出有中国特色农村、农业发展的思考过程。

（三）物质帮扶与智志双扶相结合

脱贫攻坚重在精准，难在可持续。贫困户既是脱贫攻坚的对象，又是脱贫致富的主体，激发贫困人口脱贫致富的内生动力至关重要，所以精准扶贫不仅注重物质上的帮扶，而且注重思想观念上、发展意识上的进步。这需要各地区按照中央统一部署的要求，立足于各地实际，精准施策，政府、企业、贫困户三方联动形成合力，营造内生动力社会氛围，把扶志、扶智结合起来，引导贫困群众克服等、靠、要思想，逐步消除精神贫困；通过逐步建立起的信用体系，用量化的指标鼓励贫困户主动参加与自己能力相匹配的劳动，鼓励通过多种渠道参与就业，激励贫困户靠自己的努力养活家庭、服务社会、贡献国家，进而激发起贫困人口主动战胜贫困的志气，激发起一代人摆脱贫困、迈向新生活的内在动力。

"志智双扶"就是要激励贫困人口立志气。贫穷和愚昧往往具有共生关系，现阶段河南省部分地区的贫困问题，表面上表现为物质性的贫困，但其根源在于缺乏"人穷志不穷"的精神和改变贫困现状的知识、能力和途径。所以只有通过各种"志智双扶"手段帮助他们"扶"起脱贫的志气、挺起脱贫的腰板，帮助贫困群众强底气鼓斗志，增强其"自我造血"功能，才能真正激发出其可持续的脱贫致富动力。同时，扶贫还要"扶智"。集财千万，不如薄技在身。"扶智"的重点要放在教育上，教育扶贫是阻断贫困代际传递的根本途径，让贫困家庭青少年掌握"一技之长"，终身受益，是典型的"造血式"扶贫模式，也能从根本上改变"低人力投资—低就业—低收入"的恶性循环。

（四）产业扶贫与生态保护相结合

农业、农村的问题归根结底是发展的问题，产业兴旺是打赢扶贫攻坚战的首要任务。通过产业发展带动地区发展，是脱贫的根本途径，依托产业支撑，贫困发生的动因被阻断，脱贫致富才有可持续性。

一是农产品电商精准扶贫。电商扶贫是"精准扶贫十大工程"之一。随着农村电商的不断发展壮大、产业链的不断完善，发展电商可以让农民通过在网上销售产品来提高收入，目前已逐渐成为河南精准扶贫的有效手段之一。

二是特色产业扶贫。扶优扶强一批基础好、产业强、产业链条长、与贫困户联系紧密、扶贫积极性高的涉农龙头企业、现代农业园区、农民专业合作社、家庭农场、能人大户，运用现代生产组织方式，形成一二三产业融合、接二连三、良性互动的复合业态，辐射带动贫困村、贫困户参与产业各个环节的生产经营，才能实现稳定脱贫致富。

三是光伏扶贫。光伏扶贫是"十三五"扶贫规划重点发展扶贫方式，虽然前期投入较高，但后期基本无须维护，且能提供长期稳定的电费收入，具有见效快、持续时间长的特点。另外光伏产业占地面积小，且环保无污染，符合绿色、可持续的发展理念。

四是就业扶贫。农村现有的贫困状态，主要是贫困群体缺乏较好收入的就业机会导致的，河南省相当一部分贫困地区各项资源贫乏，当前最紧迫的任务就是释放其人口红利，促进自身发展，通过易地扶贫搬迁与产业整合等精准脱贫、乡村振兴战略将贫困人口纳入现代化市场的分工之中，实现贫困地区劳动力资源与其他地区或其他产业优势互补，进一步发挥贫困地区自身的后发优势，真正实现脱真贫、真脱贫。

五是旅游扶贫。充分发挥旅游业的辐射带头作用，通过发展旅游，培育生态游、乡村游、观光游、休闲游、农业体验游等农旅融合新业态，开发农业、农村生态资源和乡村民俗文化，让绿水青山成为贫困群众致富的金山银山，通过农旅整合，大力发展农副产品精深加工，让农副产品转化为旅游商品，通过培育、扶持农业合作社和农业产业化企业，打造各具河南特色的旅游商品品牌，让"沟域经济＋旅游扶贫"成为带动贫困村脱贫致富的重要渠道。

六是生态扶贫。精准脱贫和生态环境保护是贫困地区面临的两个重要任务。生态环境保护要促进精准扶贫，精准扶贫要推动环境保护，环境保护和精准扶贫构成了绿色扶贫。根据习近平总书记要求，任何地方发展扶贫产业都要符合十八届五中全会提出的"创新、协调、绿色、开放、共享"的发展理念，扶贫产业不能上落后产能，

也不能走破坏环境的老路。另外生态扶贫可以和旅游扶贫相结合，在良好生态环境的基础上打造特色小镇、旅游基地等。

（五）政府主导与市场运作相结合

长期以来，扶贫、脱贫工作一直由政府主导，早在 2013 年 12 月，中央农村工作会议强调要"坚持不懈推进扶贫开发，实行精准扶贫"，由此，精准扶贫成为全国建成小康社会决胜阶段指导我国扶贫工作的重要方针。但精准扶贫不仅需要政府的参与，更需要社会、市场和公众的共同参与，这种多元协同精准扶贫的思想，也是一种治理贫困问题的理想模式。目前各地区实施的精准扶贫是直接面对困难户的扶贫，需要大量资源，仅仅依靠中央和各地方政府远远不能解决问题，因此，将脱贫攻坚工作的主导方由政府向市场转变，鼓励第三方社会机构参与扶贫工作，可吸纳社会力量的广泛参与，实现多元主体共同合作扶贫。

四　河南打好打赢脱贫攻坚战的对策建议

打好打赢精准脱贫攻坚战、全面建成小康社会，是我们党向世界人民、全国人民做出的庄严承诺。要将脱贫攻坚作为重大政治任务，加大扶持力度，采取超常规举措，强化组织实施，加大政策落实，创新工作机制，严格考核问责等，为脱贫攻坚提供强有力保障。

（一）强化组织领导

统筹做好脱贫攻坚的组织领导、方案制定及实施，做好扶贫进度安排、项目落地、资金使用、人力调配、推进实施、督促检查、经验总结、示范推广等工作。认真落实各项扶贫措施，确保扶贫政策落地见效，按照职责落实扶贫开发工作责任，制定切实可行的操作方案，实现部门工作与脱贫攻坚工作有效衔接。把如期摘帽、贫困人口如期全面脱贫作为一项重大战略任务，层层签订责任状，层层传导压力。

（二）加大政策落实

全省各级政府和有关部门要切实担负起扶贫开发投入的主体责任，发挥主导作用，牢固树立精准扶贫的理念，严格落实党中央和国务院关于精准扶贫和各项政策，把各项富民、惠民政策落到实处。一是加强扶贫政策宣传，让贫困群体切实理解扶贫政策的精神主旨，激发贫困群体脱贫的内生动力；让基层干部执行到位，确保脱贫攻坚工作取得扎实成效。二是加大财政政策落实力度，为全面完成脱贫攻坚任务提供资金保障。省级财政逐步加大扶贫资金投入力度，一般性转移支付资金、各类涉及民生的专项转移支付资金和预算内投资进一步向贫困地区和贫困人口倾斜；市、县也要根据本地脱贫攻坚需要，每年从本级财政预算中安排专项扶贫资金。三是加大金融扶贫政策的落实力度，鼓励上市公司、证券公司等市场主体依法依规设立或参与市场化运作的贫困地区产业投资基金和扶贫公益基金。推动各类金融机构通过引进产业投资、设立产业扶贫引导基金、帮助企业并购重组等方式，为贫困地区企业规范公司治理、改善融资途径提供专业服务，通过设立金融扶贫工作站与贫困县建立长效帮扶机制。四是加大干部政策落实力度。加大选派优秀年轻干部到贫困地区工作的力度，推进较发达地区与贫困地区之间干部交流，有计划地选派后备干部到重点贫困县挂职任职。加大贫困地区干部教育培训力度，完善和落实引导人才向基层和艰苦地区流动的激励政策。

（三）严格考核问责

要把扶贫工作实绩作为领导干部考核奖惩、选拔任用的重要依据。一是实行严格的脱贫攻坚目标考核制。要把脱贫攻坚纳入各部门、各单位的重要议事日程，对扶贫工作任务完成不力的单位在机关考核中不得评为优秀等次，工作任务未完成的个人不能评先评优。在推进扶贫攻坚工作中履职不力、推诿扯皮和不作为、慢作为、乱作为的干部，采取一次提醒谈话、二次调整岗位、三次实施问责等方式进行处理。对扶贫攻坚期间表现优秀、符合条件的干部要优先提拔任用，对未完成扶贫任务的乡镇党政主要领导进行问责。二是要不断优化改进扶贫工作考核机制。落实脱贫攻坚责任制，建立扶贫工作责任清单，严格实施脱贫攻坚成效考核。原则上每年对县的考核不超过两次，注重发挥考核的正向激励作用。三是要强化评估考核结果的实际运用。注重扶贫干部在脱贫攻坚一线的工作成果与绩效，对在扶贫工作中表现突出、群众基础良好并能按照决策部署如期完成任务的扶贫干部给予重点宣传表彰、奖励和提拔使用，以榜样的力量激励各级扶贫干部扎根基层精准扶贫、乡村振兴的积极性、主动性和创新性。

参考文献

《河南省打赢脱贫攻坚战三年行动计划》，《河南日报》2018 年 9 月 14 日。

么永波：《精准帮扶　聚焦发力　激发贫困人口内生动力》，《实践》（思想理论版）2018 年第 4 期。

刘合光：《乡村振兴的战略关键点及其路径》，《中国国情国力》2017 年第 12 期。

顾仲阳：《扶贫也要防风险（话说新农村）》，http：//society. people. com. cn/n1/2018/0520/c1008–30000945. html。

国务院：《国务院关于印发"十三五"脱贫攻坚规划的通知》，http：//

www. gov. cn/zhengce/content/2016 – 12/02/content_ 5142197. htm。

何炜、刘俊生：《多元协同精准扶贫：理论分析、现实比照与路径探寻——一种社会资本理论分析视角》，《西南民族大学学报》（人文社科版）2017 年第 6 期。

刘静雅：《金融扶贫打通脱贫之路》，《乡村科技》2018 年 11 月 10 日。

B.17
河南扶贫扶志扶智相结合的
重点难点及对策研究

河南省社会科学院课题组*

摘　要： 贫困群众既是脱贫攻坚的对象，更是脱贫致富的主体。近年来，河南省在深入实施脱贫攻坚战的过程中，高度重视扶贫与扶志扶智相结合，着力破解贫困群众"贫在素质""困在精神"等问题，取得了良好成效。与此同时，个别地方依然存在着依赖心理惯性化、贫困人口待遇化、项目选择悖论化、考核内容缺位化等深层次问题。当前和今后一个时期，深入推进扶贫与扶志扶智相结合，必须通过加强宣传引导、改进帮扶方式、开展技能培训、注重教育扶贫、培育文明乡风等针对性措施，建立贫困群众参与脱贫攻坚的利益纽带，着力激发贫困群众脱贫致富的内在动力，提高贫困群众的自我发展能力。

关键词： 精准扶贫　志智双扶　内生动力　河南

党的十九大提出，要坚决打赢脱贫攻坚战，注重扶贫同扶志扶智

---

* 课题组组长：周立，河南省社会科学院党委副书记、研究员。课题组成员：陈明星，河南省社会科学院研究员；刘刚，河南省社会科学院助理研究员。

相结合。2018～2019 年是河南省全面建成小康社会的决胜期，脱贫攻坚战已进入啃硬骨头、攻坚拔寨的关键阶段。为深入推进扶贫与扶志扶智相结合，课题组先后赴商丘、信阳、平顶山等地，就扶贫与扶志扶智相结合问题进行了专题调研，在此基础上总结经验性做法，发现问题并提出相应的思考建议。

一　推进扶贫与扶志扶智相结合的探索实践

扶贫先扶志，扶贫必扶智。伴随着脱贫攻坚的深入推进，志智双扶越来越引起各地的高度重视，很多地方均拿出真招实策，着力解决贫困群众"贫在素质""困在精神"等问题，取得了良好成效。

（一）通过宣传教育，让思想"富"起来

广泛利用广播、电视、微信平台、手机短信等形式，做到报纸有影、电视有声、网络有形，形成立体式、全覆盖的宣传大格局，引导贫困群众求知上进，做有追求的农民。光山县以县委党校和 10 多个行业部门为主体，组建县级"流动党校"，广泛深入各乡镇开展宣讲，引导贫困人口自力更生、勤劳苦干、撸起袖子加油干，2017 年共开展各类宣讲活动 1200 余场，参与群众 20 余万人次。汤阴县广泛推行农村夜校，积极开展政策理论、农林技术等学习交流，着力增强农民自我发展、脱贫致富的信心和能力；实施"联合扶智工程"，组建 11 个专家服务组，目前已辐射带动 40 个贫困村、200 余名贫困户走上技术脱贫致富之路。新乡实施"农家书屋工程"、"阳光工程"、实用技术进农家工程等，开展"月读一本好书，年学一门技能"活动，积极开展农业技术、科普知识、劳动技能培训，全市共开展科普讲座、技术培训班 2568 期，培训农村劳动力 35.6 万多人次。

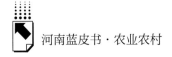
（二）通过载体创新，让行为"动"起来

志智双扶，需要有效的载体支撑。全省很多地方通过成立村级志愿服务队，带动贫困群众参与，让贫困群众在得到物质帮扶的同时，也得到了精神帮扶。三门峡市积极开展孝老爱亲故事会、科技培训、道德讲堂、"集中帮扶日"、上党课等活动，通过学模范、谈感悟等对广大村民进行广泛深入的教育，使自力更生逐步内化为农民的思想认同、外化为农民的自觉行动。柘城县成立红白理事会和红娘协会等，深入推进移风易俗，抑制大操大办、铺张浪费、高额彩礼等不良风气。淅川县开展"两弘扬一争做"（弘扬淅川移民精神，弘扬好家风家训，争做最美淅川人）教育实践活动，弘扬克难攻坚、艰苦创业精神。宝丰县试点建立爱心服务站，实行积分管理制，每个贫困户每月设基础分20分、家庭卫生改善10分、团结友善10分、参加公益行活动10分，共计50分。积分评定由各村脱贫攻坚责任组组织村两委成员、党员代表及群众代表实施，爱心服务站根据积分为贫困户和边缘户提供爱心服务、爱心物品。通过实行爱心帮扶，鼓励贫困户通过劳动、参与村级公益事业、改善家庭环境卫生获得加分，激发贫困户发展动力，从改变自身做起，拔除穷根。

（三）通过产业扶贫，让双手"忙"起来

产业是脱贫之基、致富之源，让贫困群众"忙"起来，志智双扶自然迎刃而解。全省很多地方通过实施"巧媳妇工程"，积极搭建农村留守妇女就业创业平台，如平舆县、柘城县探索创新"党政领导、妇联搭桥、妇女参与、社会共帮"机制模式，让广大妇女在农村一二三产业融合发展中找准位置，努力实现"学会一门技术、找到一门出路、脱贫一个家庭"的目标，目前已培育出"巧媳妇＋"服装加工、藤编工艺、皮革箱包、种植养殖、电商网购、家政服务等

较为完备的多元化产业体系。济源市探索"景区带村""旅游专业合作社 + 农户"等扶贫模式,带动贫困户 150 余户,探索"劳保产业 + 扶贫贷款 + 农户"模式,带动 11 个贫困村发展劳保产业。淅川县打造食用菌孵化园和"十里香菇长廊示范项目"等,带动贫困户发展香菇产业,还借助"供销 e 家"电商平台,培训年轻村民掌握电子商务技术,进一步拓宽香菇、薄壳核桃等农产品销路,使贫困群众在短时间内迅速脱贫致富。

(四)通过文明建设,让内心"急"起来

扶志扶智的关键是要激发贫困人口内生动力。全省很多村已成立道德评议会、乡贤理事会等群众性自治组织,对好吃懒做、不孝老人等行为进行劝导,从而形成对不良风气的震慑作用。光山县在村里醒目位置设立红黑榜,红榜用于宣传先进人物、褒扬善行义举,黑榜用于曝光好吃懒做、"等靠要"思想严重及不孝老爱亲的落后村民。特别是黑榜的设立,充分利用了群众最怕在村民面前出丑、在熟人面前丢人的心理,产生了巨大的震动作用。在全省推广卢氏县建立农村金融扶贫信用体系的做法,采用"政府主导、人行推动、多方参与、信息共享"的方式,按照一定标准,为农户对标打分,评定为 A 级、AA 级、AAA 级、AAA + 级四个信用等级,分别授予 5 万元、10 万元、15 万元、20 万元的纯信用贷款,通过加强农村信用体系建设,解决了群众贷款难问题,提高了群众契约意识和信用意识,同时也通过公开评级授信,对"等靠要"等不良风气也形成了倒逼机制,促使其自力更生、勤劳致富。

(五)通过示范引领,让榜样"带"起来

脱贫致富,典型引路。通过引导和激励群众对照标杆、学习标杆、看齐标杆,能够有效营造齐心协力奔小康的良好舆论氛围,调动贫困

群众人心思进、主动脱贫、勤劳致富的积极性和主动性。周口推广郸城经验，将脱贫致富户评选表彰纳入"两建三扶四评"活动中，建立常态化评比机制，真正以脱贫致富户评选表彰形成引领示范效应，带动贫困村民主动脱贫。光山县广泛开展评先活动，并着力放大榜样效应。全县目前已有 108 个村广泛开展了以"脱贫之星""文明农户""好媳妇""好婆婆"等为主要内容的系列评先活动，评选出各类先进人物 4200 余人，组织各乡镇制作成宣传牌、宣传榜，集中在文化广场或一条街道主干道进行展示，打造出先进示范广场（或示范街）；组建90 多支先进事迹报告团，开展了先进事迹报告会 370 余场，共计 5.1 万余人次群众聆听了先进事迹报告；县电视台对先进模范连续做了50 余期电视访谈，微信公众号"智慧光山"先后开辟《扶贫路上光山人》等多个专栏，对脱贫带富典型进行大力宣传，形成了较好的社会效应，使"争当文明户、不当贫困户"成为农村新风尚。

（六）通过内外兼修，让环境"激"起来

志智双扶，需要久久为功、润物无声，软环境和硬环境都很重要。在软环境上，很多地方通过大型公益广告牌、村史文化墙或美德墙、宣传标语、宣传大喇叭等多种形式，营造"安贫可耻、脱贫光荣"的浓郁氛围。在硬环境上，通过改善人居环境，提升贫困群众精神面貌。周口在全市推广了"户分类、村收集、乡镇运输、县处理"的垃圾处置模式，切实改善了农村面貌，培养了村民爱护环境，建设美好家园的意识。光山县开展"文明村院"创建，将"文明村院"作为脱贫攻坚的一项"硬指标"纳入考核范围，按照"五净一规范"（庭堂干净、住室干净、厨房干净、厕所干净、个人衣着干净，电线煤气等物品摆放规范）的要求，干群齐动手，整洁庭院、打扫卫生、清除垃圾，既联络了感情，又转变了形象，营造了干净整洁、文明宜居的良好外部环境。

二 推进扶贫与扶志扶智相结合的重点难点

尽管近年来全省各地围绕扶志扶智做出了很多卓有成效的探索，但同时也要清醒地看到，依然存在不少问题，扶贫与扶志扶智如何有效结合，仍然困扰着不少地方。

（一）依赖心理惯性化

在脱贫攻坚战中，一大批贫困群众已尝到了勤劳脱贫的甜头，真切感受到了党和国家扶贫政策带来的实惠，走上了脱贫奔小康之路，越干越有劲头。但也有一部分贫困群众"等、靠、要、比、怨"思想严重，甚至把党的扶贫好政策错误地当成了养懒人的政策，在有些地方出现争当贫困户、争做低保户的倾向性问题。一是争当贫困户，由于针对贫困户的教育、医疗、住房等优惠政策逐步完善，一些并不符合贫困户条件的农户削尖脑袋要进贫困户系统，并由此带来一些不稳定因素；二是争做低保户，随着低保标准逐年提高，并与医疗等政策优惠挂钩，得"红眼病"的群众越来越多，因争低保而引起纠纷乃至闹访的现象时有发生；三是坐等政府救济，一些群众自身发展动力不足，不发展产业，不找致富路子，只想坐等政府帮助、救济，但在婚丧嫁娶方面讲排场、搞攀比，办一次红白事，花销几万元甚至几十万元，要"随份子"，也要还人情，钱全花在了场面上，家庭不堪重负，贫困程度加重。大部分贫困问题表面上看是物质性贫困，但究其根源在于缺乏"人穷志不穷"的精神和改变贫困现状的知识、能力和手段，以前那种"干部干、群众看""靠着墙根晒太阳、等着政府送小康"的观念还未彻底扭转，主动脱贫致富的动力和积极性不足，有待进一步提高。因此，需要积极为困难群众搭台清障，提高贫困群众脱贫致富的能力，坚定贫困群众脱贫致富的信心，鼓舞斗志，增强"自我造血"功能。

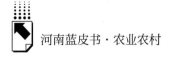

（二）贫困人口"待遇"化

当前，贫困群众大多文化素质偏低，不读书不识字、填表算账都困难，脱贫能力普遍欠缺，久而久之，形成一种自己什么也干不了的消极心态，觉得不会有适合自身的脱贫项目，认为自己家不可能在一两年内脱贫。部分深度贫困人口没有脱贫的愿望，他们不去分析贫困的主客观原因，不是去寻找脱贫的办法，而是把自己的贫困归结为"命"，把安于贫困称作"认命"，把改变"命运"寄托在"下辈子"。还有部分贫困人口即使有了一定脱贫条件，都没有很强的脱贫愿望，他们担心的"失去"，不是失去"贫困"，而是失去扶持、失去关怀、失去送钱送物的"待遇"。部分贫困群众甚至觉得政策好就靠政策养着，有点不如意的事就去找政府"闹"，对来家里帮扶的干部很麻木，认为干部比自己更着急，自己不脱贫干部难交账。贫困户处在贫困状态久了，他们挣脱贫困枷锁的多次努力失败之后，就会失去主动脱贫的信心和勇气。所以，需要引导贫困户从思想上摆脱消极心态，帮助贫困户突破原先的思维定式，再次激活他们的脱贫愿望，形成脱贫的活跃心态。

（三）项目选择悖论化

贫困往往是多种因素叠加形成的，包括住房、财产、资源、能力和抗风险能力等多个方面，这导致扶贫项目选择面临两难悖论。一方面，众所周知，产业扶贫是根本，稳定脱贫需要产业支撑；但另一方面，贫困人口一般思想观念比较滞后、受教育程度较低，大多表现为安于现状、听天由命、消极无为、不思进取等，不愿接受新兴事物，不敢尝试自主创业，抗风险能力弱。所以，脱贫项目选择难、实施难、发挥作用难。每个贫困家庭都有自身特有的致贫原因，包括家庭成员结构、劳动力状况、技术特长和致富欲望等方面。在项目选择时能否因地制宜、对症下药，找出真正适合每个家庭的脱贫项目，非常不容易。

（四）考核内容缺位化

实行最严格的考核评估制度，是真实准确检验脱贫攻坚成效、确保真脱贫脱真贫、打赢打好脱贫攻坚战的有效手段。通过对贫困人口识别退出准确率和群众对帮扶工作满意度等主要指标的入户调查和综合评估，科学分析脱贫攻坚中存在的问题，总结各地创造的经验和取得的成绩，较好发挥了以评促改，切实提高脱贫攻坚的精准度、实效性和可持续性作用，是完全有必要且可行的。但在具体考核评估过程中，往往重"显绩"轻"潜绩"，对贫困人口的思想工作恰恰是"潜绩"，需要较长时间的努力，在具体工作开展过程中，甚至还会出现思想反复、情绪抵触等情形。如果扶贫考核不能充分考虑志智双扶的特殊性，势必对扶贫工作、扶贫方式产生不利的导向。所以，考核扶贫成果时不仅需要注重"显绩"，更需要看重"潜绩"，要能运用灵活的考核制度，将志智双扶的过程和长期效益也纳入考核体系和第三方评估机制。

三　深入推进扶贫与扶志扶智相结合的对策思考

新形势下，推进扶贫与扶志、扶贫与扶智相结合，必须加强对贫困地区干部群众的宣传、教育、培训、组织等工作，通过政策引导、典型指导和产业辅导等方式，激发贫困地区和贫困人口的内生动力，把贫困群众的积极性、主动性和创造性充分调动起来，形成脱贫攻坚奔小康的强大合力。

（一）加强宣传引导，激发贫困群众脱贫致富的内在动力

实施"志智"双扶，宣传教育是关键。第一，要整合利用各种

传播手段，充分借助广播电视、标语条幅、微信短信等形式，形成立体式、全覆盖的扶贫宣传大格局，将党和政府的扶贫政策讲清楚，将精准识别的标准程序讲明白，做到既不降低标准，也不吊高胃口，消除群众对国家扶贫政策的不理解。第二，要大力宣传依靠自身努力改变命运、依靠勤劳双手脱贫致富的先进典型，营造脱贫光荣、安贫可耻的浓厚氛围，树立不养懒汉的鲜明导向，激发群众改变贫困面貌的干劲和决心。第三，要广泛开展"道德模范""身边好人""好媳妇""好婆婆""好妯娌"等各类先进典型选树活动，对评选出来的先进典型采取张榜公布、挂牌发证等方式在本地范围内大张旗鼓地进行宣传，放大榜样效应，发挥示范带动作用。第四，要旗帜鲜明地开展负面典型宣传活动，在村里醒目位置设立"红黑榜"，红榜用于宣传先进人物，黑榜用于曝光"等靠要"思想严重的反面典型，形成反差和震动。

（二）改进帮扶方式，建立贫困群众参与脱贫攻坚的利益纽带

打赢脱贫攻坚战，群众参与是基础。第一，在开展帮扶工作中，要彻底扭转过去简单注重送钱送物送温暖等"输血式"做法，加强开发式扶贫与保障性扶贫统筹衔接，更多采用以工代赈、生产奖补、劳务补贴等方式，探索推广以表现换积分、以积分换物品的爱心帮扶做法，组织动员贫困群众参与帮扶项目实施，推动贫困群众通过自己的劳动脱贫致富。第二，要切实转变干部作风。真正沉下身子到一线，拉近与群众之间的距离，采取围火塘、进地头、拉家常等方式，帮助贫困户找"病因"、开"药方"，帮助他们理清脱贫思路、制定脱贫措施，引导他们通过辛勤劳动找到从根本上拔除穷根的办法和途径。第三，要转变投入方式。鼓励支持各类市场主体与贫困群众构建利益联结机制，形成"风险共担、互利互赢"的紧密关系，整合财政扶贫资金建设扶贫车间、创业园区等，激发贫困群众潜能，提升他

们的参与度和获得感。第四，要改进脱贫考核方式，将志智双扶纳入考核评估体系，既注重考核志智双扶的结果，也关注志智双扶的过程。

（三）开展技能培训，提高贫困群众的自我发展能力

努力提高自我发展能力，是实现贫困人口稳定脱贫的根本性举措。第一，要加强针对性技能培训。本着"缺什么，补什么""需要什么，培训什么"的原则，因人而异、量身定制、按需供给，实现每个贫困家庭劳动力至少掌握一门增收致富技能，确保有劳动能力的贫困家庭至少有一人实现稳定就业。第二，要强化农技推广和信息服务。定期收集致富项目、招工就业等方面的信息，利用电视、广播、公开栏定期发布给贫困群众；深化科技下乡，组织科技工作者深入田间地头、村组街社，推广农业科技，讲解种养知识，提高贫困群众发展能力，推动小农户和现代农业发展有机衔接。第三，要加强新型职业农民遴选和培育。要明确认定标准，扩大遴选范围，积极从当地种植大户、家庭农场主、农民合作社骨干、农业企业负责人、技术人员或返乡创业大学生、返乡农民工和退伍军人等群体中，选拔迫切需要提升生产技能并且能够发挥示范带动的新型职业农民，加大政策扶持力度。

（四）注重教育扶贫，阻断贫困代际传递

教育是阻断贫困代际传递的有效途径。要大力实施教育扶贫，推动城乡义务教育均衡发展，重点向贫困地区和薄弱学校倾斜，确保贫困人口子女都能享有公平而有质量的教育。第一，要补齐学前教育短板。充分体现特殊关爱，推进学前教育向贫困村延伸。着力保障留守儿童健康成长，绝不让任何一个孩子因为贫困辍学。第二，要统筹抓好贫困地区义务教育。努力改善深度贫困地区的义务教育办学条件，

加强贫困地区农村寄宿制学校建设，加大贫困家庭子女受教育帮扶力度，努力普及九年义务教育，争取普及十二年义务教育。第三，要强化职业教育职业培训。以中等职业教育为重点，强化职业教育和职业培训，提升贫困家庭适龄青年的职业素养和长远发展能力。

（五）培育文明乡风，夯实脱贫攻坚的文化基础

乡村全面振兴，乡风文明是灵魂和保障。必须坚持农村物质文明和精神文明建设两手抓、两手都要硬，努力培育文明乡风、良好家风和淳朴民风，持续提升乡村文明程度。第一，要充分发挥"一约四会"作用。因地制宜设置完善村民议事会、道德评议会、红白理事会、乡贤理事会、禁毒禁赌会、孝善理事会等民间组织，充分挖掘传统乡规民约的现代价值，着力构筑和建立新乡贤发挥作用的平台和机制。第二，要促进乡村社会移风易俗。规范农村党员和公职人员组织参与红白喜事的标准和报告制度，系统整治农村婚丧嫁娶等方面大操大办等不良现象，抵制封建迷信、人情攀比等陈规陋习，引导贫困农民提高科学文化素养，传播积极健康的生活方式。第三，要加强农村基本公共文化服务体系建设。大力加强农村公共文化阵地建设，积极探索贴近农村实际、贴近农民群众生产生活的有效形式，经常性地开展健康有益的文化活动，丰富贫困群众精神文化生活。第四，要深入开展"文明村镇、文明家庭、美丽庭院、星级文明户"等群众性精神文明创建活动。传承良好家风家训，引导农民向上向善、孝老爱亲、重义守信、勤俭持家，形成共建共享的社会主义家庭文明新风尚。

参考文献

《中共中央国务院关于打赢脱贫攻坚战三年行动的指导意见》，《人民日

报》2018 年 8 月 20 日。

《中共中央国务院关于坚持农业农村优先发展做好"三农"工作的若干意见》，《人民日报》2019 年 2 月 20 日。

《中共河南省委　河南省人民政府关于推进乡村振兴战略的实施意见》，《河南日报》2018 年 3 月 28 日。

河南金融扶贫专题调研组：《金融扶贫"卢氏模式"的调查与思考》，《河南日报》2017 年 11 月 16 日。

胡光辉：《扶贫先扶志　扶贫必扶智——谈谈如何深入推进脱贫攻坚工作》，《人民日报》2017 年 1 月 23 日。

杨超、王军强：《"扶贫扶志、志智双扶"在脱贫攻坚战中的重要作用》，《农村农业农民》2018 年第 3 期。

周立：《以"志智制立体扶贫"解决深度贫困》，《人民论坛·学术前沿》2018 年第 14 期。

陈明星：《精准扶贫的实践困境及对策建议》，《发展研究》2017 年第 6 期。

刘刚：《扶贫与扶志扶智结合　增强脱贫内生动力》，《河南日报》2018 年 8 月 17 日。

B.18
河南省黄河滩区扶贫搬迁向乡村振兴衍变路径探析

乔鹏程　田建民　杜　涛　上官彩霞*

摘　要： 黄河下游滩区移民搬迁，事关黄河长久安澜和防洪安全，对黄河滩区居民彻底摆脱贫困、实现全面小康具有重大意义。黄河滩区扶贫搬迁历经早期迁建、第一批试点、第二批试点三个阶段，形成了传统村落、乡镇社区和县城社区3种成熟的滩区移民迁建模式。扶贫搬迁安置区多措并举，与乡村振兴目标高度契合。着力滩区产业振兴，因地制宜，发挥优势，采取规模化种植、生态种养、农牧结合、休闲观光农业、田园综合体等多种资源开发模式，形成促进滩区乡村振兴的有效路径。基于上述研究，提出优化区域发展格局、分类推进安置区发展、推进滩区产业振兴、培育滩区发展新动能、给予滩区专项支持政策等对策建议。

关键词： 黄河滩区　扶贫搬迁　乡村振兴

---

* 乔鹏程，河南省农业科学院副院长、研究员；田建民，河南省农业科学院农业经济与信息研究所研究员；杜涛，河南省农业科学院农业经济与信息研究所博士研究生；上官彩霞，河南省农业科学院农业经济与信息研究所博士研究生。

黄河滩区是一片特殊的土地，一方面，黄河滩区是我国最早的农耕种植地带，孕育了悠久灿烂的中华文明；另一方面，蓄洪、滞洪和沉沙的重任使滩区人民负重难行，黄河滩区成为河南省较为集中连片的贫困地区之一。截至 2017 年底，河南省黄河滩区有国家级贫困县 3 个、省级贫困县 2 个、贫困村 69 个、建档立卡贫困人口 5.28 万，贫困发生率 10% 以上。黄河滩区经济社会发展落后，形成了一条"沿黄贫穷带"，严重阻碍了河南省经济社会的整体发展。消除贫困、改善民生、实现共同富裕，是社会主义的本质要求，是新时代破解"三农"问题的重要使命。黄河滩区移民搬迁，事关黄河长久安澜和下游防洪安全，对黄河滩区全面建成小康社会、实现乡村振兴具有重要意义。

2019 年中央一号文件提出，"坚决打赢脱贫攻坚战"，"全面推进乡村振兴"。作为新一轮脱贫攻坚的标志性工程，滩区易地搬迁是脱贫攻坚战中难啃的"硬骨头"，其成败直接关系到脱贫攻坚工作的全局。在搬迁脱贫安置过程中，原有生产资料被占用，有形环境资源和无形社会资源的改变，移民群众思想动荡，在陌生的新环境中面临着堕入"贫困陷阱"的危险。为坚决打赢脱贫攻坚战，并通过与乡村振兴的有机衔接巩固和提升脱贫攻坚成果，我们开展了河南省黄河滩区扶贫搬迁向乡村振兴衍变路径研究，以期从根本上解决滩区群众搬迁后的生计问题，真正实现"搬得出、稳得住、能发展、可致富"，促进滩区乡村振兴。

一　河南省黄河滩区扶贫搬迁安置情况

（一）黄河滩区基本情况

黄河流域涉及青、川、甘、宁、内蒙古、晋、陕、豫、鲁 9 省

（区），干流河道全长5464公里，流域面积79.5万平方公里，流域内总人口约1.1亿人，其中70%左右的人口集中在陕西省韩城市龙门以下地区。黄河滩区指黄河大堤与黄河河道之间的滩地区域，总面积4047平方公里，占河道总面积的80%以上，分布在河南、山东两省15个市、43个县，人口180.94万人，耕地面积375.5万亩，其中河南省黄河滩区自洛阳市孟津县白鹤至濮阳市台前县张庄，涉及郑州、开封、洛阳、焦作、新乡、濮阳等6个省辖市、17个县（区）、59个乡镇、1172个自然村庄，滩区面积约2116平方公里，耕地228万亩，人口125.4万人，滩区面积、耕地面积、居住人口分别占黄河滩区的52.3%、60.7%和69.3%。

黄河滩区是黄河河道的重要组成部分，在防洪工程体系中起着行洪、滞洪的作用。由于历史、自然、政策及管理体制等原因，黄河滩区经济社会发展滞后。一是安全建设滞后，特别是濮阳县、范县、台前县、兰考县等低滩区，"洪水漫滩－家园重建－再漫滩"的状况没有根本改变；二是经济发展落后。黄河滩区产业结构单一，除了传统的种植业、养殖业和少量加工业外，几乎没有其他产业，严重制约了滩区经济社会的发展。据调查，2016年滩区农村居民人均可支配收入约7743元，为全省平均水平的66.2%；三是社会发展滞后。滩区投入严重不足，交通、水利、电力等基础设施薄弱，教育、医疗、文化等社会事业滞后，滩内外经济社会发展差距不断加大。

（二）黄河滩区扶贫搬迁情况

河南省黄河滩区125.4万名居民中，达到20年一遇防洪标准人口有21.7万人，需要妥善安置人口为103.7万人，其中，居住在滩区高风险区的人口有83.3万人。黄河滩区扶贫搬迁历经早期迁建、第一批试点、第二批试点三个阶段。

1. 早期黄河滩区扶贫搬迁

黄河滩区居民搬迁始于2004年。2003年9月18日，黄河兰考段谷营滩区35号坝被冲垮，致使滩区4万余亩秋季作物绝收，滩区16个行政村被洪水围困，道路、桥梁、井渠等各种基础设施遭到严重破坏。2004年1月10日，兰考县黄河滩区移民迁建工程实施方案得到正式批复。2004年3月，兰考县谷营镇滩区居民搬迁工作正式启动。2006年5月，堤北16个行政村中的11个村的3486户、12305人搬迁至堤南。

2. 黄河滩区扶贫搬迁第一批试点

2015年，在国家有关部委的大力支持下，河南省开展了黄河滩区居民迁建第一批试点，涉及兰考县、封丘县、范县3个县、4个乡镇的14个村、4676户、16718人。其中，兰考县谷营镇1个村、586户、2100人，封丘县李庄镇5个村、2053户、7634人，范县张庄乡和陈庄镇8个村、2037户、6984人。

兰考县第一批试点村为谷营镇姚寨村。2015年7月安置区姚寨社区开始施工建设，2016年6月建成，2016年9月份开始搬迁，入住率达到100%，旧村庄拆房完成98%。封丘县第一批试点为李庄镇的张庄、姚庄、薛郭庄、南曹、贯台5个村，除小张庄（自然村）14户外均已搬迁入住，搬迁户旧房全部拆除，旧村土地正在复垦。范县第一批试点涉及张庄乡、陈庄镇8个行政村，规划建设张庄乡千安社区和陈庄镇荷香社区2个安置区，项目于2015年6月开工建设，已搬迁入住1831户（见表1）。

3. 黄河滩区扶贫搬迁第二批试点

2017~2019年，河南省开展黄河滩区居民迁建第二批试点，涉及兰考县、封丘县、长垣县、中牟县、台前县、濮阳县、祥符区、范县、原阳县9个县（区）、34个乡镇、208个村、71814户、26.14万人。目前，第二批试点安置区仍在建设之中，农民并未搬迁（见表2）。

表1 黄河滩区扶贫搬迁第一批试点情况

项目	兰考县	封丘县	范县	
乡（镇）	谷营镇	李庄镇	张庄乡	陈庄镇
行政村	姚寨村	张庄、姚庄、薛郭庄、南曹、贯台	后房、双庙朱、李菜园、前房、蒲笠堌堆、王英	东宋楼、邢庙
户数	586户	2053户	1295户	742户
人口数	2100人	7634人	4707人	2277人
安置地	姚寨社区	李庄社区	千安社区	荷香社区
安置房	2层独院小楼，配有农机具和粮食储藏室	连排小院、多层楼房、高层楼房	联排小院、多层楼房	5层楼房

表2 黄河滩区扶贫搬迁第二批试点情况

试点县	乡镇	村数（个）	户数（户）	人数（人）
兰考县	谷营镇	4	1173	4149
祥符区	杜良乡、袁坊乡、曲兴镇	6	4296	15388
中牟县	狼城岗镇	5	4450	17079
台前县	吴坝镇、夹河乡、打渔陈镇、孙口镇、马楼镇、清水河乡	44	9209	31531
范县	张庄乡、辛庄镇、陆集乡、杨集乡	24	5350	19364
濮阳县	渠村乡、郎中乡、习城乡、梨园乡、白堽乡、王称堌镇、徐镇	48	10257	43078
封丘县	李庄镇、曹岗乡、陈桥镇、荆隆宫乡	32	22935	77763
原阳县	官厂乡、蒋庄乡、靳堂乡、大宾乡、陡门乡	23	6529	24317
长垣县	武邱乡、苗寨镇、芦岗乡	22	7615	28744
合计	34个乡镇	208	71814	261413

（三）黄河滩区扶贫搬迁安置主要模式

黄河滩区居民搬迁安置主要有 3 种模式：传统村落安置模式、乡镇社区安置模式和县城社区安置模式，三种模式在土地产权、房屋类型、安置地资源禀赋等方面存在显著差异（见表3）。

表3　河南省黄河滩区居民搬迁安置模式

试点县	传统村落安置模式	乡镇社区安置模式	县城社区安置模式
兰考县	姚寨社区		
祥符区		杜良乡安置区、袁坊乡安置区、曲兴镇安置区	
中牟县			县城安置区
台前县		吴坝安置区、夹河安置区、马楼安置区	县城安置区、王黑安置区
范县		张庄乡安置区、辛庄镇安置区、陆集乡安置区	县城安置区
濮阳县		习城安置区、徐镇安置区、王称堌安置区、渠村安置区、郎中安置区	县城安置区
封丘县		李庄镇安置区、陈桥镇安置区、荆隆宫乡安置区、曹岗乡安置区	
原阳县	官厂乡安置区	靳堂安置区、大宾安置区、陡门安置区	蒋庄安置区
长垣县			县城安置区

1. 传统村落安置模式

属于传统村落安置模式的安置区有 2 个，分别是兰考县姚寨社区和原阳县官场乡安置区。安置区土地为集体产权，安置房以两层独家小院为主，并配有农机具等仓储用房。安置区主要依托于安置村庄的资源环境，发展特色农业产业。

2. 乡镇社区安置模式

属于乡镇社区安置模式的安置区有21个，占安置区的6成以上。安置区土地产权属于集体，安置房以7层以下的楼房为主。安置区紧靠乡镇政府所在地，主要以劳动密集型产业吸引人们就近就业，并利用人口集聚优势发展商业等服务业，带动居民就业。

3. 县城社区安置模式

属于县城社区安置模式的安置区有7个。安置区土地为国有土地，安置房属于商品房，以11层左右的高层住宅为主。选择该类模式的搬迁户以非农就业为主，安置区大部分在县产业集聚区附近，以方便搬迁人口就近就业。

（四）黄河滩区扶贫搬迁安置模式与农户家庭禀赋的相关性

黄河滩区居民搬迁安置模式选择以农户意愿为基础，家庭资源禀赋成为影响农户选择安置模式的主要原因。根据农户家庭资源禀赋不同，将农户分为三类，分别是保守型农户、中立型农户和转变型农户。

1. 保守型农户

选择传统村落安置模式的农户大多为保守型农户，这类农户家庭人口数量较多、年龄偏高，外出务工人数较少，收入来源以农业为主，搬迁后二次就业的可能性较小。搬迁后这类农户仍希望自己经营土地，考虑的是尽量压低生活成本，维持以往以农业收入为主的半耕半工的小农生计。

2. 中立型农户

选择乡镇社区安置模式的农户大多为中立型农户，这类农户家庭成员年龄以中年为主，且有家庭成员长期在外务工，外出务工收入高于农业收入，搬迁后二次就业的可能性较高。一方面，搬迁后离原承包地的距离拉长，但并不影响这类农户继续从事农业经营；另一方面，搬迁地产业集聚以及小城镇的发展，为搬迁户非农就业提供了巨大机会。搬迁后这类农户有的希望继续耕种一部分土地，有的希望以较高租金流转土地而进行非农就业。

3. 转变型农户

选择县城社区安置模式的农户大多为转变型农户，这类农户年龄比较年轻，大部分不从事农业生产，未来也不可能从事农业生产，主要在第二、第三产业就业。

二　黄河滩区扶贫搬迁安置区乡村振兴策略

黄河滩区扶贫搬迁居民的安置，不仅要贯彻中央提出的"产业兴旺、生态宜居、乡风文明、治理有效、生活富裕"的乡村振兴总要求，而且要落实河南省委省政府"搬得出、稳得住、能发展、可致富"的搬迁指导思想，为搬迁村迈向乡村振兴奠定良好的经济社会和生态环境基础。

（一）多措并举，促进产业兴旺

黄河滩区搬迁安置，基本按照靠乡镇、靠园区、靠县城、靠旅游的"四靠"原则，坚持以产定搬、以岗定搬，强化产业就业后续支撑，把群众"有活可干、有业可就"作为基本目标，充分挖掘当地特色资源优势，通过传统产业优化升级、新兴产业订单引进、非农产业就地融入等措施，因地制宜发展规模种养、立体循环种养、农工商联动、农文旅结合等特色产业，确保农民生计生活可持续发展。

封丘县李庄镇18个村按照"镇区总体规划一步到位、配套设施建设一步到位"的总体思路，进行村庄整体搬迁、总体规划设计，遵循节约资金、不重复建设的原则，统一建设安置区路网、管网、电力、供水等基础设施，按照大中型城镇标准科学配置教育、医疗、金融、交通、商贸、养老等公共服务，形成仅次于县城的副中心城镇，成为拉动县域经济发展的龙头。同时，按照"城镇与产业同步发展"思路，在安置区规划建设占地 1500 亩的农村经济特色园区，重点发展汽车内饰、服装加工等劳动密集型产业，彻底解决群众搬迁后的就业问题。

（二）加强乡村环境建设，提高生态宜居水平

黄河滩区搬迁村立足当地资源环境条件，加强乡村生产、生活与生态空间融合建设，在确保生产生活用房安全美观、生活娱乐设施完善、安全饮水工程进村入户的同时，实行入户道路硬化、改水改厕净化、房前屋后绿化、污水垃圾集中处理。一些搬迁村通过房屋、林木、果园景观化改造，实现了"村在景中，景在村里"，让搬迁群众既过上城里人的生活，又在新的家园消除了乡愁，人居环境宜居程度大幅提升。

范县依托黄河滩区 19 万亩速生丰产林，规划建设 1.9 万亩省级黄河森林公园，与国家"AAA"级景区——毛楼黄河生态旅游区连为一体，打造岸青水绿、河道通畅的堤防景观带和自然生态廊道，为滩区居民发展集约化、规模化、绿色化的临水生态产业和观光旅游场所，不仅大大改善了搬迁村农民的生产生活环境，还为进一步打造"生态＋""旅游＋""康养＋"绿色产业奠定了良好的基础。

（三）加强乡村文化建设，提升乡风文明

滩区搬迁村把繁荣农村文化、弘扬现代文明作为乡村精神文明建设的基本抓手，利用乡村文化广场、文化大舞台、图书室等公共文化场所，宣传社会主义核心价值观，开展移风易俗行动，弘扬好人善

举，培育文明乡风、良好家风、淳朴民风。有些村在传承和挖掘传统乡土文化深层内涵的基础上，通过创造性转化和发展，让古朴乡风焕发新的生机，实现了当代文化与传统乡土文化的完美融合，促进了有标准、有网络、有内容、有人才的乡村公共文化服务建设，提升了乡风文明程度。

兰考谷营镇通过建立村民议事理事会、红白理事会、村民文艺队、秧歌队等民间组织，充分挖掘农村传统道德教育资源，推进社会公德、职业道德、家庭美德建设，开展移风易俗行动，遏制大操大办、厚葬薄养、人情攀比等陈规陋习，成为开启民智、移风易俗、提升农民精神风貌和乡村社会文明程度的强大内生力量。

（四）优化基层干部队伍，实现村庄治理有效

许多县把搬迁扶贫作为考验干部、发现干部、培养干部的练兵场，借助搬迁安置调整优化基层干部队伍，通过搬迁干部、驻村第一书记、大学生村官的言传身教，提升农村干部的思想意识和组织能力，通过移民选举有能力有担当的人加入村组织，锻造出一批党性强、威信高、能力强的基层干部队伍，彻底解决农村基层组织涣散，战斗力、执行力、服务力不强等问题。同时，滩区搬迁中设立的搬迁安置理事会、"联户"议事小组、红白理事会等社会组织，也逐步成为化解邻里纠纷、村民参与村务管理、共商发展大计的有效载体。

封丘县探索出以迁建理事会为载体的民主决策、公众参与机制，由迁建理事会表决通过各项方案，由群众对迁建招标和建设过程进行监督，大大推动了移民迁建工作。同时，迁建理事会和"联户代表"中威信高的能人的涌现，不仅能够借助乡土社会"熟人关系"建立起村民分歧内部调解机制，还提高了村民组织化程度，成为村庄自治的重要载体和村民与政府信息沟通"连心桥"的重要力量。

（五）多源增收，促进生活富裕

多源增收，是实现生活富裕的关键。安置区优先设置在产业集聚区或城镇附近，确保搬迁户就地就近非农就业；支持企业对口帮扶，建设扶贫车间、扶贫超市，扩大搬迁户就业机会；大力发展集体经济、订单农业，积极组织农民外出务工经商，扩大农民收入来源。同时，安置区敬老院、卫生院、幼儿园、健身广场、图书室等公共基础设施一应俱全，极大地改善了村民生活娱乐条件，老有所养、幼有所教、病有所医、经济宽裕、生活便利、共享富裕的小康梦想逐步实现。

封丘县李庄镇李庄村在搬迁之后，建设了标准化厂房，规划了农民经济特色园区，提供1000～3000人的就业岗位，不仅使群众摆脱了房子漏水的困扰，还实现了群众"搬得起""能就业"的愿望。建成的农民文化广场，不仅配备健身器材、文化长廊，还建有壁画墙、花池、景观水渠、凉亭等。广场投入使用以来，村民踊跃开展扭秧歌、打篮球、拔河赛、广场舞等文化娱乐活动，传统说唱艺术、健身活动等各类活动氛围浓厚，呈现出美丽乡村蓬勃向上的新气象。

三 黄河滩区资源开发的有效模式

各个试点县依据迁出区资源禀赋，因地制宜采取不同模式，探索出了许多对滩区资源的有效开发利用和产业发展模式。有的试点县因势利导，开展规模化种植、生态种养等传统农业，有的试点县对滩区土地资源统一规划，发展休闲观光农业、田园综合体、三产融合等新业态，推进农业与旅游、教育、文化、康养等产业深度融合。

（一）规模化种植，以长垣县大田托管为例

长垣县滩区居民安置在县城，滩区资源开发主要以土地托管为抓手，以新型农业经营主体为依托，采用全托管和订单相结合的方式，大力发展优质麦、花生、谷子和果品蔬菜等特色农产品规模化种植。

1. 具体做法

（1）长垣县与河南省豫丰农产品有限公司合作，组建豫联专业合作社联合社，领办、管理种植合作社、农机合作社；（2）在耕、种、管、收等方面全程为农民提供土地托管服务，给农民提供保底收益，并对剩余利润进行二次分配；（3）以订单农业为切入口，引导农民开展优质单品种植；（4）实行"五统一"式生产管理服务：统一作物种植布局、统一农资采购、统一农机作业管理、统一生产技术措施、统一产品储存销售。

2. 主要成效

长垣县黄河滩区大田托管优质麦种植面积7万亩，重点发展适合特色优质品种有郑麦366、新麦26、师栾02－1，新发展优质花生5万亩、谷子等杂粮1.5万亩。经测算，小麦全托管一季相对农户种植，成本减少126元/亩；优质小麦收购价格高于未托管农户普通小麦（三级花麦）0.2元/公斤，由于品质高增收105元/亩。

（二）生态种养，以祥符区杜良乡稻虾混养为例

开封市杜良乡水资源丰富，滩区居民安置区离原居住地不到1公里，杜良乡依托丰富的水资源在龙头企业的带动下在滩区发展稻虾混养生态种养模式。

1. 具体做法

开封市杜良乡依托河南云腾生态科技有限公司建立稻虾混养

示范基地，将传统的稻田进行改造，在稻田的四周开挖宽 4 米左右、深 1.5 米左右的沟，然后在沟中注水，再将虾苗放入沟中养殖。在每年 9 月至 10 月稻谷收割后投放幼虾，第二年的 4 月中旬至 5 月下旬这批小龙虾便可收获，与此同时再补投幼虾。这样一来，一方面小龙虾可以吃掉害虫，排泄的粪便成为水稻的有机肥料；另一方面，水稻收割后的秸秆粉碎还田发酵，又成为小龙虾的天然饲料。

2. 主要成效

稻虾种养结合的生态种养模式实现了种养结合，大幅提升了水稻种植效益，亩产龙虾 150 公斤、水稻 400 公斤，每亩纯收益 4000 元以上，实现了"一田两种、一水两用，稻虾共生、效益倍增"，有效提高了农田利用率和产出效益。

（三）农牧结合，以兰考县"龙头企业＋金融＋农户"为例

兰考县谷营镇滩区居民安置到传统村落，由于大部分安置居民仍从事农业生产，谷营镇充分发挥政府在滩区居民脱贫中的引导作用，依托金融部门和农业龙头企业中羊牧业，进行"龙头企业＋金融＋农户"滩区开发，推进小农和现代农业发展有机衔接，实现了滩区居民的脱贫致富。

1. 具体做法

河南中羊牧业有限责任公司和养羊户联合，依托政府和金融部门，进行"龙头企业＋金融＋农户"滩区居民脱贫：（1）中羊牧业以 400 万元风险保证金作为担保，养羊户凭借身份证和户口本，在银行贷款 40 万元；（2）养羊户将贷款 40 万元交给中羊牧业，由中羊牧业统一购买小羊，大约可以购买 500 只小羊，并小羊交由农民饲养，农民向中羊牧业交付 20 元/只押金；（3）中羊牧业采取五统一模式对农户进行管理：统一种源、统一管理、统一技术培训与指导、

统一精料配方、统一集中销售；（4）县财政对羊舍建设进行补助。一般来说，建造普通羊舍大约需要 3 万多元、钢架羊舍大约需要 6 万~7 万元，县财政对农民羊舍建设的补贴为每只羊 100 元，一户大约补贴 5 万元。

2. 主要成效

兰考县"中羊牧业＋金融＋农户"模式不仅解决了企业的资金压力，还与农户建立了较好的利益联结机制，带动了贫困户致富。养羊户主要收入为：（1）保底饲养工费，农户保底饲养工费为 25 元/只，小羊饲养周期一般为 3 个月，一年可以养三轮，三轮纯收入大约 4 万元；（2）利润分红，根据规定羊每增重 1 斤需要 5 斤饲料，若农户节省了饲料，则给予一定的奖励；（3）农户还可以获得 4000 元的贷款补贴和 1500 元的押金利息补贴。

（四）休闲观光农业，以范县张庄乡滩地黄河鱼生态旅游开发为例

范县张庄乡利用安置区紧靠产业集聚区，滩区水资源富足等优势，依托水稻种植、莲藕种植等特色农业，融合特色村落和传统文化，以全域旅游和产业扶贫的视角，规划建设占地 2.2 万亩滩地黄河鱼生态旅游区，大力发展生态旅游等休闲观光农业。

滩地黄河鱼生态旅游区以"一心（游客服务中心）、两片（渔业养殖区和农业种植区）、四区（入口形象区、产业展示区、渔业休闲区和农业采摘区）"建设为重点，重点推进主题建筑类（包括文化景观类项目、购物休闲综合项目和住宿服务类项目）、基础设施类（包括景区可进入性项目、旅游服务区项目、景区内基础交通项目）和娱乐体验类（包括激情体验项目和农业体验项目）项目建设，延伸产业链，主打休闲、游乐、健康、养生概念，打造产业观光体验、生态游乐、会议度假、郊野休闲为一体的旅游综合体，并最终形成集生

态鱼宴、休闲运动、孝文化体验、生态养生于一体，生态与文化有机融合的黄河鱼宴基地。

（五）田园综合体，以长垣县赵堤镇为例

赵堤镇位于黄河滩区、水资源丰富，素有"豫北小江南"的美誉。赵堤镇利用搬迁安置区紧靠产业集聚区的优势，对搬迁后的村庄发展进行统一规划，以现有的大浪口民俗度假村、小渠惨案遗址、天下粮仓街区、稻田公园、鲍家观光农业园、赵堤镇生态水产观光园等项目为核心，重点发展生态农业、循环农业、优质高效农业、休闲农业和创意农业，加强农村基础设施和美丽乡村、特色小镇建设，规划建设水墨赵堤·田园综合体。

水墨赵堤·田园综合体涵盖镇域内16个村庄，这些村庄在空间布局上集中连片，以水产养殖、莲藕种植、有机水稻种植为主。按照"政府引导、市场主体、农民受益"的总体要求，按照"北寻农耕乐，南享田园居"的发展格局，打造"一心、一环、四组团"主题组团，即"一心"：田园综合体建设项目核心区；"一环"："花田水榭"绿色水景观廊道环线；"四组团"："碧湖莲影"生态湿地休闲组团、"东篱农趣"农耕文化体验组团、"鱼米之乡"生态循环农业示范组团和"荷塘稻韵"健康养生组团。赵堤镇田园综合体建设将"公司＋农场＋基地＋贫困农户"的入股分红模式与"村委会＋合作社＋农户"的自主发展产业等模式相结合，鼓励龙头企业带动农户发展新型农业；政府利用项目资金在项目区完善基础设施，改善公共服务，吸引社会资本投入；企业利用先进发展理念，通过"互联网＋""旅游＋""生态＋"等模式，将生态农业和观光旅游有机结合起来，同时发展文化、教育等产业；农户通过土地流转、股份合作等直接获得分红，也可因地制宜、学习先进的种养殖技术，自主发展家庭农场等。

四　推进黄河滩区搬迁扶贫与乡村振兴 有机衔接的政策建议

（一）优化区域发展格局

将滩区移民村经济社会发展规划作为全省发展的一部分，融入全省整体发展规划之中，突出滩区移民村产业特色区块。根据移民村立地条件和资源禀赋，落实滩区移民村农业功能区发展制度，科学合理划定滩区农业生产区，统筹推进滩区农业产业区、创新区等各类园区的建设，将移民村旅游产业与乡村绿色发展等有机结合，大力推进滩区移民村农业产业化。保护滩区生态空间，加强移民村生态空间保护，为移民村三产融合发展提供基础。调整滩区移民村产业结构，结合滩区地域特色，推动滩区移民村产业集群发展。

（二）分类推进安置区发展

传统村落式安置区要按照"绿水青山就是金山银山"的新发展理念，生态优先，绿色发展，"一村一品"，"一村一特"，积极发展农民合作经济，壮大新型农村集体经济。乡镇社区安置区要利用靠近产业集聚区、农业园区的优势，借助商业性村集体房产，发展生产生活性服务业，积极探索建设特色小镇，推进一二三产业融合发展。县城社区安置区要充分利用安置区劳动力资源、集体资产、集体建设用地等资源，发展城市生活服务业，创新村集体产权和"三变"实现机制，组建合作社、村属企业等，融合城乡资源、经营资产，走城乡融合发展之路。

（三）推进滩区产业振兴

结合区域产业规划和本地资源条件，按照因村制宜的原则，选择培育发展有市场、效益好、受益快的特色优质产业，逐步形成"一村一品""一村一特"的特色产业发展格局。通过政策扶持，引进龙头企业带动特色产业发展，建立生产企业、移民专业合作社、种养殖业大户与移民户的有效合作机制，构建效益共享、利益分配合理的良好机制，促进移民产业发展壮大。鼓励电子商务进入移民村，支持移民村发展产地直销，延长农业产业链条，增加农业附加值。因地制宜发展乡村旅游，扶持生态、休闲农业发展，拓宽农民增收渠道。

（四）培育滩区发展新动能

大力培育新型农业经营主体，培育发展滩区移民村家庭农场、合作社、龙头企业、社会化服务组织和农业产业化联合体，充分发挥新型经营主体的带动作用。支持滩区"互联网＋农业社会化服务"平台建设，发展多样化的联合和合作。实施滩区移民村质量兴农工程，加强农业标准化生产、规范化管理技术，加强农业投入品和农产品质量安全追溯体系建设，完善滩区移民村特色农产品质量和食品安全标准体系。推进滩区移民村发展"互联网＋现代农业"、数字农业、智慧农业，推进"三品一标"认证，打造滩区移民村区域品牌，建设一批农产品高质量移民村、绿色食品生产村和有机农产品示范村，助推滩区乡村振兴。

（五）给予滩区专项支持政策

黄河滩区因属于行洪河道的特殊地理位置，各方面建设投入不足，遗留一些欠账问题。目前随着黄河小浪底水库的投入使用，黄河受汛期洪水淹没的威胁降低很多，各地通过实施滩区居民迁建依据资源禀赋条件并结合滩区生态保护做了较为详细的农业产业发展规划，但是缺乏针对黄河滩区资源利用的专项支持政策。因此从国家及省级层面要给予滩区内道路、水、电等配套基础设施建设、农业产业发展、产业扶贫等用地、金融、产业发展扶持等专项支持政策。

参考文献

吴光炜：《黄河滩区产业布局及其发展思路探析——以黄河菏泽段为例》，《菏泽学院学报》2017年第3期。

王通、徐征和、孔珂等：《山东黄河滩区可持续发展对策探究》，《中国水利》2016年第10期。

生秀东：《河南黄河滩区扶贫搬迁中安置地区的选择》，《决策探索》（下半月）2015年第12期。

河南省社会科学院课题组：《黄河下游滩区移民搬迁问题研究——以河南省黄河滩区为例》，《中州学刊》2014年第12期。

王行宾：《滔滔建言　只为涤荡黄河滩区贫困"顽疾"》，《协商论坛》2014年第10期。

陈通、任登魁：《我国黄河滩区产业扶贫路径探析》，《中国农村研究》2015年第5期。

Abstract

This book is compiled under the auspices of Henan Provincial Academy of Social Sciences. With the theme of "Promoting the Revitalization of Rural Industry with High Quality", it deeply and systematically analyzes the situation and characteristics of Henan's agricultural and rural development in 2018, looks forward to 2019, empirically measures the modernization level of Henan's agricultural and rural areas, and studies and discusses the main ideas and countermeasures for the revitalization of Henan's high-quality rural industry from all directions and angles.

One of the general reports of this book analyses and forecasts the development situation of Henan's agricultural and rural areas in 2018 – 2019. According to the report, in 2018, Henan's agricultural and rural development showed a good trend of overall stability, steady progress and steady improvement in quality. The output of major agricultural products increased steadily, the optimization and upgrading of agricultural structure accelerated, the income of farmers continued to increase, and the rural reform deepened in an all-round way. But at the same time, it is also faced with outstanding problems such as the urgent need to speed up the improvement of quality and efficiency, the urgent need to make up for historical debts, and the urgent need to strengthen the development system. In 2019, despite the complicated situation of pressure of economic downturn's enlargement and profound changes in the external environment, favorable conditions are gradually accumulating. The overall development of agriculture and rural areas in the whole province will show steady progress and continuous improvement and optimization. The production of agricultural products will remain stable, the agricultural structure will continue to be optimized, the income of farmers will continue to increase, and the integration of urban and rural areas will further accelerate.

The second main report of this book measures and evaluates the level of agricultural and rural modernization in Henan. According to the report, studying and evaluating the development of agricultural and rural modernization in Henan province is of great value to the targeted promotion of agricultural and rural modernization in Henan province. Through the construction of agricultural and rural Modernization Evaluation system, the report comprehensively measures and evaluates the degree of agricultural and rural modernization in 18 cities under the jurisdiction of Henan Province. Based on this, it proposes to strengthen the policy design of veracity, focus on the weak links, highlight the key points, and unswervingly push forward the implementation.

The sub-reports of this book mainly carry out special research from the aspects of format development, main body cultivation, factor guarantee, and poverty eradication. They try to comprehensively reflect the realistic foundation, problems, development advantages, and strategic opportunities of Henan's agricultural and rural development, especially the rural industry development in these five aspects. They also look forward to the promotion of rural industry revitalization in 2019 and beyond, and put forward targeted ideas and countermeasures.

The format development chapter attempts to analyze and prospect the rural industry integration development, characteristic agriculture development, animal husbandry development, rural service industry development, rural e-commerce, traditional village protection and development and utilization in Henan rural industry revitalization, and discusses the ideas and countermeasures to promote the rural industry revitalization from different angles and fields.

The main body cultivation article attempts to analyze and prospect the

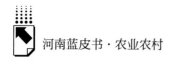

problems of organic connection between small farmers and modern agriculture, rural return home to start a business, farmers' income increase, etc. , and discusses the key points, focus points, ideas and countermeasures of cultivating the main body of rural industry revitalization.

The chapter on factor protection tries to analyze and prospect the problems of financial support, land security, green development, etc. , and discusses the key points, paths and countermeasures to perfect the factor protection for rural industry revitalization.

The anti-poverty chapter attempts to analyze and look forward to the problems of winning the tough battle against poverty, the combination of helping the poor, supporting the will and wisdom, and the relocation of immigrants, and to explore the ideas and countermeasures to promote the anti-poverty campaign, especially the organic combination of industrial poverty alleviation and the revitalization of rural industries.

Keywords: Henan; Agriculture; Rural Areas; Agricultural; Promoting the Revitalization of Rural Industry

Contents

I General Reports

Abstract: In 2018, Henan's agricultural and rural development
showed a good trend of overall stability, steady progress and steady
improvement of quality. The output of major agricultural products
increased steadily, the optimization and upgrading of agricultural structure
accelerated, the income of farmers continued to increase, and the rural
reform deepened in an all-round way. But at the same time, it is also faced
with outstanding problems such as the urgent need to speed up the
improvement of quality and efficiency, the urgent need to make up for
historical debts, and the urgent need to strengthen the development
system. In 2019, despite the complex situation of increasing downward
pressure on the economy and profound changes in the external
environment, favorable conditions are gradually accumulating. The overall
development of agriculture and rural areas in the whole province will show

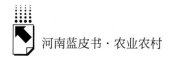

steady progress and continuous improvement and optimization. The production of agricultural products will remain stable, the agricultural structure will continue to be optimized, the income of farmers will continue to increase, and the integration of urban and rural areas will further accelerate.

Keywords: Henan; Agricultural; Rural Areas; Promoting the Revitalization

B. 2 Measurement and Evaluation of Development Level of
Agricultural and Rural Modernization in Cities
under Henan Province

Research Group of Henan Academy of Social Science / 019

Abstract: To study and evaluate the development of agricultural and rural modernization in Henan Province, It is of great value for Henan to promote the modernization of agriculture and countryside. This study is mainly based on the data of the statistical yearbook, The agricultural and rural modernization degree of 18 provincial municipalities in Henan Province was comprehensively measured and evaluated, And accordingly put forward, We should strengthen the accuracy of policy design, Focus on weak links and highlight key points, we will unswervingly promote implementation.

Keywords: Henan; Promote the Modernization of Agriculture and Countryside; Agriculture; Rural Areas; Level of Modernnization

Ⅱ　Format Development

Abstract：The integration and development of rural primary, secondary and tertiary industries is to accelerate the construction of modern agricultural industry system, management system and production system in Henan rural areas. It is an inevitable requirement for speeding up the transformation of agricultural development mode, accelerating the modernization of agricultural countryside and realizing the revitalization of rural industry. We will accelerate the integration of rural industries, it is necessary to cultivate and improve the fusion carrier and give full play to the supporting and leading role, efforts should be made to improve the mechanism of interest linkages and share the achievements of development, accelerate the adjustment of agricultural structure, innovating the institutional mechanism of industrial convergence.

Keywords：Agricuture；Industrial Integration；Henan

Abstract：Developing characteristic agriculture according to local conditions is an inevitable choice to rationally allocate agricultural resources and accelerate the revitalization of rural industries. It is also an important direction to promote structural reform on the agricultural supply side and a fundamental measure to win the battle of fighting poverty with high quality. As an agricultural province rich in characteristic agricultural resources, Henan is in a new stage of promoting agriculture from increasing production to improving quality. To further expand and strengthen the province's characteristic agriculture, it is necessary to promote the upgrading of characteristic agriculture, realize the organic unity of improving quality and efficiency, and lay a solid foundation for the implementation of the rural revitalization strategy.

Keywords: Henan; Characteristic Agriculture; the Rural Revitalization

B. 5 Research on Current Situation and High Quality

Development Countermeasures of Animal

Husbandry Industry in Henan Province *Zhang Zhigang* / 064

Abstract: In 2018, the animal husbandry maintained a good momentum of steady progress. The structural reform on the supply side of animal husbandry was accelerated, the adjustment of industrial layout and production methods was accelerated, the development of high-quality grass animals such as beef cattle and dairy cows was accelerated, the supply of animal products was sufficient, and major animal epidemics such as African swine fever remained stable. In 2019, the province will combine the development of animal husbandry with the implementation of the rural revitalization strategy, combine the adjustment of animal husbandry structure with industrial poverty alleviation, combine the resource utilization of livestock manure with the crucial task of pollution prevention, and combine the integrated development of animal husbandry with the development of green food industry to strive for breakthroughs in industrial transformation and upgrading, the development of high-quality grass livestock, the prevention and control of African swine fever, and the green development of animal husbandry.

Keywords: Henan; Animal Husbandry; Green Food Industry

B. 6   Analysis on the Development Situation of Rural Service

Industry in Henan Province   *Hou Hongchang* / 078

Abstract: Rural service industry is an important part of modern service industry. This year's No. 1 Document of the Party Central Committee pointed out that "the development of agriculture and rural areas should be prioritized", "strengthening rural industries" and "developing new rural service industries". In recent years, the Henan Provincial Government has promoted the development of the rural service industry in the province. It has achieved steady progress, improved stability, and improved its quality. It has shown a good development trend and laid a solid foundation for promoting the implementation of the rural revitalization strategy. The rural service industry in the province has grown steadily, conditions have improved, and the circulation system has improved, but it still faces the problem of small total volume and structural imbalance. To this end, we should increase the intensity of classified guidance, consolidate industrial projects, improve agricultural productive services, and further promote the reform of "distribution suits" to further stimulate the development vitality of the rural service industry in the province.

Keywords: Rural Service Industry; the Reform of "Distribution Suits"; Rural Revitalization

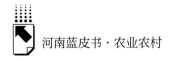
Abstract: In the past two years, new forms and new models of rural electric power products have emerged. The e-commerce platform represented by Ali, JD. com and Buy Together has continuously explored new consumption scenarios and formed new consumption hot spots. Although the development of e-commerce in first-and second-tier cities has entered the new retail era, in the vast rural market, the development of e-commerce is still in a relatively primitive stage. With the complete improvement of e-commerce-based infrastructure and the gradual awakening of rural users' consumption awareness, the e-commerce giant's feedback on the rural market will bring the development of rural e-commerce to a new stage. Although it seems that there is a long way to go, once the scale effect is formed, the new rural retail advantage will burst into enormous energy.

Keywords: New Retail; Rural E-commerce; Social E-commerce

Ⅲ   Main Body Cultivation

Abstract: With the rapid development of industrialized urbanization, the development of small farmers in Henan faces many challenges. It is particularly important to change traditional smallholder farming and combine it with modern agriculture. However, the current mainstream view holds that the fundamental way to achieve the organic connection between small farmers and modern agricultural development is to increase the degree of organization of small farmers and expand the scale of operations, but practical experience shows that small farmers and small farmers can be improved by improving the organization and cooperation of small farmers. The organic connection of modern agricultural development faces many difficulties, and the expansion of its scale operation faces enormous constraints. Therefore, it is particularly urgent to seek new ideas and new paths for the seamless integration of small farmers and modern agriculture. From the perspective of the development of modern agricultural connotation, this paper explores the new path of the organic connection between Henan small farmers and modern agricultural development from the aspects of domestic resource endowment and agricultural product consumption demand. On this basis, it proposes corresponding measures to promote the organic connection between small farmers in Henan and modern agricultural development.

Keywords: Small Farmers; Modern Agriculture; Socialization of Agriculture

Abstract: The Central Rural Work Conference pointed out that we must give priority to the development of agriculture and rural areas, and encourage migrant workers and other talents to return to rural areas to innovate and start businesses. The Henan Provincial Party Committee and the Provincial Government have encouraged and supported migrant workers and other personnel to return to the countryside to start a business as an important means to help the poor to overcome poverty and promote county economic development and rural revitalization. In recent years, with the province's continuous promotion and promotion of entrepreneurship in rural areas, the support measures have been gradually improved, the service system has been continuously improved, and new progress has been made in returning to rural areas. However, returning home business still faces constraints such as low-end homogeneity of the project, weak platform support, and insufficient policy support. Therefore, it is necessary to further deepen Henan's returning home business from aspects such as improving policies, increasing capital investment, strengthening platform support, and increasing technical training.

Keywords: Migrant Workers; Returning Home to Start Businesses; Rural Revitalization

B. 10 Analysis on the Efficiency of Agricultural Support Policy
for Increasing Farmers'Income in Henan Province

Wang Yuanliang / 130

Abstract: In recent years, Henan Province has implemented a series of supporting policies to promote farmers'income. In order to understand the effect of supporting policies in promoting farmers' income in Henan Province, based on the input and output data of Henan provinces and cities in 2017, DEA model is used to calculate and analyze the efficiency of supporting policies to promote farmers'income. The results show that there are obvious regional differences in overall technical efficiency, pure technical efficiency and scale efficiency among Henan provinces and municipalities in 2017. Therefore, specific improvement plans and corresponding countermeasures are put forward.

Keywords: Increasing Farmers' Income; Efficiency of Supporting Agriculture Policy; Henan Province

B. 11   Research on Present Situation and Protection Utilization
　　　　of Traditional Villages in Henan Province　　*Xu Shaoli* / 139

Abstract: Traditional villages in Henan Province have obvious regional cultural characteristics, but the present situation is worrying. Based on the analysis of the current situation, distribution and utilization types of traditional villages in Henan Province, The paper puts forward the general ideas and principles for the protection and development of traditional villages, some problems and misunderstandings in the development process are analyzed. Nowadays, in the process of development, it is common to regard villages as scenic spots and pursue the income of tickets solely, in terms of construction, problems such as "neatness and uniformity", blind pursuit of "nobility", building countryside with the idea of building a city are more prominent. Finally, the paper puts forward the countermeasures and suggestions for the protection and development of traditional villages in Henan Province.

Keywords: Traditional Villages; Rural Tourism; Intangible Culture

B. 12   Practice Exploration and Experience Enlightenment of
　　　　Luanchuan County Promoting Rural Industry Prosperity
　　　　　　　　　　　　　　　　　　　　　An Xiaoming / 151

Abstract: Luanchuan insists on taking green as its "background color", develops rural characteristic industries according to local conditions, promotes the integration and development of rural primary, secondary and tertiary industries, actively constructs a new agricultural management system, pays attention to talent cultivation and public services, and has made beneficial exploration in promoting the prosperity of rural industry, initially formed a rural modern industrial system, production organization and management system, and rural industry. A certain influence has been formed in the province, and masses have gained tangible benefits. Luanchuan's practice shows that we should grasp several common problems in promoting the prosperity of rural industry. First, we should take the road of diversification of rural economy; second, we should take the characteristic industry as the leading factor to promote integration; third, we should always reflect the main status of farmers; fourth, we need the support of talents and external environment.

Keywords: Luanchuan; Rural; Industrial Prosperity

Ⅳ   Factor Guarantee

Abstract: Implementing the strategy of Rural Revitalization is an important decision-making plan made by the Nineteenth National Congress of the Party, a major historical task to win the goal of building a well-off society in an all-round way and a socialist modern country in an all-round way, and a general grasp and guiding principle of the work of "agriculture, countryside and farmers" in the new era. Industry is the driving force to promote agricultural and rural modernization. Only when industry is revitalized can rural areas develop. Industrial prosperity is the focus of rural revitalization. Henan Province, as a major agricultural province, has a heavy task of rural revitalization. Finance is the core of the national economy, and the implementation of Rural Revitalization Strategy can not be separated from financial support. Over the years, the financial sector in Henan Province has played an indispensable role in innovating financial products, promoting agricultural development and rural revitalization. However, according to the data of total financial resources allocation and capital allocation structure in urban and rural areas, there are still insufficient and unbalanced problems, which need to further identify the key support points, increase investment and precise efforts.

Keywords: Rural Industry Revitalizes; Finance to Support; "Agriculture, Countryside and Famers"

B. 14 Study on Land Use Guarantee of Rural Revitalization
Strategy in Henan Province   *Guo Zhiyuan* / 177

Abstract: The Nineteenth National Congress of the Communist Party of China proposed The strategy of rural revitalization. Land is the most basic means of production and living of human society, and Rural Revitalization can not be separated from the guarantee of land resources. In Henan province, the strategy of Rural Revitalization is the objective requirement to win a well-off society in an all-round way and speed up modernization construction, and the only way to realize the common prosperity of the people of the whole province. Henan has a high degree of land development, insufficient available reserve resources, and the land situation facing rural revitalization is tense and complex. In the new stage of development, we must accurately grasp the new trend of economic and social development in the new era and the new characteristics of rural evolution and development, insist on deepening reform in an all-round way, and do a good job of land security for rural revitalization.

Keywords: The Rural Revitalization; Land Protection; Land System

B. 15　Situation and Countermeasures of Promoting Agricultural

　　　Green Development in Henan Province　　*Qiao Yufeng* / 188

Abstract: Agricultural green development is the most effective way for Henan Province to implement the new development concept and realize rural revitalization strategy. It is also the key role of Henan's supply-side structural reform. Green agricultural development can solve the existing agricultural non-point source pollution problems in Henan Province. It can improve the safety and quality of agricultural products and also can promote the continuous increase of farmers' income. The key to agricultural green development is the quality of water and soil resources, especially in the condition that the per capita arable land and per capita water resources in Henan Province are lower than the national level. Due to the phenomenon of disorderly and illegal occupation of cultivated land and the shortage of agricultural water resources, the protection and quality improvement of water and soil resources have become the key to the future. Drawing on the Common Agricultural Policy (CAP) of the European Union, it is necessary to constantly reform and innovate systems and mechanisms to achieve green agricultural development in Henan Province. We also should improve land quality and improve land production efficiency on the premise of maintaining the stability of total land resources. And at the same time, we should take comprehensive measures to ensure the sustainable use of water resources.

Keywords: Agricultural Green Development; Supply Side Reform; Agricultural Pollution from Non-point Sources; Common Agricultural Policy

V Eradicating Poverty

Abstract: At present, Henan's poverty alleviation attack has entered the general attack stage. Undertaking a new task in the new situation, tasks and requirements, we must be fully aware that the fight against poverty is a complex, systematic and long-term project, with a series of risks lurking in it, and may have many negative impacts. Therefore, to win the fight against poverty well, we need to use unconventional means and innovative mechanisms to improve the quality and level of the fight against poverty, so as to achieve the goals of comprehensive poverty eradication, high-quality poverty eradication and long-term poverty eradication. At the same time, we need to strengthen organizational implementation and step up the implementation of policies. Innovative working mechanism, strict assessment and accountability, etc. , provide a strong guarantee for poverty alleviation in the region, and explore a way out of poverty that conforms to the reality of Henan's development.

Keywords: Poverty Alleviation Program; Precise Poverty Alleviation; High-quality Development; Endogenous Poverty Alleviation

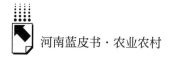

B. 17　Investigation and Consideration on Promoting the
　　　　Organic Combination of Poverty Alleviation and
　　　　Intellectual Support

Research Group of Henan Academy of Social Science / 218

Abstract: Poor people are not only the target of fighting poverty, but also the main body of getting rid of poverty and getting rich. In recent years, Henan Province has paid great attention to the combination of poverty alleviation and support for the wisdom in the process of carrying out the battle to fight against poverty. It has made great efforts to solve the problems of poor people such as "poor in quality" and "poor in spirit", and achieved good results. At the same time, there are still some deep-seated problems in some places, such as dependence on psychological inertia, treatment of poor people, paradox of project selection and absence of assessment content. At present and in the future, in order to further promote the combination of poverty alleviation and support for people's aspirations and wisdom, we must strengthen propaganda and guidance, improve the ways of assistance, develop skills training, pay attention to education and poverty alleviation, cultivate civilized rural customs and other pertinent measures, establish the interests of the poor people to participate in the fight against poverty, and strive to stimulate the internal motive force of the poor people to get rid of poverty and become rich, and improve the self-development of the poor people. Ability to expand.

Keywords: Precise Poverty Alleviation; Ambition and Wisdom; Endogenous Power; Henan

Contents ↖↘

Abstract: The relocation of people in the beach area of the Yellow River is of great significance to the long-term stability and flood control of the Yellow River. The migration relocation in the beach area of the Yellow River in Henan province had gone through three phases, including the early group of experimental units, the first group of experimental units, and the second group of experimental units, and had formed three modes for immigrant relocation, including the traditional village, township community and county community. In order to promote the development of industry, some traditional mode of agricultural production had been adopted, such as the scale planting, ecological farming, et al, and some new mode of agricultural production had also been adopted, such as the leisure and sightseeing agriculture, rural complex, et al. According to the above results, some suggestions are put forward, such as optimizing the regional development pattern, promoting the development of resettlement areas, promoting the industrial revitalization, cultivating new driving forces, and providing special support policies, et al.

Keywords: Beach Area of the Yellow River; Migration Relocation; Rural Revitalization

社会科学文献出版社

✤ 皮书起源 ✤

"皮书"起源于十七、十八世纪的英国，主要指官方或社会组织正式发表的重要文件或报告，多以"白皮书"命名。在中国，"皮书"这一概念被社会广泛接受，并被成功运作、发展成为一种全新的出版形态，则源于中国社会科学院社会科学文献出版社。

✤ 皮书定义 ✤

皮书是对中国与世界发展状况和热点问题进行年度监测，以专业的角度、专家的视野和实证研究方法，针对某一领域或区域现状与发展态势展开分析和预测，具备原创性、实证性、专业性、连续性、前沿性、时效性等特点的公开出版物，由一系列权威研究报告组成。

✤ 皮书作者 ✤

皮书系列的作者以中国社会科学院、著名高校、地方社会科学院的研究人员为主，多为国内一流研究机构的权威专家学者，他们的看法和观点代表了学界对中国与世界的现实和未来最高水平的解读与分析。

✤ 皮书荣誉 ✤

皮书系列已成为社会科学文献出版社的著名图书品牌和中国社会科学院的知名学术品牌。2016年，皮书系列正式列入"十三五"国家重点出版规划项目；2013~2019年，重点皮书列入中国社会科学院承担的国家哲学社会科学创新工程项目；2019年,64种院外皮书使用"中国社会科学院创新工程学术出版项目"标识。

权威报告·一手数据·特色资源

皮书数据库
ANNUAL REPORT(YEARBOOK)
DATABASE

当代中国经济与社会发展高端智库平台

所获荣誉

- 2016年，入选"'十三五'国家重点电子出版物出版规划骨干工程"
- 2015年，荣获"搜索中国正能量 点赞2015""创新中国科技创新奖"
- 2013年，荣获"中国出版政府奖·网络出版物奖"提名奖
- 连续多年荣获中国数字出版博览会"数字出版·优秀品牌"奖

成为会员

　　通过网址www.pishu.com.cn访问皮书数据库网站或下载皮书数据库APP，进行手机号码验证或邮箱验证即可成为皮书数据库会员。

会员福利

- 已注册用户购书后可免费获赠100元皮书数据库充值卡。刮开充值卡涂层获取充值密码，登录并进入"会员中心"—"在线充值"—"充值卡充值"，充值成功即可购买和查看数据库内容。
- 会员福利最终解释权归社会科学文献出版社所有。

数据库服务热线：400-008-6695
数据库服务QQ：2475522410
数据库服务邮箱：database@ssap.cn
图书销售热线：010-59367070/7028
图书服务QQ：1265056568
图书服务邮箱：duzhe@ssap.cn

社会科学文献出版社 皮书系列
SOCIAL SCIENCES ACADEMIC PRESS (CHINA)

卡号：398834542934
密码：

基本子库
SUB DATABASE

中国社会发展数据库（下设 12 个子库）

全面整合国内外中国社会发展研究成果，汇聚独家统计数据、深度分析报告，涉及社会、人口、政治、教育、法律等 12 个领域，为了解中国社会发展动态、跟踪社会核心热点、分析社会发展趋势提供一站式资源搜索和数据分析与挖掘服务。

中国经济发展数据库（下设 12 个子库）

基于"皮书系列"中涉及中国经济发展的研究资料构建，内容涵盖宏观经济、农业经济、工业经济、产业经济等 12 个重点经济领域，为实时掌控经济运行态势、把握经济发展规律、洞察经济形势、进行经济决策提供参考和依据。

中国行业发展数据库（下设 17 个子库）

以中国国民经济行业分类为依据，覆盖金融业、旅游、医疗卫生、交通运输、能源矿产等 100 多个行业，跟踪分析国民经济相关行业市场运行状况和政策导向，汇集行业发展前沿资讯，为投资、从业及各种经济决策提供理论基础和实践指导。

中国区域发展数据库（下设 6 个子库）

对中国特定区域内的经济、社会、文化等领域现状与发展情况进行深度分析和预测，研究层级至县及县以下行政区，涉及地区、区域经济体、城市、农村等不同维度。为地方经济社会宏观态势研究、发展经验研究、案例分析提供数据服务。

中国文化传媒数据库（下设 18 个子库）

汇聚文化传媒领域专家观点、热点资讯，梳理国内外中国文化发展相关学术研究成果、一手统计数据，涵盖文化产业、新闻传播、电影娱乐、文学艺术、群众文化等 18 个重点研究领域。为文化传媒研究提供相关数据、研究报告和综合分析服务。

世界经济与国际关系数据库（下设 6 个子库）

立足"皮书系列"世界经济、国际关系相关学术资源，整合世界经济、国际政治、世界文化与科技、全球性问题、国际组织与国际法、区域研究 6 大领域研究成果，为世界经济与国际关系研究提供全方位数据分析，为决策和形势研判提供参考。

法律声明

　　"皮书系列"（含蓝皮书、绿皮书、黄皮书）之品牌由社会科学文献出版社最早使用并持续至今，现已被中国图书市场所熟知。"皮书系列"的相关商标已在中华人民共和国国家工商行政管理总局商标局注册，如 LOGO（ ▧ ）、皮书、Pishu、经济蓝皮书、社会蓝皮书等。"皮书系列"图书的注册商标专用权及封面设计、版式设计的著作权均为社会科学文献出版社所有。未经社会科学文献出版社书面授权许可，任何使用与"皮书系列"图书注册商标、封面设计、版式设计相同或者近似的文字、图形或其组合的行为均系侵权行为。

　　经作者授权，本书的专有出版权及信息网络传播权等为社会科学文献出版社享有。未经社会科学文献出版社书面授权许可，任何就本书内容的复制、发行或以数字形式进行网络传播的行为均系侵权行为。

　　社会科学文献出版社将通过法律途径追究上述侵权行为的法律责任，维护自身合法权益。

　　欢迎社会各界人士对侵犯社会科学文献出版社上述权利的侵权行为进行举报。电话：010-59367121，电子邮箱：fawubu@ssap.cn。

社会科学文献出版社